雅学堂丛书

刘进宝 主编

鲁西奇 著

Shicao

拾草

读者出版传媒股份有限公司

甘肃文化出版社

图书在版编目（CIP）数据

拾草 / 鲁西奇著 . -- 兰州 ：甘肃文化出版社，
2023.7
（雅学堂丛书 / 刘进宝主编）
ISBN 978-7-5490-2736-1

Ⅰ . ①拾… Ⅱ . ①鲁… Ⅲ . ①社会科学－文集 Ⅳ .
①C53

中国国家版本馆CIP数据核字(2023)第100393号

拾草

SHICAO

鲁西奇丨著

策　　　　划丨郡军涛　周乾隆　贾　莉
项 目 负 责丨鲁小娜
责 任 编 辑丨顾　彤
装 帧 设 计丨石　璞

出 版 发 行丨甘肃文化出版社
网　　　　址丨http://www.gswenhua.cn
投 稿 邮 箱丨gswenhuapress@163.com
地　　　　址丨兰州市城关区曹家巷1号丨730030(邮编)

营 销 中 心丨贾　莉　　王　俊
电　　　　话丨0931-2131306

印　　　　刷丨广西昭泰子隆彩印有限责任公司
开　　　　本丨880毫米×1250毫米　1/32
字　　　　数丨232千
印　　　　张丨10.75
版　　　　次丨2023年7月第1版
印　　　　次丨2023年7月第1次
书　　　　号丨ISBN 978-7-5490-2736-1
定　　　　价丨68.00元

这一代学人的使命与担当（代序）

一

"这一代学人"是指以新三级学人（77、78、79级大学生和78、79级研究生）为代表的跨越时代和年龄的学人群。他们的年龄可能相差比较大，有的出生于20世纪40年代中后期，有的出生于60年代初，中间相差十几年——如果从年龄看，可说是两代人。从社会阅历看，有的插过队，有的当过兵，有的是工人，有的是农民，还有的是刚刚毕业或在校的中学生，可以说是40后、50后和60后在一起上课、讨论。正因为差别很大，他们对社会的感受和认识不一致，对未来的期待也有异，各种不同的思想碰撞交流，有时在某些问题上争论很激烈。那时还有许多自办的刊物，虽然是学生们自掏腰包，印制也比较粗糙，但包含许多真知灼见。"这一代学人"就是在这样的时代环境下成长起来的。

这代学人学术养成期的社会氛围，诚如中华书局原总编辑傅璇琮先生所说："'文革'结束后最初几年，我们这些学者都有一种兴奋的心情，觉得一场噩梦已成过去，我们已经失去得太多，我们要用自己的努力追回失去的一切。而我们又相信，只要靠勤奋，我们肯定会重新获得。"由此可知，虽然他们的年龄和社会阅历不同，但从他们成长的环境来看，又属于同一代学人。

"雅学堂丛书"的10位作者，年龄最大的方志远、王子今教授，是1950年出生，已经73岁了；孙继民、王学典教授出生于1955、1956年，也都超过了65周岁；中间年龄的荣新江、卜宪群、李红岩，都出生于60年代初；年龄最小的鲁西奇、林文勋教授，出生于1965、1966年，将近60岁。年龄最大和最小的相差十五六岁，但大都是"文革"后恢复高考的本科生和研究生，是"科学的春天"到来后，步入学术殿堂的新一代学人。

这些学人，都学有所成，甚至是某一方面的杰出代表。按照常人的眼光来看，他们已功成名就，根本不需要再追求名誉和地位，应该颐养天年，享受生活了。但为何还非常用功？还在夜以继日地不断探索，不断产出新成果，辛勤耕耘在学术前沿？有次和朋友们聊到学界和学人时，说到王子今、荣新江等人，我表达了这种看法，当时有人就问我，他们为什么还如此用功呢？这是什么原因？我突然冒出了一个词——"使命"，即他们不是为了名和利，而是有一种使命意识。

这一代学人将学术视为生命，甚至可以说就是为学术而生的。当他们把学问当成毕生奋斗的事业时，就会时时意气风发、孜孜以求，不再考虑是否退休，更不会为了金钱、名誉和地位，而是为了做这一代学人应该做的事。

时代在他们身上打下了深深的烙印。这一代学人的学术养成期是在20世纪70年代末80年代初，那是一个充满希望的时代，当时的青年学子都怀有远大的志向，将个人的追求与国家的需要紧密结合。在强烈的爱国主义感召下，他们不仅要将失去的时间夺回来，还要将个人的命运与国家的前途紧密结合在一起，要"团结起来，振兴中华"，就要"从自己做起，从小事做起，从现在做起"，力争为国家的发展贡献自己一份微薄之力。正如荣新江在追念邓广铭先生时说："北大往年的辉煌，并不能映照今日的校园；邓先生等一代鸿儒带走的不仅仅是他们个人的学问，而是北大在学林的许多'第一'……追念往哲，痛定思痛，微薄小子，岂可闲哉！"

二

"雅学堂丛书"的作者，都是很有成就的专家，他们的学术论著，我基本上都阅读过一些，有的读了还不止一遍。他们在从事高深学问研究的同时，还撰写了一些面向大众的学术短文、书序、书评和纪念文章等。数学家华罗庚在西南联大授课时，曾说过这样的话：高水平的教师总能把复杂的东西讲简单，把难的东西讲容易。反之，如果把简单的东西讲复杂了，把容易的东西讲难了，那就是低水平的表现。从"雅学堂丛书"的内容可知，这些文章没有太多的史料引文，语言通俗易懂，适合大众阅读。即这些作者是真正把所关注或研究的问题搞懂弄通了，并咀嚼消化为自己知识的一部分，从而才能化难为易化繁为简，用浅显易懂的语言将高深的理论和丰富的内容表达出来。

　　各位作者拟定的书名，本身就是学术史的一部分，也可感受到这些学者的意志、视野和思想。王学典先生的书名是本套丛书中最为宏大的——《当代中国学术走向观察》，因为王老师的学术兴趣是"追踪当代学术的演变，探索其间的起伏之迹，解释每次变动由以发生的原因或背景"。从1988年的《新时期十年的历史学评估》开始，几乎每隔十年，有时更短，他"都要总结归纳一番，回顾展望一番。起初是个人兴趣使然，后来则是几家报刊在特定时间节点的约稿"。方志远先生的书名是《坐井观天》。他说："这个集子之所以取名为《坐井观天》，是因为迄今为止，除了一年半载的短期外出求学及讲学，我的一生都是在江西度过的……从这个角度说，我的一生都是在江西这口'井'中。但是，虽说是'坐井'，却时时想着要'观天'。""我想，这些无目的、非功利的阅读，某种意义上奠定了我后来'观天'的基础。""这个集子收录的30篇文章，几乎都想'坐井观天'。"荣新江先生的是《三升斋三笔》，荣老师在读大学时，听到老师讲《汉书·食货志》，其中有"治田勤谨，则亩益三升；不勤，损亦如之"，认为用以比拟治学，也十分合适，便根据古代文人学士起斋名的习惯，将自己的斋号取名为"三升斋"。此前，他已将自己学术论文之外的学术短文、会议发言和书评等汇集为《三升斋随笔》（"凤凰枝文丛"，凤凰出版社，2020年）、《三升斋续笔》（"问学丛书"，浙江古籍出版社，2021年）。荣先生的这两本随笔集出版后，"颇受读者欢迎""今择取三四年来所写综述、感言、书评等杂文，以及若干讲演稿，辑为《三笔》"。收入本书的文章，"代表了我近年来对相关学科发展的看法，也有一些自己研究成果的表述和经验之谈，还有一些学术史或学林掌故的记录"。这样的学术随笔，既有可读性，又有学术性，肯定能受到读者的喜欢。

有些书名则是作者生活轨迹的反映，如孙继民先生的是《邯郸学步辑存》。"《庄子·秋水》的'邯郸学步'是知名度和使用率极高的成语典故，其中有云寿陵余子'学行于邯郸，未得国能而失其故行'。笔者生在邯郸长在邯郸，1955年出生，1963年上小学，1971年初中毕业，入职邯郸肥皂厂务工，因为比一般工友多读了几本书，曾有师傅戏称'孙教授'。"1977年恢复高考后才离开邯郸。他的人生起点是从邯郸开始的，而又有著名的成语"邯郸学步"，就将书名定为《邯郸学步辑存》。林文勋先生的书名是《东陆琐谈》，这是因为"云南大学最早名东陆大学，这些文章是我在云大读书求学的点滴记录，故名《东陆琐谈》"。笔者的书名是《从陇上到吴越》，这是因为笔者出生并长期生活在甘肃，1983年大学毕业后即留校工作。甘肃简称"陇"，由于受雄厚的陇文化熏陶，在甘肃（陇上）学习、工作期间，选择以敦煌学、隋唐史和西北史地为研究和教学的重点。在兰州学习、工作了23年后，于2002年调入南京师范大学，2013年又从南京师大调入浙江大学。江苏、浙江原为吴、越之地，文化底蕴非常深厚，从宋代以来，经济发展也一直走在前列。从西北到了东南，从陇上到了吴越，虽然自然环境和文化截然不同，但仍然坚守当年的选择，即教学、研究的重点还是敦煌学、隋唐史、丝绸之路与西北史地。

有的则是自己感情的真实流露，如王子今先生的书名是《天马来：早期丝路交通》，为什么是"天马来"？我去年11月向子今先生约稿时，他正在成都，其间恰好生病，"相继在成都经历了两次心血管手术"，回到北京休养期间整理的书稿，2022年12月9日交稿。去年恰是子今先生的本命年，所以他才写道："今晚交稿。希望'天马来'这一体现积极意义的象征，也可以给执笔的已届衰年的老人提供某种激励。"卜宪群先生为何将书名定为《悦己集》？他认为，自己"所撰写的文章，无论水平高低，都是内心世界的真实表达，集子取名'悦己'，就是认为几十年所从事的史学工作，是自己最热爱最喜欢的一项工作，是取悦于己的工作，没有后悔，至今依然"。

虽然这些作者成果丰硕，成就突出，但又非常谦虚，如李红岩先生解释自己的书名《史学的光与影》时说，"收在这里的文章，大部分是我年轻时撰写的。浮光掠影，波影光阴，不堪拂拭，但大体以史学为核心"，故定为《史学的光与影》。鲁西奇先生将书名定为《拾草》，更是让我们看到了一位学人的坦诚和谦虚："我出生在苏北农村。20世纪六七十年代，农村里缺少柴薪。冬天天冷，烧饭烤火都需要柴草。孩子们下午放学后，就会带着搂草的耙和筐，到田旁路边和荒地上去捡拾枯草或树叶，叫作'拾草'。虽然河岸渠道上也有一些灌木，但那是'公家'的，不可以砍。《诗·小雅·车辖》云：'陟彼高冈，析其柞薪。析其柞薪，其叶湑兮。'我既无高冈可陟，亦无柞木可析作薪，连枯叶都不多，更无以蔽山冈。只有一些散乱的杂草。那就收拾一下吧。烧了，也许可以给自己取一会儿暖。故题为《拾草》。"

地处西北的甘肃文化出版社，近年来在西夏学、丝绸之路、简牍和西北地方文献等方面的学术著作出版中成绩卓著，多次获得国家出版基金资助，取得了社会效益和经济效益的双丰收。在此基础上，他们又计划出版面向大众的高品位、高质量普及著作。郧军涛社长多次与我联系，希望组织一套著名学者的学术随笔，我被军涛社长的执着而感动，于是商量编辑一套"雅学堂丛书"，并从2022年11月19日开始陆续向各位先生约稿。虽然中间遇上新冠感染潮，我本人也因感染病毒而一个月未能工作，但各位专家还是非常认真并及时地编妥了书稿。

在此，我非常感谢方志远、王子今、孙继民、王学典、荣新江、卜宪群、李红岩、鲁西奇、林文勋等诸位先生的信任，同意将他们的大作纳入"雅学堂丛书"；感谢甘肃文化出版社郧军涛社长的信任与支持，感谢甘肃文化出版社副社长周乾隆和编辑部主任鲁小娜领导的编辑团队认真、负责、高效的工作。希望读者朋友能够喜欢这套书。

刘进宝

2023年5月11日

题　记

我出生在苏北农村。

20世纪六七十年代，农村里缺少柴薪。冬天天冷，烧饭烤火都需要柴草。孩子们下午放学后，就会带着搂草的耙和筐，到田旁路边和荒地上去捡拾枯草或树叶，叫作"拾草"。虽然河岸渠道上也有一些灌木，但那是"公家"的，不可以砍。

《诗·小雅·车辖》云："陟彼高冈，析其柞薪。析其柞薪，其叶湑兮。"我既无高冈可陟，亦无柞木可析作薪，连枯叶都不多，更无以蔽山冈。

只有一些散乱的杂草。

那就收拾一下吧。烧了，也许可以给自己取一会儿暖。

故题为《拾草》。

2022年12月14日，于厦门不见天

目 录

卷一　学步

卷二　寻路

卷三 行走

卷四 远望

卷一　学步

清水激浊，涵气在襟

2005年7月，在协助李涵老师完成《石泉文集》的编辑工作后，我写了一篇《〈石泉文集〉编后感》，较为系统地介绍了石先生的学术论点、研究方法和我的学习体会。其后数年间，也有一些师友希望我写一点回忆两位先生的文字，我却一直没有写。每次想起来，都会很动感情，常常写不成句子，遑论成篇。2018年初，武汉大学历史地理研究所主办"石泉教授百年诞辰纪念暨学术研讨会"，各位师兄弟和一些再传弟子都来参加。大家汇聚一堂，非常高兴。我感受到欢乐融和的氛围，内心深处却非常悲伤。在会上，我做了一段很动感情的发言：

> 1978年的这个时候，石先生六十岁。那时候我还只有十三岁，我不知道李老师和石莹姐有没有给他过六十大寿。当然，按照老规矩，是应当前一年过的。
> 先生那时，还默默无闻吧，大部分的文章，还是油印的交流材料或讲义，没有能够正式发表。再过十年，先生出版了《古代荆楚地理新探》；再过十年，1998年，先生八十岁整，正式退休。再过七年，先生就走了。届

指算来，先生学术生命的表现期，无论如何，不过三十年。可以说，他用四十年的时间，给自己的后三十年奠定了基础。四十年的时间，现在想起来，真长啊，中间有多少难走的路！而在不到三十年的时间里，石先生做了这么多的工作，筚路蓝缕，以启山林，走出了一条自己的学术道路，还指导出这么多的学生。现在想起来，真不容易，中间有多少难做的事！

我今年五十三了。石先生五十三那年，1971年，应当是在武大沙洋分校吧。那一年的先生是怎样的呢，他的心境如何？我一直无法去想象。如今，略经了些沧桑，看了些人事，我想，自己或者能知道一点了吧。"歌声歇处已斜阳，剩有残花隔院香。无数楼台无数草，清谈霸业两茫茫。"这是《桃花扇》里的戏词，先生即使真的想起，也只会在心里流过，不会吟出声来的。

先生客厅里，一直挂着一幅字，上面写着：岂能尽如人意，但求无愧我心。每回看见这幅字，我就想先生也有诸多的无奈吧，却执着地坚持着自己的信念，努力着。在先生离开之后的岁月里，我每遇到挫折坎坷，就会想起这幅字。石先生和李老师多次教导我：为人要有所本，做事要有所持。这两句话，说起来不易，做起来更难。随波逐流，与世沉浮，不会有人苛责。可是，这个世界上，总还是要有人，能够坚守某些做人的底线，并努力做一个像人的人。否则，在这个没有底线的世界上，不活也罢。

我曾经是先生和李老师的学生。我永远记得两位老师的音容笑貌和谆谆教导。可是，两位老师毕竟早就走了，我不再有福气听老师的教诲、批评和指点。路还得走下去，有时候茫然，有时候摇摆，走得跟跟跄跄的，这时候，我就会想起这幅字的后一句："但求无愧我心"。它使我得到安慰，鼓励着我坚持某些东西，并给我接受某些妥协提供藉词。

每一个人都会离开这个世界的。我有时候会想象自己终有一天去看两位老师的情景：李老师开了门，对着书房说一句：西奇来了。我进了先生的书房，先生坐在那把有些陈旧但还是很舒服的椅子上，慢慢地立起身，微笑着点点头，说一声："怎么样?"

我知道，两位老师都在天堂里。也许，我没有资格见到两位老师。不管我会到哪里，我最大的梦想都是，两位老师微笑着点点头：嗯，西奇来了。

是的，我五十三岁了。繁重的工作、无休止的奔波，已慢慢地侵蚀了身体健康，我曾引以为傲的记忆力已大为衰退。学术的快速发展，一代代学人的更新，两位老师及其同代人的功业事迹，慢慢地变成了"开天遗事"。"向来相送人，各已归其家"，时代不管不顾、无情地前行了。

那么，写点什么呢? 从1984年春季学期选修"宋辽金元史专题"认识李涵老师，到2005年5月石先生辞世，2007年6月我离开武汉大学，我和两位老师相处了二十多年，包括了我的本科、硕士（师从李涵老师）、博士（师从石泉先生）三个学习阶段，以及从讲师到教授的十余年教师生涯。从专业方面，两位老师指导我学习了宋辽金元史、历史地理学的基本知识与研究方法，引导我初步走上了学术道路。大约有两年的时间，我断断续续地住在老师家里。想一想，可说的事情还真不少；正因为可说的太多了，竟又不知道从何说起。

我的儿子今年十六岁，正在长大成人的时候。他很爱和我交谈，课程、学校、政治、社会、人生，无所不及。我数次告诉儿子：爸爸是个农村孩子，爷爷奶奶没有机会受教育，又总是为养活爸爸和叔叔、姑姑而劳作；爸爸十四岁就离开了家，更少有机会受到爷爷奶奶的管教，基本上是个乡下野孩子。爸爸真正懂得怎样做人、做一个什么样的人，是石爷爷、李奶奶教的。现在我把他们教给我的东西，再教给你。

我念大学的时候，长得又黑又瘦，家里穷，靠国家助学金读书，穿得也很破旧。十四岁就离开了家，一切靠自己打理，总是弄得邋里邋遢的，个人卫生很糟糕。待人接物，说话做事，往往一点章法没有，也不懂什么规矩。两位老师都是大家庭出身，石先生年轻时，虽然家里已破落了，可还是富贵人家的气派，说话做事都有规矩的。两位老师从没有嫌弃过我，也从没有流露出哪怕是一丁点的轻视之意。他们知道我内心深处其实很自卑，所以，对我说话，总是细心地照顾着我可怜易碎的"玻璃心"；就算是严厉的批评，也总是语气温和，耐心地给我讲道理，让我明白事理。同时，他们也严格地给我提出要求，从说话的方式、语气、用词，甚至理什么样子的头发，在经济条件有限的前提下怎样穿衣服。

石泉、李涵先生（20世纪80年代中期摄于武昌珞珈山）

他们把我当作自己的孩子一样培育，希望我能做一个有知识、有修养、有志气的人，直白地说，做一个像他们一样的人。因为这些原因，这次石先生纪念会上，王克陵老师对我说："你就是他们两个的儿子啊！"王老师说了两遍。可是，我对石莹姐说："我是石家的包衣。"我做人、教书、做事，好的部分，守的是石先生、李老师教的规矩；做坏了的，是我自身乡野孩子的本性在起作用。

石先生长得非常帅。石先生的帅，既不是高仓健式的，也不是所谓"佛系青年"式的，而是"儒系"与"基督系"的混合的帅，温文尔雅却又意志坚定，含蓄蕴藉却又爱人如己。坐在先生的书房里，看着先生，如同置身山壑溪涧，看着那一潭的清水，却绝非"凄神寒骨，悄怆幽邃"，而是"芳华矜貌，恻隐怜人"，让你不由得走到潭边，蹲下身来，伸出手，掬一捧清水，喝上一口，立起身，说一句："真好!""清水激浊，澄石必明"。石先生的这潭水，激走了腐草，澄净了浊泥。石先生的清澈，荡尽了名利，洗净了繁华，只剩下岻屿嵯岩，石骨嶙峋，就如同先生的白发，以及清瘦而矍铄的躯体；石先生的清澈，又如日光透底，湿气蒸腾，暖意扑面，就如同先生温暖的微笑，以及低缓沉着而清晰坚定的声音。

坐在石先生的书房里，我常常感到自卑。很多学生"怕"老师，我"怕"过李老师，却没有"怕"过石先生。在先生面前，我感到的，不是怕，而是自卑。这不全是因为我长得矮、黑而丑，不像是先生的学生；也不是因为我的贫寒出身，甚至不因为我的无知、没有学问。与先生的那潭山溪湾流相比，我更像是村庄里的一口质朴的池塘：雨水和村里人家的生活污水都积在这里，即便是夏季多雨的时候，也饱含着绿藻之类的水生物。三十年来，我努力治理自己的水环境，也试图激浊扬清，结果却是泛起了塘底的淤泥，更招致了诸多无谓的"污染"，最后只如庄子所描述的车辙里的那点水，等待着干涸的命运。

如今，坐在石先生的书房里（先生的书房还一如当年的样子，一点都没有更变），对着先生的照片，我更感觉到深深的自卑。我做了很大的努力，却依然没有能如石先生、李老师当年的期望，成为一个他们那样的人。虽然还有继续努力的机会，但事实上希望越来越渺茫。我可以将之归因于环境，也可以说村庄里的池塘本来就不能与溪涧相提并论，前者注定要消亡，后者则终将归于大海；可是，如果我还要努力，就一定要放弃这些托词。静夜沉思，我终于想明白，我身上缺少的，是石先生、李老师身上的那股"气"。

先生坐在那里，白发如雪，安闲恬然，看上去就像冬日负暄的老者；开口说话，也轻声细语，慢条斯理，听起来就像是寒夜火塘边与家人一起聊家常。可是，坐在先生边上，听先生说话，我总是能清晰地感受到先生的那股"气"。那不是平常人称道的书卷之气，不是头巾气，更不是在时下学人身上常常显露出来的"霸道之气"。那是一种涵养之气：不愠其色，不嘻其情，是阅尽沧桑、历遍炎凉、饱经悲喜之后的不悲不喜和无悲无喜；平等待人，宽恕其事，是看惯人生跌宕、世事沉浮、善恶异势之后的众生平等与爱人如己；严于律己，善自修行，是不断反省、痛自省察、深刻思考生命与世界之后的大彻大悟与天人合一。那更是一种浩然之气：天下兴亡，匹夫有责，读书做事，自当为国为民，绝不能只为自身谋名取利；世事艰难，人事难料，唯有尽心尽力，恪尽职守，鞠躬尽瘁，方得内心安宁，终于大喜乐；生命短促，理想难期，却绝不轻言放弃，而是殚精竭虑，苦心经营，做得一事且成一事，唯愿无愧于心。

我终究做不了石先生、李老师那样的人。可至少，我知道这样的人是好的人，是社会、国家乃至人类的精英，是我学习的榜样。我努力地去蕴积那种"气"，一点点地，把它积聚在胸臆间，留在心里。就是这么一点"气"，使我有力量，在雾霾满天的世界里，时时地仰望蓝天，至少去想象蓝天的模样；就是这点"气"，给我力量，让我不放弃个人卑微的家国情怀，努力用学习到的知识与方法，报效生我养我的这块土地，报答教我育我的先生与诸多老师。可是，我的"气"何其的短促而虚弱，常常一口气都呼不出来，就咽回去了。我终究成就不了先生希望我做的、像他们那样的人。

坐在先生身边，听先生说话，十多年的时间，我从未感受到一丁点的"霸气"，也从未觉察先生有些什么"欲求"。我也自觉没有一点儿"欲求"和"霸气"，所以成就不了事业。但先生的没有霸气，是消泯了烟火之后的"失霸气"，而我大约是生来就"无霸气"。石先生走时，中央美院的刘涛先生代表武大历史系七七级学长拟了一副联，上联是"立言立功立大德"，下联是"爱妻爱女爱学生"。"言"是指先生从事近代史研究与荆楚史地研究的诸种观点与论说，"功"是指先生培养人才、教育学生以及参政议政的成绩，"德"是指先生爱人如己、不慕名利、关爱社会、贡献国家的高贵品德；"妻"是指李涵老师，"女"是指先生与李老师唯一的女儿石莹，"学生"是指包括我们在内的诸多弟子。先生门下的大部分学生，都与李老师、石莹很熟悉，都深切地感受过石先生、李老师的爱护、教诲与扶持。所以，刘涛学长的这副联，反映了大家的共同认识，在先生的追悼会上，由刘涛学长写成大字，立在灵堂的两旁，气势恢宏，端庄凝重。

立德、立言、立功，古人谓之"三不朽"。作为传统的知识分子，确曾是先生的追求。先生辞世已逾十二年，其德、言、功，学界与社会自有公论，无须我来多言。而先生对于家人与学生们的爱，却非得其亲炙者不能详知。这种爱，不仅仅是老师对学生的爱护、帮助与教育，而是一种超越于事功、立基于人性的仁义之爱。先生常说：学生不是老师个人的学生，而是国家与社会的财富。所以，先生把培养学生看作是自己给国家、社会做贡献的最重要的方式。更重要的是，先生和李老师把学生们看作为"家人"，意思是"和他们自己一样的、志同道合的人"。很多年后，我才慢慢地理解这个"家人"的意思，它把任何可能的善良的人汇聚在一起，相互友爱，并团聚起来，在这个世界上求得温暖，并努力去凝聚更多的人，共同努力，驱除冰冷与黑暗，建设一个温暖光明的世界。"四海之内皆兄弟"，就是这样一种最大的"大家庭"的观念，而这种观念的根基，乃是"众生平等"与"爱人如己"。

　　和很多人一样，作为一个农村出来的读书人，在成长的过程中，我曾经经受过诸种歧视、侮辱和欺凌。自然而然的，在养成自卑性格的同时，对于不同意义的权势者，我似乎天然地抱持着一种不信任、敌对乃至仇视的心理。是先生和李老师的言行教诲，慢慢地化解了我心中的戾气（虽然还没有化尽，彻底地化解，毕竟还需要我自己内心的力量），培育了我的自信，让我不再以狐疑的眼光看着他人，不再揣测别人的心机与图谋，更不再去仇恨。一步一步地，我尝试着学习爱。我结了婚，生了儿子。我模仿着先生，想象自己像先生那样爱妻子、爱儿子。我成了一名教师。走上讲台的第一节课，石先生专门来给我压阵，告诉我做老师的第一要旨在于爱学生。二十多年来，我送走了一拨又一拨的学生。我努力地爱他们，把他们当成过去的自己一样地爱着。我也一直行走在乡间田头，努力尽自己微薄的力量，去理解这个世界上的芸芸众生，关爱这个社会的每一分子，特别是那些弱势的人群，虽然这中间也有那么多的丑恶与黑暗，而我又如此的无能为力。我知道，这点仁爱的力量来自先生和老师那一代人。我很有幸，得到过先生和老师们的仁爱。我要把这种仁爱之心传承下去，哪怕越来越微弱。仁爱的力量虽然微弱，但我始终相信：一个没有仁爱的社会，将是冰冷的世界；生活在那样的世界上，还是不如死去的好。

石先生是2005年5月4日夜11时10分辞世的。有好几位师友都曾经说过这个日子可能具有的象征意义和宿命感。我知道，先生不过是一个普通的学者，他的生命不过正好是在这个伟大的日子里结束，不宜也无须与任何宏大意义相联系。可是，对于我来说，石先生和李老师确实代表着一代人，他们经受了人类历史上最惨痛的诸种苦难，却一直抱持着赤子之心和恢宏正气，忽略仇恨，不事权势，努力地去爱他人、爱社会、爱国家、爱人类，本本分分，兢兢业业，尽着自己一份微薄的力量。应当承认，他们那一代人，已慢慢地成为绝响。

还记得与先生闲话，说及王仲宣的《七哀诗》，其一云：

西京乱无象，豺虎方遘患。复弃中国去，远身适荆蛮。亲戚对我悲，朋友相追攀。出门无所见，白骨蔽平原。路有饥妇人，抱子弃草间。顾闻号泣声，挥涕独不还。未知身死处，何能两相完？驱马弃之去，不忍听此言。南登霸陵岸，回首望长安。悟彼下泉人，喟然伤心肝。

读之令人凄然。曾问先生：如果我们生当汉末，将何以自存？先生看看我，只说了一句："你是学历史的，怎么会悲观呢？"

是的，一个学历史的，什么样的荣华富贵没有见识过？什么样的黑暗无望没有感受过？我还在这里学历史，教历史，怎么会悲观呢？又怎么可以悲观呢？

这篇回忆文字的写成，颇受益于石莹、赵兴中、刘涛、陈勤奋、饶佳荣等师友的意见，谨致谢忱。

2018 年 1 月 27 日于厦门海沧

（原刊《中华读书报》2018 年 4 月 18 日第 7 版，题为《回忆恩师石泉李涵》，刊出时有删节。后收入叶祝弟主编：《一个人的四十年：共和国学人回忆录》第二辑，北京：读书·生活·新知三联书店，2019 年，题为《清水激浊，涵气在襟——追忆石泉先生》，收录时根据编者要求，内容有所增补）

求真、实证、新解

　　石泉先生在 20 世纪 30 年代，由于受到《禹贡》杂志以及顾颉刚、钱穆、侯仁之等先生的影响，开始对历史地理学发生浓厚的兴趣；自 40 年代中期起，又以荆楚历史地理为主要研究方向。半个世纪以来，他本着科学的求真精神，悉心探索，经过由微观而宏观、又由宏观而微观的反复研究，发现了自唐初《括地志》起逐步形成的古荆楚地区历史地理传统说法中的一系列矛盾难通之处，并以严密的考证突破旧说而建立起一整套全新的解说体系，自成一家之言。应该说，石泉先生提出的关于古代荆楚地理的新解，因为与千余年来逐渐形成的流行说法相扞格，所以理所当然地受到熟悉并赞同传统说法的学者们的反对。迄今为止，他的新解在学术界虽然获得了逐渐增加的支持，但总的说来，还是"少数派"。然而，石泉先生在他几十年的学术生涯中，逐步形成了一套来自实践的研究历史地理的路数与方法，并以严肃的求真精神与谨严、细致的论证程序，在治学方法上做出了一个范例，这一点，可以说已得到了学术界的公认。因此，在这里，笔者仅就自己所能体会到的，谈一谈石泉先生的治学态度和方法。

一、大胆提出问题与缜密求证

石泉先生的荆楚历史地理研究是从五十年前探讨春秋时期吴师入郢的军行路线究竟在今何处开始的。他在考订这次战役的有关地名位置时，对于流行的解释产生了很大的疑问，感到无论在情理上和史料上都矛盾百出，很难讲得通。于是，他对《左传》所记这次大战中涉及的二十几个地名的位置，进行了一番逐本探源地重新考订。他跳出隋唐以来直至近世形成的旧传统框框，主要依靠更早的先秦、两汉、六朝（直到齐梁时）的古注和经过鉴定的有关史料，以此与《左传》所记相互印证，结果得出了与流行说法全然不同、意外而又不得不然的新解（核心内容是楚郢都及其后继城市秦汉江陵城，并非如流行说法所云在长江边今湖北省江陵县境，而是在汉水中游以西、蛮河以南的今湖北省宜城县南境）。这一问题的提出及石泉先生的初步结论，对于流行说法来说，无疑是一个大胆的挑战与关键性的突破。问题还不止于此，传统说法是一个经过长期的复杂过程而形成的庞大的解说体系，必然是牵一发而动全身。如果不能触动唐以来对于古荆楚地理的解说体系，那么，他对于吴师入郢路线的新解说一旦置入整个传统解说体系之中，就必然缺乏逻辑的合理性。因此，他不得不在更大的范围内不断地提出新的问题，对相关的古地名，逐一重新定位。同时，当他的新解在20世纪50年代初步提出以后，各方的反驳意见和各种疑难，对他也具有启发和促进作用。这些问题都是环环紧扣，彼此

石泉先生（20世纪90年代初摄于广州
中山大学陈寅恪先生故居前）

呼应，又都与古郢都、江陵地望这一中心问题密切相关。石泉先生最初只打算解决古郢都地望问题，而这些相关问题在研究过程中的渐次提出，又促使他把一系列相关的问题，分解成一个个的具体研究课题，按照逻辑顺序，逐个进行探索，以至于最终形成自己的一整套新解体系。

石泉先生最初提出古郢都、江陵城在今宜城南境的看法，及其对相关问题的新解说，虽然有其自身的逻辑合理性与实证合理性，但从根本上说，不能不说是一种"假说"。但是，这个假说绝不是无根据的主观臆测，而是以相当强的史料根据和逻辑根据为基础的。同时，他之所以能够提出这个问题以及自己的新解，与他的史学功底和修养也有密切的关系。古人治史，讲究"德、才、识"，所谓"史识"，就是读史的见识与眼界。石泉先生师从史学大师陈寅恪，深受寅恪先生的影响。义宁之学，善于从表面上似无牵涉的各种现象之间，看出其相互联系与因果关系，从而发现重大问题，并做出有说服力的诠释，往往从极常见的史料中分析出使人出乎意料继而又感到理所当然的独到见解。这些对石泉先生学术研究的思路与方法，都大有启迪。石先生时常要求我们，对一些人们通常视为当然的说法，多问几个为什么；遇到显然存在矛盾、但又通常被忽视或避而不谈的问题时，更不能轻易放过，而要下功夫探明究竟，弄清真相。石先生自己也正是一贯这样做的。这实际上就是一种科学的怀疑精神，而怀疑的目的在于"求真"，弄清事物的本来面目。

"识见"并不等于科学的结论，"求真"的精神也并不等于真实本身。石泉先生关于荆楚历史地理的新解说体系，由于对传统说法有很大的突破，常常不易为人们所接受；但他所做的微观的细密考证已形成了一个系统，如果不能否定其所依据的主要资料，就很难否定这个系统。他在研究过程中，特别重视逻辑的合理性与实证的合理性的统一。他对于楚郢都以及与之相关的重要山川城邑湖泽位置的细密考证，无不体现了这种统一。在《古代荆楚地理新探》长达 4 万余字的自序中，石泉先生叙述了自己的学术经历，让读者认识到他的结论并非主观好恶演化的结果，而是在精研覃思中发现前人成说的自相矛盾，为解决矛盾在探索中找到一条新路子，是实证和逻辑推论的必然。

二、史料的鉴定与使用

研究历史以至历史地理，有大量的文献材料可供引用。

但史料并不等于史实，必须经过鉴定，才能从史料中提炼出可以凭信的史实，进而去粗取精，评估其价值的高低，然后才能使用。这是史学工作者的共识。不过要在研究实践中贯彻好这些人所共知的原则，则又远非易事。因为我国是一个历史大国，史料浩如烟海，种类繁多，层次复杂，所以古文献学本身即相当艰深。一个学者的功力如何，常常在这方面显示出来。

　　石泉先生治学，首重史料的鉴定与运用。他研究先秦时期楚国地理，主要依靠先秦文献以及汉魏六朝（到齐梁时）人的注释，而对于唐初以后的历代学者注释及有关史料则较少引用，偶尔用之，亦必持慎重的态度，以能与先秦记载及六朝古注相印证为原则。其所以如此，是因为他在研究探索过程中发现：有关古代荆楚地理的文献，依照其渊源线索，可以区分为作于先秦至齐梁与作于唐以后两大类；两类文献记载之间有矛盾，而每类文献内部却可以找到一脉相承的关系，不同层次之间亦可大体相通。其所以会出现这种情况，主要是由于梁、陈及北齐、北周诸史皆无地志；后梁是西魏、北周、隋的附属藩邦，图籍史册更少流传；《隋书》诸志虽曾以《五代史志》为名，单独成书，但其地理志还是以隋代的地理区划为主，其在荆楚地区范围内所记的梁、陈以及后梁、西魏、北周等辖区诸郡县的地理沿革和治所的迁动，往往很不完整，疏误亦多，常有模糊不清以至自相矛盾之处。后此的唐人著作，在注释前代地理时，也往往习惯于以唐代同名的州（郡）县和一些相关的山川城邑湖泽等的地望来解释、比附六朝时以及前此的同名故址。日久之后，约定俗成，竟被视为定论，但实际上却往往同汉魏六朝人的旧释很不一致，从而去史实更远。现今的流行说法关于古代荆楚地名定位的主要凭借，是唐宋以来直至明清的历代注释，而这种说法无论在史料依据上，还是从学科规律上看，都存在着不少难以自圆其说的问题。明确了这一点以后，石泉先生就澄清了原始材料方面受到的千年蔽障，显示出六朝梁末以前一系列古记载之间彼此相得益彰的内在联系，而唐宋以来诸多矛盾错乱的地名定位解释，在还它本来面目之后，也就能够各得其所。

　　石泉先生有一种遵守文献学"纪律"的自觉意识，不大给自己留下随意的余地。在史料面前，他一贯严肃认真，对于互相矛盾的说法，从不调和弥缝，而是清醒地承认它、分析它，以求说明它的所以然。他的这种态度，在面临历史上的一些大权威时也无所改变。例如，郦道元无疑是古代地理学的一大权威，他所著的《水经注》是一部内容丰富、价值很高的历史地理文献。但此书中经窜乱，讹误亦复不少，其中关于荆楚地名位置的记载，有不少同汉魏六朝时的其他记载不合，而与唐宋以后的流行说法倒是相符，并经常被流行说法引为依据。对此，石先生的原则是：只取其能与齐梁以前其他较可靠的古记载相印证（至少不相矛盾）的部分；而对其中与同时代及前此的其他可靠记载不一致处（也往往是今本《水经注》内存在自相矛盾之处），则宁可舍弃，决不轻用，因为这部分材料很可能是后人据后世的地理观念加以"订补"（实为窜改）后的产物，而非《水经注》原有的内容。

　　前人校书，多在文献与版本上下功夫，校地理书，也多纸上说地。石泉先生研究历史地理，在鉴别与运用史料方面，则运用文献与地理考察双管齐下的考校法，重视实地观测以及文献研究与考古学成果的契合。例如，《水经注·沔水篇》云："沔水又东南与阳（扬）口合。水上承江陵县赤湖。……"以下历言扬水东北流、北流，经过楚国许多重要地点，最后东北流入沔（汉）水。关于扬水的流向流程，只从文字上是看不出问题的。石泉先生却按地形核出了其中问题。他指出：现在的江陵附近地区是西北高东南低，江陵以北的水道都是东南流。而今本《水经注》所记扬水流向确是由长江边的江陵往东北流，一直流到当时的竟陵城附近入沔水。这在地形上是不可能的。他核之以实际地形，无可辩驳地证明《水经注》今本所记扬水流向是错误的，认为扬水只能按地形东南流入汉水，从而订正这段中的"北"为"南"字，再结合汉晋竟陵城的重新定位（当在今钟梓县北、汉水东岸支流的丰乐河流域），这样扬水的源头就不在长江边的江陵而只能在今宜城南境的古江陵城附近了。这样的例证在石先生的论文中是屡见不鲜的。

三、治学与做人

立德、立功、立言，古人谓为"三不朽"。石泉先生之"言"，就是他关于古代荆楚地理的新解体系，是否"不朽"，还有待于科学与时间的检验；而先生在探索的道路上逐步树立并始终坚持的勇于向传统说法挑战、认真求实的科学精神，以及通过他的研究所展示出来的思想方法，将会成为一种典范，昭示后学。

　　石泉先生所提出的新解，由于对传统说法有很大突破，不易为人们所接受。所以，在长达三十年的时间里，石泉先生几乎是一个"孤立派"。对他的新说，一些学者曾目为奇谈怪论，在不了解其体系全部内容的情况下，就依据流行说法全盘加以否定。和同时代的知识分子一样，石先生也经历了多次政治、思想运动的冲击，在很长的时间内处境也很艰难，再加上学术观点得不到学术界的一般承认，他所承受的压力是可想而知的。但他始终没有放弃自己的学术观点。在外人看来，石先生对自己的观点坚持得近乎固执，但是，这种坚持正是以坚实的科学根据为基础的。石先生常讲：做学问就要敢于立新说。当然，这种新说并非刻意的标新立异，故作惊人之语。如果人云亦云，翻来覆去地"炒冷饭"，那不是学问，也就没有做学问的必要了。而一旦认为自己的观点有坚实的科学根据，就要持之以恒，不屈不挠。治学如此，做人也是这样。治学要有所持，做人要有所本，这"所持"与"所本"，大而言之，就是一种信仰，失去了它，治学和做人就会失去根本和目标，陷入机会主义。石先生常常谈及个别青年学者，头脑灵活，但不肯下功夫，抄抄写写，就是一篇文章甚至一部书。表面看来，成果很多，但中心空空，又无所坚持，转眼之间，就可能另有"观点"。石先生要我们以此为戒。

　　石先生常讲，治学须从小处着手，大处着眼。他所研究的古代荆楚地理，似乎是一个小题目，但其中却包含着大的意旨。从历史的角度看，它关涉到如何看待中华文明在南方的兴起、分布与发展层次，重心所在及其转移与扩展；如何从历史地理的角度，运用地区发展不平衡的规律认识中国封建社会长期延续等重要理论问题；从历史地理学本身的学科建设角度看，则蕴含着区域历史地理的研究对象与方法等基本问题。虽然迄今为止，石泉先生在古代荆楚地理的研究领域中所作的大量工作是考订史实，表面看来，是一些细小的具体问题，但从其著作文章中，仍不难见到其因小见大、见微知著之旨。

朱子云："惟学问可以变化气质。"做人讲究气质，做学问也要讲究"气质"。石泉先生指导研究生，总是要求学生尽可能多读书，不仅要读专业书，还要读其他学科的书。这不仅是开阔眼界的问题，"学然后知不足"，眼界开阔了，知道在自己的研究领域内还有大量未知的学识，才能逐渐培养一种谦虚博大的胸怀。治学虽然要有所持，但又忌讳自以为是，排斥他说。石泉先生对待不同意己说的意见，一向是持宽容以致欢迎的态度；他在学生中也努力提倡一种自由民主的学风，让学生们畅所欲言，自由发展。他认为，民主的学风和科学的精神是学者的生命。

（原刊《文史知识》1995 年第 3 期，题作《求真、实证、新解——谈石泉教授研究历史地理的方法》；后收入《文史知识》编辑部编：《过去的先生》，北京：中华书局，2013 年。收入本书时改作今题）

记彭雨新先生

　　1984年的春季学期，彭雨新先生给武汉大学历史系的本科生开设"清代经济史专题"的课程。我当时是历史系二年级的学生，选修了这门课。记得教室是在"工农楼"的三楼，很大的教室，杂乱地摆着些椅子，没有课桌。彭先生提着一个蓝灰色的袋子，静悄悄地走进教室，立在讲台前，慢声细语地开始讲课。讲课的内容大都忘记了，只留下一些零星的片段，倒是那些课堂的情景还记得很清楚。那时候彭先生已年过七十，腰早已弯了，本来就不高的身材，在讲台后面，一点都不给人以威严的感觉。他的声音温柔蕴藉，仔细地听起来，非常有感染力。彭先生的板书也很柔弱，一笔一画的，写到较大的数字时，每隔三位数，不忘记点上一笔。经济史是一门比较枯燥的课，选修的学生不多。当时跟从彭先生攻读硕士学位的袁明全、张建民、熊元斌老师也都在课堂上听课，时已留校任教的陈锋老师大约是偶尔来，并分别就清代军费与盐政各讲了两节课（也许记忆不确）。我那时候长得又瘦又小，总是坐在北面靠窗的椅子上，静静地听课。这门课我听得很认真，笔记也记得很细，可惜在后来的流离中遗失了。学期中间有一次讨论课，大家都不太敢说话，记得袁明全大师兄的年纪比较大，对我们特别好（但熊元斌老师当时对我更有吸引力，因为元斌师兄长得非常帅，而且很有理论素养），鼓励我发言。我就站起来说了几句话，说了些什么早就忘记了，只记得站起来时还把椅子弄倒了。

大概就是因为那次发言，彭先生对我留下了印象。这门课的考试很正规，有填空、名词解释和问答题，只记得一道，是填空题，"溥天之下，莫非王土。率土之滨，莫非王臣"出自《诗经》的哪一篇，大概我答出来了。彭先生给了我 97 分（后来彭先生告诉我，这是他从教很多年中给出的最高分。当然，这也是我大学时代专业课得到的最高分）。学期结束后，彭先生让熊元斌师兄传话，让我到他家去。彭先生家住在北三区 25 栋，应当是在三楼吧（记不太清楚了）。我惴惴不安地去了。开门的是彭师母（不知为什么，我一直叫"彭奶奶"），把我引进先生的书房。彭先生问了我的学习、家庭情况，正在读的书。我倒是一点都不紧张了，如实地做了回答。那时，彭先生正在上初中的外孙从天津来，住在先生家。先生就让我给他的外孙辅导一点语文与数学。因为高考过去不久，我勉强还可以应付初中的课程。这样，在这个暑期，我每周到先生家去两三次，慢慢地与先生、彭奶奶都熟悉了。暑期结束，彭奶奶给了我 30 元钱，是我一生中得到的第一笔数额巨大的报酬，所以印象非常深刻。

在三年级的学习中，彭先生还时常关心我，询问我在读些什么书。但我那时正是以为"天下事无不可为"的年龄，狂妄喧嚣，整日沉浸在阿多诺、萨特以及康德的书里，所以每每向彭先生眉飞色舞地述说一番。先生总是静静地微笑着，听我胡说一通，然后不置一词。下次还是会问，读了什么书。我似乎没有回答过一次读的是历史书，更不用说是经济史的书了。我那时根本不知道彭先生早年留学的曼彻斯特经济学院具有怎样高的学术地位，也不知道彭先生早年的学术贡献，否则一定不致如此不知天高地厚。现在，早已到了知道"天下事几无可为"的年纪，却再也不会有机会向先生请教了。

我的本科毕业论文是跟彭先生做的，题目也是彭先生定的。那时跟从彭先生读书的几位大师兄（请原谅我在这里作这样的称呼）都在做明清水利史（记得袁明全大师兄做的是西北河套平原的水利，张建民师兄做的是长江中游地区的水利，熊元斌师兄做的是江浙水利），因为我是苏北东海县人，彭先生给我定的题目是"清代苏北里下河地区的农田水利"。只记得彭先生让我先去读《史记·河渠书》与《汉书·沟洫志》，后来看看没时间了，才让我到山上老图书馆翻地方志。那是我第一次较多地接触线装书，倒是很新鲜，而且多少跟自己的家乡有些关系，还是很有兴趣的。论文我尽自己的能力写好了，彭先生给了个"优"。我自己知道这个"优"相对于上课得的"97分"来说，不过是一个鼓励。我其实做得不好。这篇毕业论文，我当时也不知道珍惜，现在连一片纸都没有留下来。

1985年的暑假，我和班里的一些同学，去给黄陂县编纂的《县情要览》（新编《县志》的简本）收集材料，回校已经是8月底了。我到先生家去汇报暑期的见闻与收获，彭先生向我谈起以后的去向，建议我继续读研究生，还说起他当年在"中央研究院"社会科学研究所读研究生的事情，可惜我没有记下来。但九月份刚开学不久，彭先生就让熊元斌师兄告诉我，他即将退休，不能指导研究生了。我到先生家去，他很认真地与我商量，愿不愿意跟从李涵先生读宋辽金元史。那时我对自己的未来也不太有想法，主要是觉得自己的知识基础很差，想留在学校里继续读书，也上过李涵先生开设的宋辽金元史专题课，对李先生的学问与道德都非常景仰，所以很高兴地答应了。彭先生亲自带着我，到22号楼三楼的李先生家去。我当时还不知道，后来才明白，这大概就是"拜师"了。

我顺利地通过了那年冬天的研究生入学考试，成了李涵先生的学生。再后来，又成为石泉先生的学生。不知不觉地、无可无不可地，就走了"学历史"的路。所以，我一直说，到武汉大学读历史系，是中学班主任丁劲松老师给我填写的志愿；跟从李涵先生念书，是彭先生给我引荐的。这都不全是我自己的选择，虽然我也没有任何不愿意的意思，至今也说不上后悔。

在读研究生的前两年里，我有时候还会到彭先生家去看看先生与彭奶奶。先生虽然从来不说，但看得出身体越来越衰弱了。所以，我去的时候，更多时间是和彭奶奶聊天，几乎没有与先生谈过学问。再后来，先生和彭奶奶一起，就到天津去投依女儿安度晚年了。

我对彭先生的学术与经历可以说完全不了解，彭先生也从未向我说起过。后来，得有较多机会与李涵、石泉两位先生闲谈，才知道彭先生出自湖南浏阳彭家，上中学时曾与胡耀邦同志同学；中学毕业后入中央政治学校大学部财政系学习，然后考入陶孟和先生主办的"中央研究院"社会科学研究所（或者是社会研究所？）读研究生，留所工作，著有《县地方财政》《川省田赋征实负担研究》等著作；又获奖学金（大概是"中英庚款"吧，李先生也似乎弄不太清楚）赴英国入曼彻斯特大学经济学院学习，回国后先后任岭南大学、中山大学教授。1953年院校调整，中山大学的经济系并入武大，彭先生遂进入武大。所以，彭先生到武大，比石泉、李涵两位先生要早一些。彭先生初到武大，是在经济系任教授。后来，据说是因为历史系的著名教授李剑农先生主持的《中国经济史》编写工作需要人手，把彭先生调入了历史系。当时，李涵先生从北京国家文物局调入武大，被安排给李剑农先生做助手。大概就是因为这个机缘，两位先生（以及石泉先生）结下了深厚的友谊（彭先生好像还与李先生、石先生同属一个民主党派，民主促进会，还是不同级别的负责人，只是他们对我从未说起过，我也从没有弄清楚过）。

回想起来，彭先生对我的影响，除了将我推荐给李涵先生做学生（这是我一生中重大的关节之一）之外，在学术上的影响主要表现在两个方面：首先，是引导我关注农田水利问题。跟彭先生作的那篇本科论文，虽然非常稚嫩拙朴，却埋下了一个种子，使我一直关注农田水利问题。农田水利是彭先生晚年重要的研究领域之一，我后来研读了他的相关论著，也学习了他所指导的诸位老师的研究成果，受到很大教益。我不敢说自己跟先生学过水利史，但在这方面，确实有来自先生的影响。后来，我写了一些与水利史有关的书与文章，下笔时，总会想起彭先生来。其次，清代农业垦殖是彭先生晚年的又一重点研究领域，先生整理出版了《清代土地开垦史资料汇编》，并撰写了专著《清代土地开垦史》。记得当年先生上课时，也讲过这方面的专题。虽然不再能记起当年上课时听先生讲了些什么，但是对这方面的关注却是根深蒂固的，这在我的一些研究中都或多或少地有所体现。

感谢现在武汉大学工作的陈锋教授、张建民教授等"彭门"大师兄们，发起、组织彭先生百年诞辰纪念会，让我有机会想起并记下当年跟彭先生读书的这段因缘。我不能算是彭先生正式的弟子，诸位教授一直将我视同彭门弟子，也让我非常感念，唤起我对珞珈山的温馨记忆和无限回想。

2012 年 2 月 18 日，于厦门沙坡尾

（本文原为拙文《传统中国农田水利领域的区域协作——以明清时期江汉平原的"垸区"为中心》的附言，刊于陈锋、张建民主编《中国财政经济史论稿——彭雨新先生百年诞辰纪念文集》，武汉：湖北人民出版社，2012 年。标题为收入本书时所加）

李老师讲授的"宋辽金元官制史"课

　　李涵老师于 1954 年 5 月，从中央文化部文物局调到武汉大学历史系，任教员。翌年，根据系里的安排，她开始参与讲授历史系的基础课程"中国古代史"（三），即宋元明清史部分。头一年讲课，大概是考虑到她刚走上讲台的缘故，系里安排她讲元史和清史部分，宋史部分由石泉老师讲授，明史部分由李剑农先生讲授。1956 年，她被评定为讲师，开始独立讲授中国古代史的宋元明清史部分。从此之后，直到 1965 年，然后再从 1973 年到 1979 年，她一直承担这门课程的教学工作，前后教过 16 届学生（包括工农兵学员）。为了配合教学，她编写过《元史讲义》(7.8 万字，1956 年由武汉大学出版科印行，油印本)、《宋元史讲义》(24.1 万字，1960 年由武汉大学出版科印行，油印本) 等。我听孙继民、牟发松等好几位老师说起过他们当年听李老师上课的情形，都还有很深的印象。

　　1981 年，李老师开设了一门新的专题课，"宋辽金元史"。为了配合教学，李老师编写了课程教材，以及《宋辽金元官制史参考资料》，由武汉大学出版科印行，油印本。我没有见过这种参考资料，这次编集李老师的论文集，也没

李涵老师（1994 年摄于珠海）

有找到。

1983 年，李老师开设了"宋辽金元史籍举要"专题课；1984 年，又开设了"宋史专题"。在此之前，1982 年 9 月，李老师招收了三名硕士研究生（杨果、张星久、吴怀连），方向是宋辽金元史。这两门课，是为培养研究生开设的。为配合教学，李老师编了《宋史专题参考资料》（4.7 万字，1984 年由武汉大学出版科印行，铅字本）。这本参考资料，我曾经有过，后来也丢失了。

我于 1982 年 9 月考入武汉大学历史系，1984 年秋季学期，选修了李老师讲授的"宋史专题"。这是我听的第一门李老师讲授的课程。1986 年 9 月，我考上本系中国古代史专业的硕士研究生，跟从李老师学习宋辽金元史。三年里，李老师给我们（师兄高申东和我）上的专业课共有三门："宋辽金元史籍举要"（1986 年秋季学期）、"宋辽金元史料阅读"

（1987 年全年），"宋辽金元官制史"（1988 年春季学期）。我曾经记下详细的笔记，并认真完成课程作业和论文习作。可是，20 世纪八九十年代之交的生活并不安稳，甚至有些窘迫，所有的笔记和大部分习作都遗失了。

因为编集李老师的论文集和杂忆集，这两年，我又经常性地回到当年石老师、李老师的家，和石莹教授一起找这找那。这样，我们就"发现"了一些与教学有关的材料，其中有三种，与我听过的"宋辽金元官制史"有关联。

第一种是李老师手录的三上次男《金代政治制度の研究》的目录和要点摘录，共 7 页。李老师认真研读三上次男关于金代政治制度的研究，显然是为准备金代官制部分的讲授而做的功课。记得那时我的日语还好，入学不久，李老师即命我认真阅读三上先生的著作。没想到李老师自己下了这么多功夫。

第二种是油印的讲义，《宋辽金元职官制度概论》，编号为 88—202，应当是学校教材科于 1988 年印制的，共 24 页。内容分为"宋辽金元职官制度概论"和"参考史料摘录"两部分。"宋辽金元职官制度概论"是一份提纲，共 8 页，分为"复杂多变的宋代官制""蕃汉分治的辽朝官制""金代政治制度的演变及其与汉地的关系""蒙元时代官制的变化"四讲，每讲均列明节目与参考文献。"参考史料摘录"与"概论"相对应，也分为四个部分，共 16 页。"一、关于宋代官制"节录了《宋史·职官志》的总叙、宰相、枢密院三部分，赵翼《廿二史札记》卷二五"宋制禄之厚""宋恩荫之滥"两条，未加标点，盖为训练学生的阅读能力之用。"二、关于辽朝官制"节录了《辽史·百官志》"序"有关南北面官的概述，《武溪集》卷十八《契丹官仪》，《三朝北盟会编》卷二一引《亡辽录》，《续资治通鉴长编》卷一一〇有关契丹官制的记载，以及《辽史》卷四五《百官志》一关于北面朝官的记载，卷三五《兵卫志》中关于斡鲁朵制度的总述，卷四七《百官志》三关于南面朝官的记载，卷四八《百官志》四关于南面方州官的记载（均加标点），以及赵翼《廿二史札记》卷二七"辽官世选之例"（未加标点）。"三、关于金代官制"节录了《三朝北盟会编》卷四重和二年正月丁巳日下关于女真制度的记述，《金史》卷四四《兵志》关于猛安谋克兵制的记载，《金史》卷五五《百官志》一关于金代官志的总叙，《金史》卷五一《选举志》一关于金代科举制度的概述，《三朝北盟会编》卷二四宣和七年十二月所引《金房节要》，《金史》卷五五《百官志》一关于"行台之制"的记载，刘祁《归潜志》卷七关于金末益政院、行路御史的记载（以上均有标点）。"四、关于元代官制"节录了《元史》卷八五《百官志》一总序部分、关于断事官的记载，卷八七《百官志》三关于断事官、怯薛的记载，《元文类》卷四〇《经世大典序录》"治典总叙·制官""各行省"两部分。摘录的史料皆与各讲内容相配合，在教学过程中也便于引证及供学生阅读、理解。

　　第三种是李涵老师手写的讲义，《宋辽金元官制史讲义》（部分），存第二讲、第三讲。讲义整齐地写在300字的稿纸上，共49页，一些页边上有补入的小字。内容大致与上述油印提纲相对应（但并不完全相合），应当是李老师的备课讲义。从李老师留在稿纸上的标记可知，这部分讲义正是1988年春季学期讲课用的。现存第二讲《蕃汉并行的辽代官制》(包括"辽朝的建立与扩大""辽的南北面官制""辽的选官制度""简评"，共四节)与第三讲《金代政治制度的演变及其与汉地的关系》(包括"金的建国与疆域的扩大""金朝初期的官制""金熙宗时期的官制改革""完颜亮时期的官制改革""金朝官吏的选用"五节)两个部分。第二讲是提要，包括重要的论点和史料提示，但没有成文；第三讲则是成文的讲义，语句完整，章节清晰，但其第五节"金朝官吏的选用"没有完成。

在第三讲讲义第40页上，李老师用小字写下一个旁注："88.5.4.第二节。以下六节由鲁希奇主讲"(不错，老师的确是把我的名字写成了"鲁希奇")。这应当是我第一次讲课，可现在竟然一点印象都没有了。在这些讲义中，夹了两张纸，未编页，大概是李老师在听我发言时记下来的，或者是从我的作业里摘录的。但我对自己当年的发言，一点印象都没有了。

我们那一届，李老师只招了高申东师兄和我两个学生，之后再也没有招生。这门课，也就只有我们两个学生听。也就在这一年，李老师正式办理了离休手续。老师在知道自己即将离休的情况下，讲一门只有两个学生的课，却如此大费周章：研读日文论著，以把握学术研究的前沿成果；细致揣摩史料，形成自己的认识，结合学界已有研究，写出详细的讲义；认真地讲课，督促学生阅读史料，并让学生自己练习讲课，使之受到系统的学术训练。如今，我也教了三十多年的书，自揣也很认真地对待这份职业，但与老师的严谨、认真、负责比起来，显然还有相当距离。

听这门课的时候，我已经在李老师的指导下，开始撰写硕士学位论文《金代地方行政制度初探》。记得最先完成的部分就是关于金初（熙宗以前）的路制和辽宋金之际燕云地区汉人的动向。我在李老师官制课上讲的内容，大概就是这两个部分。那时候李老师刚完成了《金初汉地枢密院》的文章，嘱咐我沿着她的路子做，围绕行台尚书省下些功夫，但我估计1988年的春季学期，我还没有做出来。那段时间我正迷女真字，很想有机会学女真文、契丹文，当然是没有条件。老师在讲义里关于一些词汇的解释，大概也是专门讲给我听的。那时候，我对李老师致力于辽金元官制的研究及其理路，其实并无深入的理解；选择金代地方制度作为论文题目，也只是听老师的话，并未去追问为什么。一直到这两年，整理老师的论著、讲义，自己的阅读面也开阔了些，对于老师当年的研究理路与方向，才算是有些把握。

有三个关键词一直贯穿在老师的相关论文及"宋辽金元官制史"课程里，即政治、制度与人。具体地说，制度（官制）的形成、变化或改革是在政治进程中进行的，任何一项制度的建立或变革，都是为了适应政治形势的需要，或是为了实现某种政治目标。所以，制度（官制）乃是"政治中的制度"，要把官制置入特定的政治进程和政治运作（特别是权力斗争）过程中加以考察。同时，制度又是由具体的人建立、实行或改革的，制定、运行或改革制度的人又均有其特定的身份、利益诉求和政治经济乃至文化目标，是具体的、活生生的人，他们对于制度的认识不尽相同，所以，当制度落实下来，就会呈现出不同的形态。因此，制度（官制）乃是"人的制度（官制）"，要把制度放在具体的人际网络（政治与社会关系网络）中加以考察。这样，制度（官制）史就有两个考察路径，即政治进程与政治社会关系网络。老师从没有用"活的官制史"来概括自己的研究路径，但在我的心中，三十年前和现在，老师讲的、做的官制史，从来都是活生生的——有具体的政治过程，有各种各样持有利益追求、怀着心机的鲜活的人，有阴谋诡计和刀光剑影，这些，都不仅"活"在历史里，也"活"在老师的文章和课堂上。

在上"宋辽金元官制史"之前，李老师用一年的时间，给我们上"宋辽金元史料阅读"。我被要求认真研读的文献，是《三朝北盟会编》（用的是上海古籍的影印本）和《建炎以来系年要录》（用的是国学基本丛书的排印本，字很小）。在老师的指导下，我写了一篇课程作业，题目最初是《辽宋金之际燕云地区的汉人》，因为云中的汉人资料没有收罗全，后来改作《辽宋金之际的燕地汉人》。老师让我先从人着手，探究辽宋金易代之际，燕云地区的汉人豪强大族的政治向背；接着学习她那时刚刚完成的《金初汉地枢密院》，后来再学着做行台尚书省。在这个过程中，老师让我注意汉人大族和士人是如何与辽、金统治者"相处"的：对抗、逃避或合作，而汉人与辽、金统治者不同形式的"相处"又是如何影响辽、金的制度设计、形成、运作及其特点的。这个问题，其实也是老师一直关注的问题。从 20 世纪 60 年代初写作《蒙古前期的断事官、必阇赤、中书省和燕京行省》，一直到 80 年代写作《也论郝经》，以及未能完成的《耶律楚材传》，李老师一直在讨论北方少数民族进入汉地后，如何对待、"利用"汉人、汉制与汉文化，以及汉族士人、大族如何看待、"接受"或"降附"北方民族统治者的问题。可以说，北方民族统治者与汉人大族、士人的关系，乃是李老师关于辽金元史研究的核心线索之一。在二者之间的诸种关系形态（对抗、合作、逃避）中，老师最为关注的，是"合作"。她强调汉人大族、士人对于北方民族统治者的"接受"（无论是主动或被动），也重视统治者对于汉人大族、士人的"利用"（无论其出于怎样的利益目标）。她从未明说，但字里行间，"默认"或"肯定"这种"接受"（降附）与"利用"所产生的结果，乃是一种相对现实、平和的结果，认为它在一定程度上减少了对抗所造成的破坏，接续了历史进程。她从不使用"汉化"或"胡化"（契丹化、女真化或蒙古化）的表达，而力图描绘出一种北方民族统治者与汉人大族、士人彼此接受、相互"利用"并进而"合作"的图景；并在此基础上，讨论基于此种"合作"的制度性安排与政治运作。年轻的时候，我并不完全理解、认同这一理路和倾向；三十多年后，我想自己早已无声息地"接受"它了。

2020 年 12 月 31 日于武昌珞珈山东山头

（原刊李涵著《宋辽金元史论》，成都：四川人民出版社，2022 年。收入本书时有删节）

朱雷先生与历史地理研究

1999 年冬，我写完了《汉水流域历史地理的初步研究》（这是最初的书名，出版时题为《区域历史地理研究：对象与方法——汉水流域的个案考察》）的书稿，经冻国栋老师推荐介绍，广西人民出版社允诺全权出版，只是提出来，希望请一位老师写一篇序言。业师石泉先生从来不给人（包括学生）写序，所以，我没有敢开口。与李涵老师商量，她建议请朱雷老师帮助，并亲自给朱老师打了电话。朱老师很爽快地答应了。我把书稿和内容简介给朱老师送去，并报告了自己对书稿所存在缺点的一些认识，以及以后的打算。朱老师问了一些问题，却并没有围绕书稿多谈什么。不知道为什么，却谈起了民国时期别廷芳主导的"宛西自治"，又说到镇平的中兴寺碑，也许还有别的话题。我的理解，朱老师对我当时的研究理路与学术风格其实有所保留，在以他的方式给我提醒。在《序》里，朱老师说：

　　应当说，作者还刚刚开始走上学术道路，未来的路还很长，希望鲁西奇同志再接再厉，不断努力，取得更多更好的、扎扎实实的研究成果。同时，作为我个人而言，更希望他能够得到学界前辈的指教，使有志于学习历史地理的年轻人，在学风和研究能力上，有更大的提高。

我知道朱老师对我从严要求的意思，认为当年我关于汉水流域的研究，时间与空间范围都太大了，在不长的时间内做出的研究还不够扎实，学风也有些浮躁，不够厚重。从1987年见到朱老师开始，一直到2021年朱老师过世，在30多年的时间里，这段话是朱老师对我说的最重的话，我当时反复读了几遍，想了很久，后来也常琢磨。这中间的"微言大义"，老师的期许与"恨铁不成钢"，大约只有我最明白，我自己不说，别人也许不会读出来。我一直记着老师的话，努力遵循老师的这些教导，对自己严格要求，不断改正自己的缺点。我不敢说自己做到了多少，但一直努力着。

我是武大历史系"土生土长"的，更因为石泉、李涵先生的缘故，以及一些个人因素，有很多机会向朱老师请教，听朱老师聊天，甚至在生活上也受到老师的关照；老师对我的影响很大，也是多方面的。朱老师和我聊过的话题，仅仅是历史地理方面的，也都写不完。总的感觉，朱老师对世界地理大势、中国地理格局都非常熟悉，特别是对军事地理、政治地理，有很多关注与思考。我没有听朱老师系统地讲过，都是在闲谈的时候，漫无边际地，说到哪里是哪里，所以，也没有记下来。朱老师的研究领域，主要在吐鲁番文书，我完全不懂；朱老师对武大历史地理学科建设的关照与帮助，我虽然了解一些，但由师兄们来说更为妥当。所以，这里，仅就记忆所及，谈几件对我影响较大的事情。

20世纪90年代初，在石先生的指导下，我开始进入长江中游历史地理的学习与研究领域。在武汉大学历史系，关于长江中游地区的研究，有三个源头：一是唐长孺先生引导的古代长江中游经济开发研究，二是石泉先生开创的荆楚历史地理研究，三是彭雨新先生主导的明清时期长江中游地区农田水利与农田垦殖研究。既然有意学习这一领域，三种路径的研究都是要关注、学习的。当时，由中国唐史学会、湖北省社会科学院历史研究所编集的《古代长江中游的经济开发》论文集已经出版（武汉出版社，1988年），牟发松老师撰写的博士学位论文《唐代长江中游的经济与社会》也已出版（武汉大学出版社，1989年）。这两本书就成了我的必读书。《古代长江中游的经济开发》中有一篇朱老师的文章，《东晋十六国时期姑臧、长安、襄阳间的"互市"》，当时读了，就觉得了不起。在这篇文章里，朱老师先是从《渐备经》由西北到东南的传播经历入手，指出《渐备经》在长安译出后，即被带往凉州（姑臧）；后来，凉土沙门释慧常将此经寄托凉州"互市人"康儿，由其"辗转送至长安"；长安僧人安法华又将此经送长安"互市"，由"互市人"送达襄阳，付予自称"弥天"的释道安。当时统治凉州的是前凉张氏，前秦苻坚控制长安，襄阳是东晋重镇。三个政权相互对峙，经常交战。《渐备经》等佛典，通过"互市人"，由凉州而长安，到襄阳，在政治势力相互隔绝的背景下，得以传播开来。由此，朱先生抓住"互市人"这一核心问题，细致考察三国、十六国政权下的"互市"，特别是"互市"机构的设置，"互市"的地点及其交通路线，并特别讨论了凉州姑臧的互市人"康儿"，指出他是粟特人，且引用粟特文书信，以说明粟特商人在沟通中亚与江南的交通贸易路线上的作用。朱先生总结说：东晋十六国时期，南北经济交流的特殊形式是"互市"，"互市人"奔走其间，以进行贸易活动。东晋的襄阳设有的"互市"，不仅是通向关中、河西走廊地区的经济窗口，而且是思想、文化交流的窗口，奔走其间的"互市人"承担起了这个交流任务。同时，这条道路还是将"丝绸之路"东段，由长安伸向东晋的路线。在政治上，这条路线又是沟通河西走廊与东晋政治联系的路线。

这篇文章不属于吐鲁番文书研究，可能是朱先生的一篇"小文章"，却给我带来极大的震撼，而且，迄今为止，我一直认为这是朱老师最为经典的一篇文章。对佛典的引用，对传世文献的分析，对出土异族文书的敏锐，以及对上述材料的综合使用，都很让人佩服。这篇文章，有两点对我后来的研究有直接的启发与影响：一是襄阳在中古交通格局与政治交往过程中的地位与作用，二是佛典作为中古史研究资料的意义。但是，朱老师对于材料的敏感及其辨析能力，却是我终生难及的。

大约从1996年起，我开始关注乡村聚落与住宅的研究。闲谈时和朱先生说起来，他提起敦煌吐鲁番文书中关于居住园宅的记载，并说起《万子、胡子田园图》。记得朱先生说，要弄清并理清唐代的田宅形态，需要看日本的田图。这个提示，对我非常重要。所以，我马上就去看日本古代的条里制，留下了很深的印象，并进而读了土肥义和先生所撰《唐代敦煌の居住園宅について——その班給と田土の地割とに關連して》，(《国学院杂志》77 卷第 3 号，第 162—177 页）一文。一直到先生所著《敦煌吐鲁番文书论丛》(甘肃人民出版社，2000 年）出版，我才认真研读朱老师的《敦煌所出〈万子、胡子田园图〉考》。这篇文章，应当算是朱老师的代表作之一。在文章的前半部分，朱老师就特别说明了这项研究与金田章裕先生有关日本古代庄园田图研究之间的关系，我才明白老师所说与日本田图相比照研究的含义。这项研究的"巧"也就在这里。大约正是因为有日本古代田图、庄园图作为参照，朱老师才得以详细地考证《万子、胡子田园图》所绘的诸种符号的意义，并结合相关史料，给出了恰当的解释。让我最觉佩服的是关于图中所标明的两处"道"的解释。他在池田温先生的基础上，进一步论证了敦煌所出天宝至大历间籍帐所记田地段亩，用"路"而不用"道"的原因及其变化，以为用"路"是因为玄宗崇尚道教的缘故；而在其后，因为不再遵循玄宗尊崇道教的敕文，故不再以"路"代替"道"。朱先生文章讨论的重心，是本件文书的年代。可是，给我印象最深的，却是关于平面田地图的绘制及其相关符号的解释。朱先生说：虽然中国很早就可以绘制田地平面图，但即使是唐代行均田制，也并没有广泛绘制平面图，而作于归义军时期的《万子、胡子田园图》也仅得一见，所以，可能仍未形成制度，绘制田园图，仅属于个别家庭的行为。直到南宋时行经界法，才较为普遍地制作田图。这一个论断，我琢磨了很久，上课时也多次讲过，真希望以后能有机会系统地梳理这个问题。

2007 年至 2016 年，我到厦门大学工作了几年，但几乎每年都会回武大。每次回去，只要可能，都到朱老师府上，去聆听教诲。有一次到朱先生府上，刚坐下，朱先生就问起我的老家，是不是属于淮河流域，《水经注》关于沭水的记载有没有认真读过，发现过什么问题没有。又说起对《水经注》淮水、汝水、涡水等篇的认识，并且跳到明清时期黄河与运河的关系上。我被老师问得七零八落的，努力搜罗自己脑海里的相关知识。临走的时候，朱老师问：淮水中游的渡口，你注意过吗？这个问题，我倒一直记得，因为我脱口回答：没，没注意过。过了大约一年吧，我从北京转道武汉，又去看朱老师。老师又谈起了淮河，问题还是差不多，也一直说到淮水中游的渡口。这回，我才知道朱老师正准备写一篇关于五代时期涡口都商税使的文章，这就是后来登在《广州文博》第 12 辑（文物出版社，2018 年）上的《五代后周〈刘光赞墓志铭〉所见之"涡口都商税使"考》。记得朱老师还谈起五代时吴越国、荆南、南汉、马楚、南唐与中原王朝之间的贸易，特别是淄青境内吴越国的回易务，使我一下子想到姑臧、襄阳的"互市人"。分裂格局下地区间的经济往来与文化交流，似乎是朱老师一以贯之的话题。

我考博士生时，朱老师是考试委员之一。他提的问题是东晋南朝荆州何以被称为"陕西"。我用"周召二公分陕而治"的典故回答。朱老师继续问："分陕"之"陕"究在何处，有何不同看法。然后又问：荆扬之间，有可与"分陕"的"陕"相类比的地方吗？这样的追问，虽然让人紧张，确又很受教益。我回答不出，也不觉得难为情，因为答不出是正常的。我跑到桐柏看了淮源庙，然后西行，到了唐河湖阳镇，去寻访汉晋遗迹，回来见了朱老师，和他闲谈途中所见。老师忽然说，这一带郦善长最熟悉。我再读《水经注》相关诸水，确然如此。这才惭愧自己的浮浅与狭窄。朱老师不专治历史地理，然于山川形便、政区沿革、风土人情，均了然于胸，谈吐之间，往往发人启迪，引出新问题，指示新方向。在我的心目中，真有学问的人，就是这样的。所以，我从没有觉得朱老师了不起，因为他本来就是真有学问的人，真有学问的人本该如此。

朱老师也不以历史地理研究而著称。在他的学问里，历史地理的知识与方法，是做学问的一种素养。我上面谈到的三篇文章，在朱老师那里，也不是历史地理文章，他只是顺便使用了一些历史地理的知识与方法，探究了与历史地理相关的问题。可是，我想，如果能够沿着朱老师的研究路径，继续朝深处挖掘，并不断拓宽研究的问题，应当是很有学术前景的。比如上面提到的田图的绘制，就涉及田亩丈量、测绘以及几何学的很多问题，与中国历史上的田地制度、赋役制度都有很大关联；分裂格局下不同政权间的交通、贸易与文化交流，更是一个深广的研究领域。通过自己的研究，展示出更为深广的研究空间，给后人指示可以努力的方向，这才是真学问。

朱老师非常重视把真正的学问传给后人。2020年下半年，朱老师已经住进了地质医院的康复中心，我带着博士生梁振涛去看他。我比画着告诉他，振涛是新疆师大毕业的，毕业后在新疆工作过四年，学过维吾尔语，现在做唐代西北边疆的研究。朱老师听了，明显地非常高兴，不再理我，拉着振涛说了很多。我知道，朱老师看着更年轻的一代慢慢地成长起来，而且在做与他有关的学问，心里一定是高兴的。我也相信，朱老师的书，一定会不断地有人读，因为是真学问。

2021 年 10 月 26 日
于浙江大学之江校区中方教授别墅三号楼

（原刊刘进宝编《朱雷学记》，杭州：浙江古籍出版社，2022 年）

《椿庐史地论稿续编》选读

2005 年，邹先生论文集《椿庐史地论稿》出版，奉王振忠教授邀约，我写了一篇读后感，较为系统地汇报了研读先生论著的感受、心得以及从先生论著中所受到的启发、学习到的方法。先生辞世时，疫情尚未结束，不能前往沪上和先生告别，连追思会都无法参加。人生无常，本是世间常法，先生走得体面尊严，哀痛之辞，或不必多言。对先生最好的纪念，或者正是研读先生的论著，学习先生的治学精神，沿着先生指示的方向，脚踏实地，一步步地走下去。所以，我把手边所有的先生的著作集中起来，摆在书桌上，一本本地摩挲翻阅，回忆对自己产生过影响的那些文章，再读一遍，重温当年曾体会到的先生的教诲。

读《辽代西辽河流域的农业开发》的时候，我还在师从李涵先生读辽金史。1987 年秋天，我有机会参加一个考察团，到赤峰等地去考察，跑了宁城、翁牛特、林西、巴林左右旗等地方，看了辽中京、上京、祖州等遗址，对西拉木伦河有一点初步的了解。李涵老师当时正在研究辽金时代的奚族，奚族的农业生产正是她所关注的一个方面。邹先生的这篇文章，收在《辽金史论集》第二辑里，我记得大约是在 1988 年夏天（或者更晚）才读到的。印象最深的是文章中使用《辽史·地理志》的记载，讨论上京、中京道各府州县汉、渤海人的分布。先生说上京、中京道三十余万汉和渤海的人口大多集中在灌溉和土壤条件比较好的河流中上游地区，我就想起在宁城辽中京城故址看到的大片玉米田，以及贾敬颜先生站在西拉木伦河桥头上指点山川的情景。当时在李老师的指导下，我写了一篇读《辽史》之《地理志》《兵卫志》《营卫志》的札记，是从陈述先生《契丹政治史略论稿》中关于汉人移民垦殖草原的路子出发的，模仿的是贾敬颜先生五代宋人使北行记疏证（当时是单行的油印本）里的方法，也参考了邹先生区域开发的分析方法。那是婴儿学步级别的作业，早就没有价值了。但我也一直没有舍得丢弃，后来以它为源头，写成了《辽金时期北方地区的乡里制度及其演变》一文，直到 2019 年才发表出来。拙文中关于临潢府所属各县汉、渤海户口来源、居地与管理的分析，最初即来自邹先生这篇文章的启发。

　　读《明清流民与川陕鄂豫交界地区的环境问题》时，我正在汉水中上游跑。先是沿着汉水两岸，后来溯着丹水、堵水、金钱河（甲水）等支流，走向郧西、淅川、竹山、竹溪、柞水，进到山里。我想去看那里的山、水、人家，去想祖祖辈辈在那种艰苦环境下生存的人。那段时间，读的基本史料是严如熤的《三省边防备览》；主要论著是赖家度先生的《明代郧阳农民起义》、傅衣凌先生关于闽浙赣山地经济开发的研究，以及萧正洪先生关于清代陕南种植业分布与演变的研究。邹先生的这篇文章，发表在《复旦学报》上，我是在无意中读到的，对其中的第二节《流民的生计》与第三节《环境破坏》印象深刻。将移民进入、经济开发与环境变化（特别是恶化）三者联系起来的思想方法，在20世纪90年代，已成为占据主导地位的思想方法，但论者一般使用"经济开发"或"地区（山区）开发"，很少使用"生计"这个概念。邹先生这样提出问题："连续数百年，数以百万计的流民进入鄂、豫、陕三省交界的秦岭、大巴山区，究竟何以为生呢？"这个问题伴随了我很多年。可以说，在2000年前后的十余年时间里，我一直在探索这个问题。在有关汉水流域的研究中，我使用"生计方式"的概念，探讨不同地区的不同人群生计方式的不同，以及不同的生计方式对于经济发展、环境变化的不同影响，虽然思想方法上的来源是多元的，但邹先生的文章，确实是较早的源头之一。

《关于加强对人地关系历史研究的思考》一文，最初发表在《光明日报》史学版上，我是在武大历史系资料室的《光明日报》上读到的，一整版。那年长江流域大水，我们在武汉更有切身的体会。邹先生说："这场洪水无疑向我们敲响了警钟，它表明改善我国生存环境已是刻不容缓、迫在眉睫的事情。"这是当时政府、社会与学术界的共识。在这篇文章里，邹先生简要地回顾了我国环境问题的历史根源，分析了洪涝灾害越来越频繁、严重的原因，也提出了自己的忧虑。面对洪灾，当时舆论以及学术界主流的声音，都是指责长江中上游地区过度垦殖、开发造成了植被破坏，加重了水土流失，程度不同地表现出某种"科学的自然中心论"倾向。我对这种倾向并不认同，可并不知道怎样对待。在文章中，邹先生写道："如果没有黄河流域的普遍开发，何来具有世界影响的汉唐文明？没有宋代以来长江流域围湖造田，何来近千年来高度发展的长江文明？因此我们回顾环境变迁的历史并非为了责备古人，而是想从古人行为的轨迹中寻找对今人有用的经验教训。"我相信这才是学者应持的态度。邹先生又说："建国以来的前30年，我国人口数倍增长，如果没有大规模的新辟耕地，10多亿的人口如何养活？……不论从历史还是从现实而言，我国要保持人口—生存—资源—环境间的协调平衡，是一个相当艰巨的任务，有时甚至陷于两难的境地。例如，最近我国政府下令禁止砍伐原始森林，强调退田还湖，这都是十分正确的。但是，如果在一定时间内没有为当地找出一条科学致富的道路，这种政策能否长期坚持下去呢？"20多年后重读这些话，邹先生悲天悯人、关心民生的情怀，仍灼然可见；而20多年来我国的环境政策及其实践，也仍然在邹先生所说的两难境地里摸索前行。这篇文章不长，当时一口气读完，觉得先生的情怀、才识与智慧尽萃于其中，非常感佩。也因为这个源头，我着意梳理有关人地关系的理论，并努力做些思考，而在思考的过程中，则更着意人类生存的艰难与生计方式的意义。

有一段时间，我侧重于做汉水中下游河道变迁与江汉平原湖泊演变的研究。关于河道变迁的研究，我主要从谭先生、邹先生等关于黄河中下游河道的研究以及张修桂、周凤琴等先生关于荆江河床演化的研究中学习方法；关于湖泊变迁的研究，则较多地受蔡述明、金伯欣等先生江汉湖群研究的影响。邹先生的《广德湖考》是一篇较小的考证文章，其所考证的广德湖是明州鄞县境内一个不太大的湖泊，而且后来消失了。这篇文章在我摸索江汉湖泊研究的路径时，给我很大的帮助，因为江汉平原上的很多湖泊，规模都不大，与广德湖相似，历史文献中的相关记载也不多。邹先生在这篇文章里，首先根据一些零星的资料，将广德湖的具体位置和范围勾勒出一个大致的轮廓；然后考察其水利功能，进而分析围绕围湖、复湖的争论与纠纷。这种研究路径给我很大启发。我在考察汈汊湖、沉湖、白露湖等江汉平原较小湖泊时，也基本遵循这样的研究路线。

《〈宋史·河渠志〉浙江海塘西湖篇笺释》和《两宋时代的钱塘江》两篇文章，我比较晚才读。2013 年以后，我着手做滨海地域的研究。2017 年秋季学期，我在浙大高研院驻访，每天从求是校区经过杨公堤到之江校区。黄昏时分散步，就到了钱塘江边，看大江辽阔，潮汐来往，不免生出些感慨，给自己找了个题目：历代海潮论疏证。因为在杭州，就从燕肃的《海潮论》着手，自然而然地就读到《宋史·河渠志》的相关记载。我这才知道邹先生给《河渠志》的浙江海塘部分做过详细的笺释，早已发表在《中华文史论丛》第57 辑上。想起家里有这一辑，却没有注意过，真是不应当，于是我对照着几种《临安志》以及地图，认真地读了。邹先生的注释非常精审，论断确然可信，揭开了我心中的不少谜团，给我指示了方向。如邹先生说钱镠筑海塘时所立的三个刻有水则的铁幢，一在今候潮门东南旧便门街东南小巷，一在旧荐桥门（今城关巷北口）外，一在利津桥（今南星桥东）北。邹先生说："据铁幢的方位，吴越时海塘位置大致可知。"我根据邹先生的指示，去看了上述三个点，遥想昔年钱塘海塘的位置与图景，虽然在繁华的大都市里，仍然可以捕捉到某些历史的信息，觉得非常高兴。记得那天下午，从南星桥沿着中河，一直走到了钱塘江边，穿过老钱塘铁路桥，回到之江校区，心中除了沧海桑田的感慨，也充满着对邹先生的感佩。

我没能有机会做邹先生的学生。20世纪90年代，武汉大学历史系，特别是古代荆楚史地与考古研究室（1996年后改称"历史地理研究所"）遴选博士生导师、博士学位论文答辩，有好几次都是请邹先生给予帮助。那时我给石泉先生和各位师兄做后勤服务工作，所以一般是我负责接送，其实有不少机会接触先生。只是年轻无知，又自惭形秽，并不敢和先生多说话。一直到2009年秋，复旦史地所给我两个月的驻访学习机会，我住在复旦外招，离邹先生家很近，经常在路上、食堂和史地所资料室遇见先生，更承先生赏过两次饭，才有机会较多地聆听先生的教诲，领略先生的言谈风采。

我自己的研究题目都比较小，和先生曾参与、领导的大型研究项目隔得比较远，所以，研读先生的论著多是与自己研究相关的单篇论文，对先生的学术体系并没有系统地学习，更谈不上全面理解与认识。我读的先生的一些论著，在先生的学术体系中，也可能并不是重要的部分。回想起来，自己学习、研究的每一步，又都从先生那里汲取过营养，得到过启发。我想，先生虽然不在了，但先生的学问在；先生的学问在，先生就永远在。

（原刊复旦大学中国历史地理研究所、邹逸麟先生纪念文集编委会编：《儒雅清正铸师魂——邹逸麟先生纪念文集》，上海：中西书局，2022 年）

读张修桂先生的文章

我是通过读张先生的文章，知道张先生的。

最初读张先生的文章，是在蔡述明先生讲授的"历史自然地理"课上读了两篇文章。

第一篇是《云梦泽的演变与下荆江河曲的形成》，是从《复旦学报》（1980年第2期）上复印下来读的。文章分两个部分，其第一部分是"云梦泽的演变过程"，我是与谭其骧先生的《云梦与云梦泽》（《复旦学报》历史地理专辑，1980年）对着读的。谭先生的论文，从文献辨析入手，首先理清楚先秦文献中的"云梦"与"云梦泽"并非一回事，指出"云梦"泛指春秋战国时期楚王的狩猎区，包括山地、丘陵、平原和湖沼等多种地貌形态，范围相当广泛，估计东西约在八百里以上，南北上下五百里；汉晋时期的云杜县，正是云梦区的中心地带（云梦区的中心并不是云梦泽）。"云梦泽"只是"云梦"的一部分，是云梦狩猎区中的湖沼部分，范围局限在今江汉平原腹地，其具体位置又不断变化：两汉三国时代，云梦泽在江陵之东，江汉之间，主体在华容县境；西晋初年起，云梦泽被认为"跨江南北"，包括江南的巴丘湖（今洞庭湖的前身），江北的部分在当时的安陆县即今云梦县境内，然其中洞庭湖（巴丘湖）属云梦之说，是靠不住的；从郦道元开始，把其所看到的云梦地区的全部湖泽都连在一起，作为"云梦泽"；这种说法为后人所继承，云梦泽的范围就愈来愈大，终于被说成是跨江南北，包括今洞庭湖区及江汉平原广大地区的"大云梦泽"。在厘清古文献中有关云梦与云梦泽记载及其所反映之真相的基础上，谭先生进一步考察了历史时期云梦泽的变迁过程：春秋中叶以前，在江陵与竟陵之间、今江陵潜江荆门三县接壤地带，杨水以东、今监利、洪湖、沔阳的江汉平原腹地，以及汉水下游北岸今天门北境、应城南境一带，各有一片云梦泽。西汉中期，汉水北岸的云梦泽已淤填为"云梦土"；江陵、竟陵间的云梦泽则被分割为若干湖泊陂池，不再以云梦泽为名；杨水以东、江汉之间的云梦泽受到荆江与汉水冲积扇的挤压，向东推移至华容县东，泽区逐步缩小淤浅。魏晋南北朝时期，江汉间的云梦泽主体进一步填淤东移，大面积泽体被填淤分割成许多湖沼陂地，"云梦泽"渐成为历史名词。云梦泽名称消失之后，南朝、唐宋时期，江汉平原上的湖泊在总体数量与面积上均呈衰减趋势；直到明清时期，江汉平原湖泊又出现一个扩张期。

　　张修桂先生的这篇文章，应当是与谭先生的文章相配合写作的，论点大致相同，论据则相辅相成。我们在读的时候，蔡述明老师提醒我们，要着意读出两位先生的不同来。比如，在文章的一开头，张先生说："江汉平原在构造上属第四纪强烈下沉的陆凹地，云梦泽就是在此基础上发育形成的。由于长江和汉水夹带泥沙长期填充的结果，至先秦时代，云梦泽已经变成平原—湖沼形态的地貌景观。"在文章的第二部分，张先生又说："由于江汉地区现代构造运动继承第四纪新构造运动的特性继续沉降，著名的云梦泽在全新世初期湖沼极高。在江汉平原冲积层下 3~4 米，普遍有湖沼相沉积。有史记载以来，长江出江陵进入范围广阔的云梦泽地区，荆江河槽淹没于湖沼之中，河床形态不甚显著，大量水体以漫流形式向东南汇注，表现在沉积物上为：湖沼相沉积与河流相沉积交替、重叠。但因该地区现代构造运动具有向南掀斜的特性，江陵以东的荆江漫流，有逐渐向南推移、汇集的趋势。"还记得蔡老师指着这段话，说：你们看，这就是张老师的学科背景。他是学地理的，所以，先说江汉平原的地质构造。他的前提，是说江汉平原本来是一个盆地，盆地里当然会积水，很可能形成一个大湖，就是湖盆。然后，长江、汉水挟带着大量的泥沙，逐步淤填垫高，就形成冲积—淤积平原，自然而然地，平原上也会留下一些低洼地带，就是湖泊。而江汉冲积扇慢慢向前推移，湖泊面积就会越来越小。蔡老师说：江汉盆地、一个统一的较大的古湖、江汉泥沙淤填、湖泊逐步被分割，越变越小，这是一个自然地理过程。这个过程，是张先生分析古云梦泽演变的学科基础。这和谭先生主要从文献出发，辨析历史文献的记载，是很不相同的。

沿着这样的思路，去读张先生的文章，就觉得很容易明白了。他先讲在江汉平原西部有一个荆江三角洲，东部有一个泛滥平原，古云梦泽就位于这两大平原之间，它与长江、汉水相沟通，接纳江汉及其支流的分流，可以看作河湖相联的统一的水体。在此基础上，云梦泽演变的主要动力，就来自江汉及其支流的分流分沙：江、汉分流分沙，促使荆江三角洲与汉江三角洲合并，形成江汉陆上三角洲；而由于江汉地区新构造运动有自北向南倾斜下降的性质，荆江分流分沙量均有逐渐南移、汇聚的趋势；因此，江汉陆上三角洲的不断扩展，就压迫古云梦泽不断向东、南方向退缩、转移，其主体则逐步淤浅、缩小，并分割开来。到宋代，历史上著名的云梦泽基本上消失，大面积的湖泊水体，已为星罗棋布的湖沼所代替。在这里，张先生不仅描述了云梦泽演变的历史自然过程，更揭示出其演变的根本动因在于长江与汉水的分流分沙运动。

云梦泽演变的动力来自长江与汉水的分流分沙，自然而然地，张先生就要讨论荆江河床的高程问题。他指出：随着夏、涌二水分流顶点的高程不断增加，夏水与涌水逐渐变成了冬竭夏流的季节性分洪河道，而在二水分流口之间的长江河道，则形成了沙洲（夏洲），迫使大江主泓的南支向西弯曲，从而形成江曲。其后曲率逐步增大，又受到左岸地貌的制约，折射东南，形成江陵以南荆江"S"形河床形态。夏首以下大江河曲的形成与西移，使涌水源头逐渐枯竭，以至断流，夏水分水口也向下游移动。荆江河曲的形成与变动，使长江向江汉平原的分流分沙大受影响，汉江三角洲逐步成为江汉陆上三角洲的控制性力量。这样，江汉湖群也逐步向靠近荆江北岸一侧发展。这一分析，当年读来，觉得非常有道理，解决了我一个百思不得其解的问题。

从云梦泽的演变过程，张先生把荆江河床的塑造过程分为荆江漫流、荆江三角洲分流（先秦两汉时期）、荆江统一河床的形成（魏晋至唐宋时期）三个阶段。这三个阶段的认识，主要是从云梦泽的演变过程中推导出来的。张先生的研究理路是：长江出三峡进入冲积扇地区，冲扇前的洼地就形成云梦泽；长江流过冲积扇，为自身塑造了荆河河段；冲积扇越向前延伸，湖区越来越小，河床就一步步向前塑造形成。所以，云梦泽消失的结果，就是荆江统一河床最后塑造完成。云梦泽的演变与荆江河床的塑造，是密切联系在一起的。同样，下荆江河床是在古云梦泽消亡的过程中逐步发育形成的：在下荆江河床开始形成的魏晋南朝时期，河床边界主要由沙层、亚沙层组成，河岸易受冲刷，河床宽阔，流速较缓，大量泥沙沉积下来，形成江心沙洲；江心洲形成后，又将水流逼向两岸，冲开河岸，形成穴口分流。这样，就形成了分流分汊型河床。云梦泽消失后，下荆河统一的河床塑造完成，筑堤工程随之兴起，河滩也迅速堆积起来，从而形成了较为稳定的河岸，分流穴口逐渐淤塞或堵塞，江心洲不断靠岸或消失，分流分汊河型就演变为单一顺直河型。到元明之际，下荆江河床越来越窄，江心滩靠岸成为边滩，迫使水流弯曲，侵蚀对岸，在弯道环流作用下，河弯不断发展，河型弯曲越来越多，从而形成蜿蜒河型。

当年和我一起听蔡老师讲课的付云新、赵艳，都是华中师范大学地理系出身的，有相当好的自然地理基础。我是学历史出身的，读张先生的论述，有些吃力。蔡老师就让他们两位帮助我补一点自然地理学方面的知识。我们还特别去找来几张航空照片，看牛轭湖的遗迹，分析其所反映的旧河道

（河曲）与新河道（裁弯取直后的新河道）间的关系。虽然学得一知半解，也总算大致明白了张先生讨论这些问题所根据的原理。记得我们在一起讨论，从张先生的这篇文章，付云新说起历史自然地理学的研究方法，是用自然地理学所认识的一般性原理去分析历史地理现象的形成过程，因为自然地理的变化规律，古今基本上是一致的。蔡老师深表赞同，说：要做历史自然地理研究，一定要先学习自然地理学，涉及平原、河流、湖泊，一定要学好地貌学、水文学，还要学习地层分析。蔡老师还特别提供了条件，让我有机会去中科院测地所旁听，并和他们的学生一起，接触江汉平原的钻孔资料，也第一次知道了孢粉分析。

因为读《云梦泽的演变与下荆江河曲的形成》下了较多的功夫，读张先生的第二篇文章，《洞庭湖演变的历史过程》（《历史地理》创刊号，上海人民出版社，1981年），就轻松多了。读这篇文章，印象最深的，是张先生对地质钻孔材料、卫星照片、考古材料与文献材料的综合使用。张先生首先使用新河口32号钻井的剖面，从第四纪沉积物的旋回性以及发生于各组地层之间的四次沉积间断，说明洞庭湖区的新构造运动具有间歇性特征，也就是湖泊与平原地貌交替存在。然后，他使用考古材料，说明新石器时代湖区形态主要表现为河网交错的平原地貌；而在新石器时代以后至公元3世纪，洞庭平原和华容隆起均有明显的沉降趋势，形成一些局部性小湖泊，但整个地区仍以河网交错的平原景观较为显著。关于洞庭平原和华容隆起处于缓慢沉降状态的认识，是张先生关于洞庭湖演变研究的一个重要基石。平原景观之所以逐步向湖沼方向演变，在很大程度上，就是这种长期沉降的结果。洞庭湖就是在这种沉降中不断扩展的。所以，不了解洞庭湖区的这种沉降趋势，就无从考察历史时期洞庭湖的形成与演变。不仅如此，张先生更进一步指出：先秦两汉以后，虽然东西洞庭地区均处于下沉状态，但东洞庭地区的北半部，下沉趋势尤为严重，一旦荆江分流南注，低洼水面立即扩展成湖。换言之，洞庭湖区，是其东北部先成湖，然后向西扩展的。记得当年读到这一结论，佩服得五体投地，因为这一认识，从文献记载中，是很难得出来的，一旦认识到，却又可以得到很多文献的印证。

这篇文章，给我更大影响的，还是对近百年来洞庭湖萎缩过程的分析。张先生说："从19世纪50年代至现在，是洞庭湖在整个历史时期演变最为剧烈、最为迅速的一个阶段。汪洋浩渺的6000平方公里的洞庭湖，萎缩成今日之不足3000平方公里的湖面；在八百里洞庭中，淤出八百万亩良田，主要就是这一百多年来演变的结果。其根本原因在于藕池、松滋两口的形成，使由荆江排入洞庭的泥沙急剧成倍增长，而人为因素也在相当程度上加速了这一萎缩进程。"张先生分析了洞庭湖区各控制站历年平均输沙量及其与洞庭湖陆上三角洲形成之间的关系，努力推算出湖区各部分淤积的速度，指出四口泥沙长期充填湖中，使整个洞庭湖的湖底高程普遍提高，乃是洞庭湖萎缩的根本原因，而人工围湖造田也是一个不可忽视的因素。这种立足于自然变化，综合考虑人为因素的思想方法，在潜移默化中，成为我后来一些年里思考相关问题的基本方法。

我不知道这两篇文章算不算张先生的"五星级文章"。无论如何，它们对我影响很大。第一，它们促使我认真地学一点自然地理知识与方法，特别是注意翻阅《湖泊科学》《海洋与湖沼》之类的刊物，半懂不懂地，也看一下自然地理的研究问题及其方法，注意学习将自然地理学的一般原理应用于历史自然地理研究的方法。第二，注意将考古材料、文献记载落实到具体的地理空间上，与地理学知识及研究认知相结合，梳理河湖演变的历史进程，并特别着意于考察其演变的动因，即哪些因素导致或影响了这些变化。这两点，似乎不算什么，但对我来说，却非常重要。

再一次认真研读张先生的论文，是到了2000年前后，我开始摸索着探究历史时期汉水中下游河道的变迁。这一次是有明确目标的研读，就是模仿张先生的研究路径，并琢磨他的结论。研读的文章主要是《长江城陵矶—湖口河段历史演变》(《复旦学报》历史地理专辑，1980年)、《荆江百里洲河段河床历史演变》(《历史地理》第八辑，上海人民出版社，1990年)、《长江宜昌至城陵矶段河床历史演变及其影响——三峡工程背景研究之一》(《历史地理研究》第二辑，复旦出版社，1990年)，以及《汉水河口段历史演变及其对长江汉口段的影响》(《复旦学报》1984年第3期)。最后一篇文章，因为与我的研究直接相关，所以读得最细。文章讨论的核心问题，是汉水入江河道是否有一个本在龟山南入江，15世纪中叶改由龟山北入江的问题。张先生的看法，是自汉魏六朝以来，汉水下游河道始终稳定在龟山北麓、却月城之南注入长江，但在宋元时期，汉水下游确实有南北二支分流，分从龟山北、南入江，至少在元朝前期，从龟山以南入江的分流是汉水主泓。张先生这篇文章考证非常细致，对历史文献资料的理解使用，地形地貌的考察分析，水文条件及其变化的推测，都非常到位。文章使用的材料，涉及的地点，大部分我都比较熟悉，觉得张先生所论，几乎不再有剩意可陈。所以，我在做汉水下游河道变迁时，对于汉水河口段，就没有再下功夫。

《长江城陵矶—湖口河段历史演变》这篇文章，我也读得比较细。长江城陵矶—湖口段，正在荆江之下。在没读张先生这篇文章之前，一直以为城陵矶至龟山河段的塑造与演变，和荆江河段相似，也属于蜿蜒性河型。在这篇文章里，张先生开头就说：城陵矶至湖口段，属于分汊性河型。记得读到这里时，我大吃了一惊。张先生依然从地质地貌基础入手，指出城陵矶—湖口段所处大地构造介于淮南地盾与江南古陆间狭长的扬子准地台，其中城陵矶至武汉段受洪湖—金口大断裂控制，而武汉至湖口段则受南淮阳断裂影响。在第四纪新构造运动中，城陵矶—湖口河段以下沉运动占主导地位，又具体表现为向左岸掀斜：一般说来，左岸下沉，而右岸上升或相对上升。这直接控制着本河段两侧的地貌形态以及历史时期河道变迁的总趋势：右岸河漫滩平原较窄，不少石质山地濒临江边（矶头），控制着分汊河道的具体位置和演变形式；左岸则主要是大片冲积平原，绝大部分河弯和弯曲分汊河段的弯曲方向都倒向左岸。这样，在有矶头控制的河段（如城陵矶至石码头，沙帽山至武汉市），河床就受到约束，难以自由摆动，在历史时期变幅很小，河道长期比较稳定；而当左岸矶头较少、间距较大时，就表现为开阔的泛滥平原，河曲分汊河道又发展起来，其弯曲方向大多向左岸发展，从而形成弯曲分汊河型（如石码头至沙帽山、武穴至湖口河段）。这篇文章，在方法上给我很大启示。我做汉水中下游河道的变迁，就学着张先生，先去看河道两侧的矶头（以及城邑），把矶头看作河道的控制点；在矶头较少、间距较大的河段，就着意看其分水穴口和边滩，以及裁弯取直的遗迹。我没有张先生这样好的自然地理知识与方法论素养，只是依葫芦画瓢，做得不太像样子。后来，张先生关于《水经注·沔水篇》的精致研究发表出来（《〈水经·沔水注〉襄樊—武汉河段校注与复原》，《历史地理》第25、26辑，上海人民出版社，2010年、2011年），我都不敢读，觉得自己做得太粗率了。

念书的时候，还在王克陵老师的课上，按照老师的指示，读过张先生有关马王堆帛书地图的两篇文章《马王堆〈地形图〉绘制特点、岭南水系和若干县址研究》（《历史地理》第五辑，上海人民出版社，1987年），《马王堆〈驻军图〉主区范围辨析与论证》（《历史地理研究》第一辑，复旦大学出版社，1986年），可惜我对古地图缺乏背景知识，也没有意愿下功夫，所以没有认真研读。后来在研究中用到马王堆帛书地图时，才又回过来读张先生的文章，那是"功利性"的阅读了。

是的，我是通过文章"知道"张先生的。我一直不敢说"认识"张先生，虽然也有机会见过先生好多次，并且漫无边际地聊过天。我觉得自己从来没有能够读懂过张先生的文章：早年的阅读是学习知识，琢磨研究方法；后来与自己的研究相结合的阅读，目的性太明确，不免"择善而从"，甚至是只琢磨对自己"有用"的部分，并不着意于在整体上理解、认识张先生的学问。也因为这个原因，我对张先生有关长江中游地区之外的其他地区历史自然地理演变的研究，几乎没有认真学习过，虽然我知道张先生关于上海地区成陆过程、金山卫一带海岸线变迁、黄淮海平原湖泊演变与淮河水系变迁等方面的研究，与他关于长江中下游河道变迁、长江中游河湖演变的研究同样重要而且更著名。当我写下这篇文字的时候，我想，张先生终于知道我只读过他有限的几篇文章了，他应当会瞪着明亮的眼睛，对我说："西奇，还得努力啊！"

是呢！还是读读张先生及其同代学者的文章吧。或者，通过他们的文章，还可以想见那一代的人，和他们的学问，以及其他。

2022 年 9 月 3 日，于珞珈山东山头

（原刊复旦大学中国历史地理研究所、张修桂先生纪念文集编委会编：《张修桂先生纪念文集》，上海：中西书局，2023 年）

我若之何

梅莉、昌贵和我，我们是同门。我们做了33年的同门。现在，梅莉走了，昌贵和我，还是同事。我俩在一个研究室，办公室相邻。

我们三个同龄。我们从没有序过出生月日，所以没有师兄弟之称。他俩一直叫我西奇，我也一直直呼他们的名字——合起来说的时候，梅莉在前，昌贵在后。一直这样。

在珞珈山东山头，我们是邻居：同一栋楼，我住一门，他们住二门。1999—2007年的七八年里，我们几乎天天见得到：买菜、送孩子、上班、丢垃圾……他们的孩子比我的大两岁，家庭结构惊人的一致（我的妻子，和梅莉一样，也做编辑），所以，有许多可以说的话。

梅莉走的时候，我在厦门。昌贵给我打的电话。我在窗台前，坐了很久。我给自己的老学生潘晟打了个电话。潘晟能够理解我的难过，和无言。

"天地不仁，以万物为刍狗；圣人不仁，以百姓为刍狗。""冻水洗，我若之何！太上靡散，我若之何！"

梅莉是我们中间最聪明的一个。20世纪80年代后期的研究生不多，大家常在一起上课，讨论问题。听一样的课，读一样的书，你的见识如何，彼此心里都明白。一个问题，梅莉讲了自己的看法，我们一般就不再说了，因为很难再有更好的意见。

那时候，梅莉做明清，选的问题是两湖地区的垸田，昌贵做考古和楚史，我跟李涵老师学辽金史。我们学习的领域离得有些远，慢慢地，在一起讨论专业学习的机会就少了。梅莉很用功，所以，她最早形成自己的研究路径，并提出初步的研究成果。我们都很羡慕。

20世纪90年代初，我有些茫然，彷徨了很长的时间。梅莉硕士毕业后，到《湖北大学学报》去做编辑，昌贵也在湖北大学工作。我骑着自行车，去湖大找他们聊天。梅莉轻轻地说：你的基础挺好的，有些耽误了吧。你的硕士论文，可以整理出两篇文章的。我知道，她很想帮助我，又在顾及我的自尊心。回来的路上，沿着沙湖堤上的老铁路，我反思了很多。是梅莉的提醒，让我想起整理修改硕士论文的内容，改出两篇论文，其中的一篇，《金末行省考述》，也是梅莉帮的忙，发表在《湖北大学学报》1995年第1期上。这篇文章倒是下了功夫的，只是很稚拙，又是比较烦琐的考证，梅莉一定做了不少努力，才能发表出来吧。

梅莉后来研究道教，我完全不懂。忘记哪一年了，我去鄂西北跑，丹江口市博物馆已经退休的老馆长，带着我爬武当山。从山下的草店，一直走上去，老馆长给我指点昔年香客的进香道，以及沿途留下的遗迹。回来见到梅莉，和她说起所见所闻，她说自己早已注意到武当山香客留下的刻石资料，并且已着手收集、整理。这就是她所开辟的武当山进香研究。我看过梅莉的一张照片，是在武当山抄进香路沿途的石刻时拍的。我就想起自己去看那些刻石的情形来：山路还是很险峻。有的石刻很高，要一直仰着头；有的就在路边的草丛里，要蹲下来，趴着看。我自己也抄碑，知道这中间的艰辛。有时候会想，梅莉为什么要这么辛苦？这样的事情，像我这样的人做做就算了吧。

当然，我知道梅莉为什么会这样辛苦地做研究，因为我们是同门。这样的事情，都是应当做的，也应当这样做。不需要说什么。

最后一次见到梅莉，是 2018 年初在石泉先生百年诞辰的纪念会上。那时候梅莉的身体已经不太好了，所以没有参加全部的活动。我们在珞珈山庄的大厅里站着，聊家常：孩子，身体，生活上的种种，交换对于病痛的感受。我们竟然没有怀念我们的老师，虽然我们是同门，又是在老师的纪念会上。那天晚上，天气阴冷阴冷的，我知道老师并不会回来看我们，无论我们怎样表现出对老师的怀念。我站在宾馆的门口，看着梅莉上了车，消失在阴冷的夜色里。

梅莉做了一辈子的学问，编了大半辈子的稿子。这个世界上，还是会有人记起她的模样，想起她的智慧，追述她的研究。也许，这就是她曾经在这个世上生活过的一点证明。

我也曾经躺在医院的过道上等着排床位，也看过很多普通人怎样在病痛中挣扎，所以，能够想象梅莉在这个世界上最后一天的经历。接到昌贵的电话，我知道这是没有办法的事。没有办法。一点办法都没有。

梅莉就这样走了。

昌贵决定把梅莉送回常德老家。送她离开武汉的那天，也下着雨。昌贵很憔悴，但很坚强。我们站在他们家的客厅里，看着昌贵忙碌着，一点忙也帮不上。回来的路上，我给妻子打电话，说：昌贵家里，到处都是梅莉。

　　生命就如同一缕青烟。梅莉的这缕青烟，弥漫在他们的家里，散发开来，淡淡的，但确实是一缕可见的青烟。

　　昌贵和我，还在燃烧自己的生命之烟。让我们互勉：善自珍摄。我们的青烟也许没有弥漫之所，也很可能不会有人看见我们散发开来的那缕淡不可见的青烟。

2021 年 3 月 20 日星期六，于武昌珞珈山东山头

（原刊范军主编《永远的芬芳——忆梅莉》，武汉：华中师范大学出版社，2022 年）

三月莺花谁作赋

暨南国际大学人文学院的院子里有几株樱花。台中山地的春天来得特别早，在二三月之交樱花就开了。

历史系的办公室，在廖文媛的细心打理下，就像一个大家庭的客厅，总是吹拂着和煦的春风，洋溢着温暖的话语和笑声。

我坐在系办的长桌边，和滨岛老师聊天。进来一位女老师，向滨岛老师问好，放下包，走过来，说："西奇老师吧，我是林兰芳。"

就这样，平平常常地，和认识暨大历史系所有的老师们一样，我就认识了兰芳老师。

兰芳老师瘦瘦的，个子比较高，性格开朗。她应当比我大几岁，每次见到，都感觉很亲切。她总是和善地笑着，向我交代在台湾生活的一些常识，和我聊家常。在暨大历史系，兰芳老师和今芸老师、广健老师、伟盛老师、立宗老师、立新老师、雅婷老师、信治老师等很多老师，还有热情、温厚而周到的文媛，以及这里的老家长徐泓老师，共同营建起一个温暖的大家庭。滨岛老师早就加入了这个大家庭。我作为一个后来者，很快也得到大家的承认，成为这个大家庭的一名编外成员。

兰芳老师的专业研究领域应当是台湾社会经济史，特别是日据时期台湾工业经济的发展。因为专业离得远，我只浏览过兰芳老师一篇有关战后国民政府资源委员会接收台湾电力系统的文章，记得是刊在中研院近史所的集刊上。文章较长，印象深刻的是兰芳老师对档案资料的运用，以及对技术特别是工程技术人才的重视。兰芳老师还向我介绍过她在政大读博士时的研究题目，就是台湾早期电气工业的起步与发展，可惜我没有读过。

兰芳老师和我聊得最多的，是"史学导论"的课程。在历史系教过书的老师都知道，这门课不好讲，属于吃力不讨好的课程之一。兰芳老师长期讲授"史学导论"，形成了自己的教学理念与体系。她非常谦虚，常常和我交流对这一门课的认识，围绕讲授内容、方法乃至一些问题展开具体的讨论。这门课的前半部分，涉及历史的本原、历史认识的目标等，有较强的意识形态色彩。我们分处两种不同的历史课程体系，其实有诸多不便谈论的地方，但我们依然交流得非常好。当然，我们交流的重心，主要放在史学研究方法，特别是史源学分析、史料鉴别与使用，以及史学论文习作等问题上。

可能是作为这门课的一种尝试（我不能确定），兰芳老师和雅婷老师一起组织了一个名为"Hi-Story：历史与叙事的可能性"的工作坊。在两位老师的悉心引导下，2015年5月份，有四位同学完成了他们的"历史叙述尝试"。记得一位同学作的是晚清北京一个婢女眼中的世界及其纷杂变化，题目叫《春三月的桃花开》；另一位同学作的是民国时期上海石库门的生活空间，题目叫《我在石库门的日子》；第三位同学试图去倾听北宋汴京城里各种各样的声音，题目是《聆听的想象：听见城市的声音》；第四位同学则想去描述两宋之际的乱离对于士子的影响，他用纪实性小说的笔法，写了一篇《揩大进京记》。我参加了 2015 年 5 月下旬举办的报告会，聆听兰芳、雅婷老师的评论，对几位同学的研究报告也留下了很深的印象。有一段时间，只要有机会，我就会介绍两位老师的设想、付出和"Hi-Story：历史与叙事的可能性"工作坊的成绩。我很希望自己能向她们学习，和同学们一起去尝试不同的历史叙述、阐释，建构对我们的生存和这个世界有意义的历史观念。

那年 7 月份，我妻子带着儿子到埔里来看我，文媛和几位同学帮助我们策划了环岛游览计划。从 5 月份知道我的家人要来开始，兰芳老师一见面就会说：你们一家到我家看看吧。我其实很动心，只是考虑到一家人的拜访，实在会添很多的麻烦，最后没有成行。我们永远失去了这个机会。

接到雅婷报告兰芳老师故去消息的时候，我正在校对先师李涵先生的回忆集。李先生在《浓香一枕梦回时——怀念沈祖棻先生》一文中，曾经引用沈先生早年填的一首《浣溪沙》：

芳草年年记胜游，江山依旧豁吟眸，鼓鼙声里思悠悠。三月莺花谁作赋？一天风絮独登楼，有斜阳处有春愁。

我把它挪过来，用于纪念兰芳老师。芳草年年，江山依旧，鼓鼙之声或隐或显，真希望还有机会与兰芳老师在暨大历史系的办公室桌子旁，闲闲地坐着，谈古论今，说书讲道话家常。

2022 年 12 月 8 日星期四，于厦门沙坡尾

（原刊暨南国际大学历史学系编《林兰芳老师追思纪念集》，埔里：暨南国际大学历史学系，2022 年）

卷二　寻路

人地关系：地理学之外

　　人类活动与地理环境之间的关系，简称"人地关系"，是地理学研究的中心内容，但它并不仅仅是地理学所关注的课题。陈子昂《登幽州台歌》"前不见古人，后不见来者。念天地之悠悠，独怆然而涕下"，是诗人墨客在茫茫时空和沧桑巨变面前的情感体验；"一身之中，凡所思虑运动，无非是天。一身在天里行，如鱼在水中，满肚子里都是水"，则是哲人睿士在覃思玄想中生命与自然的契合。而在历史学与地理学上，这一问题包含着两方面的内涵：其一是人类对自然环境的适应、利用与改造，以及由此而引起的地理环境的变化；其二是自然环境对人性塑造、人类社会政治经济文化生活、社会发展等各方面的影响。值得商榷的是第二方面。

　　以现在的观点看来，当初思想家们对这一问题的思考是幼稚的。在古希腊时代，希波克拉底认为人类特性产生于气候，气候和季度变换可以影响人类的肉体和心灵。柏拉图则认为人类精神生活与海洋密切相关。亚里士多德第一个将地理环境与政治制度联系起来，认为地理位置、气候、土壤等影响个别民族特征与社会性质。16世纪初期，法国历史学家、社会学家博丹在他的著作《论共和国》中探索了行星对于地球上居民的影响，认为住在世界南方的人受土星的影响，过着宗教修心的生活；住在北方的人受到火星的影响，变得好战，善于运用机械装置；住在中部的人受到木星的影响，能够在法律的统治下过文明的生活方式。不同类型的人需要不同形式的政府。这些都是古典时期的地理环境决定论。近代决定论思潮盛行于18世纪，由哲学家和历史学家率先提出，被称为社会学中的地理派，或历史的地理史观。法国启蒙思想家孟德斯鸠在《论法的精神》一书中，将亚里士多德的论证扩展到不同气候的特殊性对各民族生理、心理、气质、宗教信仰、政治制度的决定性作用，认为"气候王国才是一切王国的第一位"，热带地方通常为专制主义笼罩，温带形成强盛与自由的民族。这种从外部自然条件中寻找人类社会发展根本动因的外因论，在当时曾起了积极的进步作用。启蒙运动的思想家用地理唯物主义反对唯神史观，以地理环境特点说明君主专制制度的不合理性，引起了广泛的影响。

　　传统的地理学家们程度不同地受到地理环境决定论思潮的影响，就如许多自然科学家（如爱因斯坦）具有某种自然神论倾向一样。第一个系统地把决定论引入地理学的是德国地理学家拉采尔，他在《人类地理学》一书中机械搬用达尔文生物学观念研究人类社会，认为地理环境从多方面控制人类，对人类生理机能、心理状态、社会组织和经济发达状况均有影响，并决定着人类迁移和分布。因而，地理环境野蛮地、盲目地支配着人类命运。这种控制论思潮在一个相当长的时期里，成为欧美地理学的理论基石。

　　近代地理环境决定论自它产生始，就受到各种各样的批评，因为人类社会历史的许多事实，的确是它所无法解释的。许多学者承认：环境因素必不可少，但不足以解释历史的变革。更为重要的是，地理环境决定论引起了一些逻辑上的混乱，其中最严重的在于：由于环境决定论者在从事研究之先，对问题已持有一种总的看法，而没有对具体问题具体分析，所以，其研究没有任何科学的客观性。人类与其环境的相互作用已有数千年之久，事实上，原因与结果乃是相互纠缠和渗透的。地理环境决定论是将世界简单化了的狭隘观点，今天看来，是显而易见的。但在当时，环境决定论却拥有许多得力的辩护者。直到两次世界大战的中间，环境决定论才在西方地理学中衰落。

环境决定论的衰落，迫使地理学者对自身要做重新的规定。在对环境决定论的批评中，出现了许多新的思潮。其中最重要的有维达尔的或然论、索尔的文化景观论，以及以人类生态学为理论基础的地理调节论等。维达尔是法国现代地理学的引路人。他重视小区域研究，集中注意人与其直接周围的紧密联系。这在以后成了法国地理学的传统。他认为，自然为人类的居住规定了界限，并提供了可能性，但是人们对这些条件的反应或适应，则由于自己的传统生活方式而不同。"生活方式"的概念在法国地理学中曾普遍使用过。它指的是一个人类集团的成员所学习到的优良品质——即人类学者所使用的"文化"。生活方式意味着一种民族的制度、风格、态度、目的以及技能的复合体。维达尔指出，同样的环境对于不同的生活方式的人民具有不同的意义：生活方式是决定某一特定的人类集团将会选择的自然提供的可能性的基本因素。可能性，就意味着选择，而选择则受到生活方式的制约。在这里，自然与人类社会之间——对应的决定关系被打破了，人类的意志占据了重要的地位。因为，"具有意志和主动性的人类自身，就是扰动自然秩序的一个原因"。

在美国产生并流行的"地理调节论"可以视为或然论的孪生兄弟。1922年，地理学家哈伦·巴罗斯在美国地理学会的开幕词中指出，地理学应当致力于研究人类的生态，或人类对其自然环境的适应。巴罗斯所用的"适应"，不是由于自然环境的原因，而是由于人们的选择。但建立在"适应"之上的选择无疑是被动的，因而调节论仍然渗透着许多决定论的观点。

索尔的人地关系思想，与维达尔的或然论也有某些相似之处。他通过对美洲殖民史的研究，得出了一个结论：相同的地域自然条件对于那些对环境持不同态度、抱不同利用目的和具有不同技术水平的人们来说，会产生完全不同的意义。在农业地区内，坡度对于拿锄头的人具有一种意义，对于采用拖拉机牵引犁的人来说就具有另一种完全不同的意义。某一种文化的人们会把他们的居住点集中在平坦的高地上；而在同一地区内，另一种文化的居民就可能集居在河谷内。关于这个问题，地理学家普雷斯顿·詹姆斯对黑石河谷地区景观变迁的研究，提供了一个典型的例证。德温特·惠特尔西将这一类研究称为"连续居住"（sequent occupancy）研究。他指出：一个地区居民在其态度、目标或技术上如有重大改变，则其地理基础的意义就得重新估价。就某种意义上说，连续居住论是一种文化决定论。

以上几种主要的人地关系学说，虽然侧重点各有不同，但它们在思想方法上有一个共同的特点，即从多元的角度来分析人类社会文化状态形成的原因。"生活方式""文化"，这些概念，都有着非常丰富而广阔的内涵，反映出地理学家的思考已远远超出了"地"的范围，而将触角伸展到人—地系统的每一个角落。

我们再回过头来看一看马克思主义经典著作对这一问题的看法。在《自然辩证法》中，恩格斯只着重谈了人类活动对自然环境的影响，而对于自然对于人类活动的影响则未加阐述，从而留下了疑案。而揣其文义，似乎是倾向于承认自然条件对人的历史发展的决定作用。在马克思的早期著作中，尤其是谈到古代东方社会时，从不回避特殊的地理环境对其社会发展进程的影响。1938 年，斯大林在批判地理环境决定论时指出："地理环境无疑是社会发展的经常的和必要的条件之一，它当然影响到社会的发展——加速或者延缓社会发展进程"，"地理环境不可能成为社会发展的主要的原因、决定的原因"（斯大林：《论辩证唯物主义和历史唯物主义》，见《斯大林文选》，北京：人民出版社，1962 年，第193 页）。这个论断被认为是马克思主义唯物史观的组成部分，在苏联和中国地理学界与历史学界占据统治地位达半个世纪之久。但是，如果我们仔细品味斯大林的这个论断，却不免觉得简单而模糊："社会发展的经常的和必要的条件"是什么意思？地理环境怎样对人类社会起作用？"加速或者延缓社会发展进程"，与"决定社会发展进程"，到底有什么不同？斯大林做出上述论断的理由是："因为社会的变化和发展比地理环境的变化和发展快得不可比拟"，"在几万年间几乎保持不变的现象，决不能成为在几百年间就发生根本变化的现象发展的主要原因"。"欧洲在三千年内已经更换过三种不同的社会制度：原始公社制度、奴隶占有制度、封建制度；而在欧洲东部，即在苏联，甚至更换了四种社会制度。可是，在同一时期内，欧洲的地理条件不是完全没有变化，便是变化极小，连地理学也不愿提到它。"这种把人与自然对立起来、脱离人的活动来考察地理环境对社会发展的作用，把一种现象与另一种现象作表面比较，不仅是过于简单化，而且已陷入"地理环境不变论"的泥淖。

当今我国学术界一种流行的观点认为：主宰人类社会历史演变的是其固有的内在规律，地理环境是社会发展的客观物质条件而不能上升为主导的或决定性的因素。当人类社会活动与地理环境发生联系并能加以利用与改造时，才能显示其特征并对社会发展产生加速或延缓的影响。社会发展阶段越古老，人类对地理环境的依赖性越大：但即使在原始阶段，社会发展速度也并非与地理环境优越性程度成正比。地理环境与人类社会均处于不断运动变化而又相互影响、相互制约之中。比较而言，这个解说体系要严谨得多，其中的主要论点都可以举出许多的历史事实作为证据。但仔细想来，仍然有不少的疑问：决定人类社会发展规律的终极原因是什么？这个无所不能、无所不在、不以人的意志为转移的"客观规律"，与"上帝"又有什么区别？"客观物质条件"为什么不能是"主导或决定性的因素"？客观存在不是决定性的因素吗？同样的，在人类历史上，不也可以找出许多地理环境决定社会发展的典型例证吗？

由此，地理环境与人类社会发展的关系陷入了难以解说的境地。问题的根源在于单一因子的决定论观念上。"决定"意味着有其因必有其果，一元决定论则是对事物终极原因的臆断。无论哪一种"决定论"——"地理环境决定论"，或者"客观规律决定论"——在思想方法上，都带有程度不同的主观唯心色彩。因此，要全面科学地认识地理环境与人类社会发展的关系，必须确立一个前提，即人类社会的发展，是自然与社会各方面因素共同作用的结果，而不是某一因素所决定的，寻求终极决定因素的思维方式必将对这一问题的探讨引入误区。

人是自然的产物，也是自然的一部分。在由猿向人的漫长的演化过程中，以及史前时代，人与自然的统一占据着主导地位，矛盾是微乎其微的。随着人类利用改造自然能力的加强，人与自然之间的对立逐渐加大。人类社会是在人与自然的对立统一中逐渐发展起来的，统一与和谐是人类社会存在和发展的基础，对立与斗争则是发展的动力。跳出人地对立的旧范式，以人地协调发展的观念看待这一问题，我们就会发现，并不存在谁决定谁的问题，人地是一个互为因果的系统。如果打破这个系统，则玉石俱焚：脱离自然的人类是不存在的，而没有人的自然是没有意义的。

在人地关系问题上的一元决定论已经走入了死胡同。事实上，一元决定论是科学研究的大敌——在一元论下，所有的研究在实质上都是对已有结论的阐释，这样的研究不过是收拾补缀而已，其生命和价值都是非常有限的。一元论者在态度上是专制的、唯我独尊的，不能容忍异己的、多元的观点存在，因而可以说是反科学的。民主的学风和科学的精神是学术的生命。在这个意义上，一元决定论是扼杀学术生命的刽子手。

（原刊《书屋》1996 年第 6 期）

谁是中心：人类还是自然

人类的发展是否有他的局限性？换句话说，人类文明是否会因为自然资源枯竭以及生态环境极度恶化而最终停滞乃至消亡？这并不再是杞人之忧。事实上，人类正在趋近他在地球上的生存极限。研究表明，人类的现代演进是在更新世的一个温暖期（即间冰期）之中。这就是说我们熟知的世界气候图仅仅代表了一个很短时期的状况，而且可能是更新世出现的最乐观的状况。从已有迹象推测，就可以知道我们已经越过了现在这个间冰期的终点，人类可能正处于一个新冰进期的开端。冰川再度侵扰的后果不堪设想。而非常现实的威胁则表现为沙漠的扩张、环境污染及破坏的程度以惊人的速度加重、水资源匮乏，等等；资源短缺正在成为许多国家和地区在发展过程中不可逾越的障碍，人类正在耗尽地球上的资源，而且没有替代品。日益逼近的危机，终于使人类在自然界的惩罚面前觉醒了。1972 年的斯德哥尔摩联合国人类环境会议发出了反映时代危机感的呼声："只有一个地球。"1987 年联合国环境与发展委员会公布了《我们共同的未来》一书，在世界各国掀起了讨论可持续发展的浪潮。1992 年的联合国环境与发展大会又一次呼吁，进一步建立一种新型的全球性伙伴关系，实现可持续发展。关于可持续发展，布伦特兰（Brundtland）委员会下的简明定义是："如果一种发展既能满足人类现在的需求，又不损害子孙后代满足自我需求的能力，那么，这种发展就是可持续性的。"这个定义的背后显然隐含着对人类发展极限的担忧。而可持续发展则意味着：（一）社会对其资源的使用程度应该是该社会能在继续其运行方式的同时又不耗尽其资源；（二）社会应该保护环境，避免不可逆转的损失，包括保护稀有物种及其栖居地。然而，与此相矛盾的是，迄今为止人类历史的基础在于他充分开发资源、改变环境以维持日渐增长的人口的生存的能力。人们普遍认为，人类是历史文明的创造者，在人与自然系统中居于中心的地位。自然不过是人类创造与演绎其历史的舞台与道具。人类沿着这种发展道路前进已经到了相当的程度，致使这些发展对人类本身构成了威胁。历史上已有许多例子证明了资源的开发和环境已经对人类与生态造成了灾难。现在与过去所不同的只是这些灾难和破坏的程度更加深了而已。

关于人与自然的争论直接涉及我们基本思想的根基。环境保护主义者倡议，我们应该用生态中心论来代替人类中心论。以人类为中心的哲学从人类的角度出发考虑每一件事，而且把追求人类自我需要看作是不可剥夺的权利。一个以自我为中心的人在社会大环境中想到的总是他自己。与之相反，生态中心哲学则提出要尊重自然界所有生命的基本权利。

这一问题是哲学和宗教信仰的核心。西方哲学和基督教就是建立在人类中心论的观点之上的。上帝被视为万能的象征，而上帝对人类的钟爱显然是上帝赖以存在的前提。上帝所创造的万物都是为人类的生存与享乐服务的。人类很少把自然界和别的生命当成平等的伙伴。人类中心的观念在笛卡尔那儿达到了极致，他提出了"我思故我在"的著名论断。也就是说，一切从人和人的思维能力开始，所有的价值观念和所有的思想都来自人，自然因为人的存在和思想而得以存在并具备价值。科学的发展与成就为人类中心论提供了更为坚实的基础。指南针的发明开创了地理大发现的时代，医学的发展使肆虐中世纪欧洲的黑死病成为过去。天涯成咫尺，天堑变通途，科学塑造了人类的伟力，培育了人类在自然面前的信心。人类似乎可以毫无约束地塑造自己的命运并改变自然的状况。科学的发展是无止境的，因而人类改造自然、利用自然的能力也是无止境的。不必担心资源终将耗尽，因为随着科学的进步，必将发现并开发新的资源。科学万能的神话逐渐传播开来，并成为民众的一般观念，虽然事实并不是这样。

在中国，人类中心论被表达为中国式的"人本主义"。人是宇宙万物的中心，可以"赞天地之化育"，与天地"相参"。传统的天人合一思想，强调了天与人之间的统一性。一方面，用"人事"去附会"天命"，把人的行为归依于"天道"的流行，以获得一个外在的理论构架。另一方面，人又往往把主体的伦常和情感贯注于"天道"，并将其人格化，使其成为主体意识的对象和外在体现。从表面看，是人按天意行事，但在实际上，"天"却成了人们实现道德理想的手段，而不是目的。天人之间，人为主导，"人事为本，天道为末"。此种思想到王阳明那里发展到了极致，"宇宙便是吾心，吾心即是宇宙"，正与笛卡尔殊途同归。

就人类已经取得的成就而言，人类中心论是可以理解的。疾病、饥荒、寒冷——所有这些悲惨的情况在今天已越来越少了。人类不再匍匐在自然的淫威之下。然而，由此所带来的问题也是明显的。诚然，一个偶然出现的彗星并不能打破世界的秩序，但我们所面临的却可能是全球环境的全面恶化，资源的总体枯竭，以及核武器导致的自我毁灭。生态中心论正是因此而产生。但是，如果按照环境保护主义者的理论，所有的有机体都有权利成为人类平等的伙伴，那么这一观点演绎的实际结果则是：人类具有威胁性。可问题是，譬如，病菌虽然微小，但它也是有机体。世界卫生组织（WHO）在全球内消灭天花病菌的计划就不得不中断了。盘尼西林必须禁用。再如，今天人们已经明白，因为人口压力而迫使人们对大自然无限度的索求是导致生态环境恶化的重要原因，因而大声呼吁限制人口。然而，在尚不具备控制人口增长的条件下，似乎并没有任何的选择余地，因为生存需要压倒一切。1995 年夏，我在秦巴山地做地理考察，那是著名的生态恶化贫困区，一方面是极度贫困，一方面是无法控制的人口增长，而结果则是生态环境的极度恶化。庞大的人口对粮食生产的迫切要求，使人们不得不把扩大耕地、生产更多的粮食放在首位，由此导致生态环境恶化，农耕资源枯竭，经济普遍衰退，人民生活愈益走向贫困。而生产生活条件的恶化，又提出了更多的劳动力要求。生育（尤其是生男孩）绝不仅仅是生理和传宗接代的社会文化欲求，而是非常现实的经济需要。在这种情形下，控制人口，理所当然地成为一句空话。人口增长、生活贫困、环境恶化，形成一个恶性循环。生态平衡固然重要，山地森林中也有无数的生灵，然而嗷嗷待哺的幼童更是一条生命，他们或许不该出生，但既然出生了，就是无辜的生命。因此，是以生态为中心，消灭人口保护生态，还是以人类为中心，破坏生态使人口得以生存，这恐怕是一个非常难于回答的问题。

许多人的回答当然是后者，因为人类中心论在人类出现的那时起就已成为人们根深蒂固的观念。但是从长远看，如果生态最终受到彻底的破坏，人类又将如何生存？今人或许不用考虑这么远，但有一个问题却无法逃避，即人类既然注定了将要消亡，那么一种没有未来的生存又有什么价值？反之，没有人类的生态又有什么意义（至少从人类的角度看来）？有一个并不太幽默的论题与此相似：东北虎是国家重点保护的珍稀动物，打死东北虎是犯法的。如果一个人在森林里遇到一头饥饿的东北虎，他是以身饲虎以保护珍稀动物呢，还是不惜坐牢而打死老虎呢？

当然，提出这样的问题本身就是站在人类中心论立场上的，因为毕竟有人类的存在才有这样的问题。两害相权取其轻。答案是显明的。人类的生存与发展无疑是最根本的目标。因此，生态中心论不能是与人类的生存与发展相对立的理论，必须把它置于人类利益的前提之下才是合理的。而另一方面，在哲学和宗教中并入生态中心论的观点，对人类的生存与发展而言，无疑是有利而且必要的。

人类最终会找到一个答案，一个数代相延的可持续社会终将成为可能。虽然，现今的发展恰好与此背道而驰；事实上，人类的发展正迅速减少着这种可持续前景的可能性。要实现一个可持续的社会，我们的基本思想、道德观念和宗教信仰都必须进行根本的改变：放弃人类作为自然主宰的观念，将人类看成是自然的一部分；承认人类在认识自然、改造自然、利用自然方面的局限性；在人类利益的前提下，尊重自然界其他生命的基本权利；人与自然和谐地相处。

谈到人与自然的和谐，人们总会联想到美洲印第安人。在印第安人哲学中，人与自然是融为一体的，人必须与自然和谐地相处。自然中所有的物体形式都有其灵性。这些观点与拜物教非常接近，拜物教认为灵魂存在于自然界所有的物体之中。拜物教是所有宗教中最"原始"的一种。以现代观念审视这种原始宗教，其中是否具有某种可以接纳的东西？我们知道，"博爱"是基督教的基本思想，但基督教的博爱仅仅限于人类相互之间——事实上，这只是该教一直追求但却无法企及的理想。两千多年来，基督教一直不是把所有别的文化和信仰当成自己的邻居，而是看作需要改变的异教。尽管如此，至少在理论上，"博爱"仍然是它所追求的理想——是否有可能将博爱的范围扩大，而及于世界万物？这不仅仅是宗教信仰的问题，甚至还是一种哲学思考。许多伟大的科学家，他们的思想常常是始于朴素的唯物主义，而终于自然神论，牛顿与爱因斯坦都不能例外。为什么会如此？其原因大约有两方面：一方面是出于对世界万物无限的爱；一方面则出于对人类认知能力局限性的认识。因为认识到人类的局限，所以这些伟大的科学家才更深切地感受到人类在自然面前的渺小以及对自然的畏惧。爱与畏惧可以看作是一个问题的两个方面。热爱大自然，我们已经耳熟能详；畏惧大自然，却常被视为人类懦弱的表现。事实并非如此。《生活周刊》1997年第4号刊登对著名物理学家王淦昌院士的采访记，题目就叫作《关于宇宙，我们只知道一点点》。一个小学生可能会把认识宇宙作为自己的远大志向，而一个真正的科学家，则只会说，关于宇宙，我们只认识，而且只能认识一点点。敬畏自然，应当被看作是一种科学的态度。

然而，迄今为止，在公众的视野里，人类发展的局限性以及人类文明的终结，还只是一种"潜在风险"，一种可能性，因而不能予以重视，在基本观念上的革新更无从说起。我们看电视上西方的"绿党"成员划着小船在波涛汹涌的大海上追逐核舰艇，表达自己的抗议，常常觉得不可思议。这正是我们在迅速逼近的危机面前的冷漠表现。事实上，潜在风险正在演变为"实际风险"。资源短缺和环境恶化正在渗透着我们生活的每一个方面。尽管如此，希望公众能对此种风险有充分而且一致的认识，似乎依然是天方夜谭。但在公众心目中树立起生态与可持续发展的观念并非不可能，只是要有一个漫长的过程。历史上的例子是卫生方面。随着人们对传染病的逐步认识，卫生学的基本原理已被公众普遍接受。一个很明显的事实是，预防医学比所有的医院加起来还要有效。在如今大批生产的食品中，沙门氏菌属的繁殖影响很小（尽管可能有影响），这是因为人们的良好卫生习惯贯穿于食品生产的过程中。这种习惯，是他们从孩提时代就牢记的从父母那儿延续下来的规定和所受过的教育。未来的个人和集体环境行为发展应吸取卫生方面的经验，并用法律、规定和经济鼓励来加以补充。

1997 年 3 月 31 日，于武昌珞涵邨

（原刊《读书》1997 年第 10 期）

倾听来自村落边缘的微弱声音

2008 年 7 月 26—29 日，我有幸参加了历史人类学研讨班的部分田野考察，在平和县九峰镇及其周围村落以及南靖、永定二县交界的塔下、高头、陈东等村落匆匆走了一过，形成了一些粗浅印象。在此之前，我尚无机会参加历史人类学研讨班的考察活动，也没有在福建地区跑过，所以怀着极大的兴趣，观察研讨班的考察过程，并在心里与自己这些年较为熟悉的、立足于地理观察与历史碑刻资料收集的工作程序相比照。在 7 月 27 日晚上的讨论会上，我曾经直率地谈到自己的感受，大意如下：

> 我对我们的工作方法存有一些疑惑。当我们进入一个村子，一般会受到当地头面人物的接待（当然就研讨班而言，是事先接洽好的，也必须这么做）。他们会向我们介绍村子的一般情况，然后带我们去看他们认为较为重要的祠堂或庙宇。这些祠堂往往建得较好，所属族人较多、势力较大。那些低矮、破败的祠堂则不会让我们看，想看也很难，找不到管事的人。我们会被告知：他们那一支（某一房）人丁不旺，或者人心不齐，祠堂

没建好。在祠堂中，或者然后，向导会给我们看族谱。这个过程使我怀疑，我们的村落田野工作，在很大程度上受到当地占据主流地位的人物的指引（当然也是必要的），所看到的主要是在当地社会中占据主导或中心地位的祠堂、庙宇等，读到的是由当地精英（不得已的用法）为主编纂的、反映其主流述说系统的族谱。这样，我们形成的对当地社会的印象或认识，很可能只是对当地社会中诸主流现象或因素的认识，而忽略了那些处于弱势地位的群体，以及他们的文化要素。

我的出发点，并非要质疑已有的研究理路与方法，更没有能力对已形成系统的阐释体系提出不同意见，只是想说，我们或者还可以在已有的研究基础上，找到另外一种观察角度，以丰富已有的阐释体系，或者做一些拾遗补阙式的工作。

7月28日，我随同研讨班的大队人马，从田螺坑经过下畈寮步行到塔下，然后乘车到高头看承启楼。我跟着张侃教授，听他介绍这个小流域的人群、经济与历史、文化，形成了一些初步印象。我与所有第一次看到土楼的游客一样，流连于美轮美奂的土楼面前，也同样被告知这些土楼与宗族的发展、安全环境之需要联系在一起。但是，我更关注的却是高大的土楼建筑之外，散布于村落边缘甚至是离开村落、孤处于山坡间的几栋低矮的破旧平房。那是什么？是什么人居于其中？它们与土楼的关系如何？当时不可能去探究这些问题。2009年春节前，有几天空闲，我去塔下住了四天。因为是度假，并非做考察，只是闲闲地与村子里的人聊聊天。聊天的内容之一，就是想知道"以前"是不是有人不住在土楼里。最初得到的回答是所有人都住在土楼里，继续聊天才知道，还是有人不住在土楼里。但几乎所有塔下村民都不愿说那是些什么人。我留下的印象是：住在土楼外的人，与住在土楼里的塔下村民，不是一种人。我没有再聊，塔下也已经不适合做田野调查，它太热闹、太成熟了——很多村民讲的故事与旅游宣传单上的故事一样。

这些印象，使我相信，村落中存在着一种边缘群体。他们处于弱势地位。上初中时就读过赵树理的一篇小说，《李有才板话》。李有才住的那个村子叫阎家山，"村西头是砖楼房，中间是平房，东头的老槐树下是一排二三十孔土窑。地势看来也还平，可是从房顶上看起来，从西到东却是一道斜坡。西头住的都是姓阎的；中间也有姓阎的也有杂姓，不过都是些在地户；只有东头特别，外来的开荒的占一半，日子过倒霉了的杂姓，也差不多占一半，姓阎的只有三家，也是破了产卖了房子才搬来的。"村子里的大户住在"西头"，"李有才"们（穷人）住在村子东头老槐树底下，称为"东头"。阎家山或者会有座庙，庙里有很多碑。（赵树理：《李有才板话》，见《赵树理文集》第 1 卷，工人出版社，1980 年，第 17—62 页，引文见第 17 页）。我们去看那座庙里的碑，再结合地方志等文献（可能没有族谱），可以梳理出这个村落社会的变迁吧。显然，那些碑，大部分是"西头"的大户阎恒元们刻立的，留下的是村落的主流话语；老槐树底下的穷人大约是不会立碑的，更不会有事迹留在地方志里。我们依据那些碑和地方志文献，形成的对这一村落社会的认识，是关于"西头"大户们的社会；因为有赵树理的小说，我们才知道，在这个社会之外，还有一个老槐树底下"李有才们"的社会。

2008年6月17日，我陪着科大卫（David Faure）、黄永豪、谢晓辉、贺喜等一行人，从华容县东境靠近洞庭湖的墨山庙下来，在山下的墨山铺小憩。科老师在泥泞的街道边一间破旧的屋子前找到了一位老人，姓李，和他聊天。李大爷说自己年轻时是船工，常跑岳阳、汉口。科老师、谢晓辉向他询问街上和山上的庙，李大爷宣称：我从不进庙，是个"贼不信神的人"。所以，对庙的情形，是一问三不知。但山上的墨山祠、街上的大庙的确是存在的，而且香火还很盛。我不知道科老师、谢晓晖会怎样解读这个故事。在此之前，2006年夏天，我到过这个破败的小街，知道这个小镇在民国时期特别是抗战中即彻底衰落了，原来居住在街上的士绅、商家几乎都离开了，留在街上的就是像李大爷那样的船工、佃户，还有一些从洞庭湖上岸的渔民。因此，在我看来，李大爷的态度是可以理解的：山上和街上的祠庙是保佑士绅、商家等有钱有业之人的，与李大爷这些下层民众（找不到合适的表达）没有关系，所以李大爷们"贼不信神"——坚决不相信那些有钱人的神。

当然，李大爷们还是有神可信的。在塞波嘴（属南县，距离保安垸不远，森田明、黄永豪、邓永飞在讨论保安湖田纠纷时都涉及这个地方）南端通向旧码头的长长的破败街道旁，科老师停下来和一位腿有残疾的老者谈话，碰巧得很

（在这个地方，又是如此理所当然），这位老者年轻时也是"跑码头的"。他拿出两种破旧的抄本，上面记载了一些神祇的名字和表文，可能是科仪书之类的东西。很遗憾，我后来没有要谢晓辉拍照的文本，但据我的经验判断，它很可能与墨山祠所用的科仪属于不同系统，至少会有很大差别。2004年春天，在通山县南境百宝寨，一位老者让我支开县里陪同的干部，带我爬上阁楼，抽掉梯子，给我看他所收藏的一些"经书"。我只拍了其中的一部分，回来研读后，知道应当是罗教的宝卷。那位老者，据他自己介绍，其祖父是入赘到百宝寨的客民，家传这些经卷。

从这些经验中，我获得这样的认知：处于村落地理和社会边缘的弱势群体是存在的，他们的生计方式、生活方式（包括居住形式）、社会关系网络、信仰与宗教生活，与在当地占据主导地位的主流群体均有程度不同的差异。当然，他们还处于当地"地方社会"之中，或者说是其组成部分，在很多情况下表现为"主流群体"的"附庸"；但是，他们与"主流"的差异也是不容否认的。

那么，关注这些处于边缘的弱势群体究竟具有怎样的方法论意义？

第一层意义当然是可以揭示社会结构的多元性，这是不言而喻的，前人亦已有较充分的说明，此不再赘。除了此点之外，我之所以关注这一边缘群体的主要出发点，是认为通过对"边缘群体"的认识，可以更清晰地观察"主流群体"及以"主流群体"为核心的地方社会的性质、特征及其建构过程——我们如何在主要立足于由"主导话语"建构的地方社会认知与阐释体系的基础上，尝试着再朝前迈进一小步，而不仅仅是给已有的研究添加注脚。我想，除了进一步剖析"主流话语"之外，更可靠的办法之一，是从"主流群体"的对应物——边缘弱势群体入手，分析究竟是哪些人、物被"排斥"或"自居"于"主流"之外，通过对边缘弱势群体的考察，可以为"主流群体"与"主流社会"提供一个参照系。

刘永华在其未刊稿《"民间"何在——从弗里德曼谈到中国宗教研究的一个方法论问题》中对华德英意识模型论作了重新诠释。他指出：华德英区分这三种意识模型的基本意图，是为了理解"同化"问题，因此，她着力讨论的是目前模型与意识形态模型之间的关系，"强调的是水上人对士大夫的生活方式的认识（局内观察者模型）对其自身生活方式蓝图（目前模型）的影响，相比之下，她对目前模型与局内观察者模型之间的关系则着墨不多，甚至认为这种关系对水上人生活方式的影响并不深远"。因此，他提出，应对目前模型与局内观察者模型之间的关系给予更多的关注。

我认同永华教授的看法。在我的思考立场上，我更关注对研究对象的目前模型和局内观察者模型的认知路径，即我们（作为局外的研究者）如何知道村民们是如何看待自身"当前状态"以及如何看待他们周围的群体（相邻的"别人"）。在华德英的滘西案例中，滘西的村民基本上被看作一个"整体"，他们的目前模型和局内观察者模型都是通过意识形态模型这个标尺（或参照系）才得以突显出来的。意识形态模型的标尺性作用使华德英的认识指向了"同化"。

但我们知道，滘西的村民并不是一个均质的"整体"，其内部还是有差别的，他们之间的目前模型（对自身当前状态的认识）、对意识形态模型的获取与理解、局内观察者模型（对别人的看法）均可能有程度不同的差异。我觉得华德英未能充分揭示滘西村民在这些方面的内部差异，从而使她所描述的目前模型和局内观察者模型显得比较抽象，内涵不够丰富。我特别赞同刘永华所谈到的："局内观察者模型是复数的而非单数的，一个社群的基本参照群体，一个社群中不同成员的参照群体，很可能是几个而非一个，如对于生活于一个具体社区中的村民而言，道士表演的仪式、乩童表演的仪式与礼生表演的仪式，可能具有同样的权威，这样很可能会强化文化的多样性和差异性。"并且想在此基础上，更进一步明确：目前模型也是复数，我们不仅要关注占据主流地位的那种目前模型，还要关注那些处于弱势地位的目前模型。唯有如此，我们才能更切实地了解"同一社群中不同成员"的局内观察者模型的差异，以及他们心目中意识形态模型的差异。

在这样的分析框架下，"目前模型"应当是问题的核心，而非如华德英所做的那样，把意识形态模型作为分析的中心线索——如果说后者更多的指向"同化"与"一致性"的话，那么，我相信，前者可能更有助于指向多元化与多样性。而要充分地理解目前模型，我以为最适当的途径应当是"解析"目前模型，分析同一社群中不同成员或群体的目前模型。这应当是我们关注处于村落边缘的弱势群体的方法论意义。

然而，这些处于村落边缘的弱势群体所发出的声音是如此微弱，即使在田野考察中，如果不是太留心，也可能听不见，那么，又怎样开展研究呢？或者第一步，如何听到他们的微弱声音呢？

白莲教教徒中虽然有部分教首、师傅的社会经济地位较高、"办教"是为了敛财或聚势，但大部分骨干教徒都是船夫、佣工、手艺人、货郎之类的边缘群体。这些人，在正常情况下，本来是没有机会发出并留下声音的，幸运的是（对我们来说），他们起事被捕之后留下了口供。这些供单，前些年整理白莲教起义资料时，被渐次公布出来。离开农民起义和白莲教研究的路径，把这些材料放回到地方社会中，这些供单，就是非常好的边缘群体的声音。我们曾试图以襄阳东南境与枣阳、宜城、钟祥交界处的黄龙垱为中心，利用教徒口供材料，做些分析。这项工作，由于口供的解读还有一些技术性问题需要摸索、解决，尚不太如意，但我相信，这应当是一条可行的路线。

傅衣凌与滨岛敦俊两位先生关于佃户抗租斗争的研究给我以很大启发。在《明清之际的"奴变"和佃农解放运动——以长江中下游及东南沿海地区为中心的一个研究》《明清时代福建佃农风潮考证》等论文中，傅先生详细描述了一些抗争斗争的源起、组织和过程，这些斗争的主体佃农和奴仆，基本可以界定为边缘群体，揭示了很多由这些人为主的"组织"，如削鼻班、乌龙会、里仁会，等等。滨岛先生则论证说，至少在清后期江南一些地方的抗租斗争中，以总管神信仰、祭祀为核心的，或类似的地缘性组织扮演了重要角色

（滨岛敦俊：《明清江南农村社会与民间信仰》，朱海滨译，厦门大学出版社，2008年，特别是第12—164页）。这种考察角度是与"士绅模式"相反的。由于很难将江南的佃户及参加抗租斗争的民众界定为边缘群体，所以我并不是试图引申滨岛的结论性认识，只是觉得他的研究把我们引向了"士绅模式"的对立面——很多研究者都知道，在江南社会的研究中，要偏离甚或跳出士绅模式是多么困难。

在整理汉中水利碑刻的过程中，我注意到水利事务中一些弱势群体的声音。在宋元以来即已形成的一些灌区，明中后期以后进入的客民，为了取得用水权，与原有居民之间遂发生纠纷。在水利碑刻中，这些客民开垦的土地被认为是"按例"没有用水权、当然也不应分水的"旱地"，最多只能使用一点"水田"用余的"退水"。这些客民采取的应对办法有三，一是买，二是偷，三是抢。无论采用哪种手段，因此而留下的用水契约、处理纠纷的告示，都曲折地反映出他们的声音。所以，在处理这些水利纠纷材料时，我的着眼点，不是官府与涉案各方如何达成妥协或如何处理这些纠纷，而是在水利纠纷中失败、受到惩处的那一方（他们往往属于弱势群体，即便在官府文告中，也被描绘成恃强聚众的"刁民"）。

我们有没有可能使用更多的非文字资料，以观察这些处于边缘的弱势群体？在考察江汉平原的村落形态时，我曾试图通过居住房屋的位置，来区分出村落中的边缘群体。在汉川西境的分水嘴一带，大户人家居住的大房子大都建在堤上或较大的墩台上，多称为"某某台"；一些客民或渔户（多为佃户）则散居于湖区深处较小的台子上，称为"某某庄屋"。"庄屋"的名称往往透露出居住者的佃户身份。这种情形，在整个江汉平原以及洞庭湖区，均可见到。是否可以通过居住状况，观察这些弱势群体，这种办法，由于资料限制，讨论历史问题时很快就显示出局限，但应当可以作为一种辅助方式。

这里我所谈到的，只是怎样发掘历史文献中乡村弱势群体的资料，这是近两三年来我特别着意摸索的问题之一。我没有能力谈论在人类学田野中怎样去倾听、分析来自村落边缘的声音，因为我从来没有做过，但是我相信，这些声音一定是存在的，只要用心去倾听，也一定能够听到。

（原刊王铭铭主编《中国人类学评论》第 12 辑，北京：世界图书北京出版公司，2009 年）

区域历史研究的路径与方法

　　"区域"的观念与方法，虽然最初主要是地理学提出并使用的，但随着区域经济社会与文化发展的需要和相关研究的不断深入，在经济学、人类学、历史学乃至政治学等领域得到广泛接受和运用，并围绕"区域"这一核心概念，展开了相当深入而细致的讨论，提出了诸多立足于不同学科出发点的理论与方法，特别是一些经济学家甚至提出了"区域科学"的概念。与之相适应，同时也是史学研究内在理路演进的结果，近年来，历史学领域对"区域"研究的兴趣也大为增加，许多学者从不同角度理解、界定"地方""地域"或"区域"等概念，根据自己的学术诉求与实际情况，选择不同空间尺度的"区域"（从村落到"大区"），对其历史过程与特点展开研究，从而形成了具有不同取向、路径与特点的地方史、地域社会经济史以及村镇史、城市史研究。我们把这种立足于区域观念与方法，把不同空间尺度的区域作为研究对象，探究其历史过程与特点的历史学研究，总概称为"区域历史研究"。

　　不同学科背景的学者研究区域，都有自己的学术理路与方法。总的说来，地理学者研究区域，一般从区域自然地理条件入手，对区域自然资源条件、生态环境及其变迁、资源开发与经济发展以及区域人地关系系统及其演变等问题，展开深入细致的考察，其特点是强调科学方法的运用，特别是数量分析与模型分析，以其科学性、可操作性以及现实性见长；弱点则是在观念上以"物（地理事物）"为本，对区域民众缺乏关注，对研究区域的人文社会因素比较忽视，可以说是"见地不见人"。

经济学家研究区域，是把"区域"作为一种经济事物赋存并相互关联的经济网络，考察其自然特征和经济特征，探究区域资源开发利用的途径和方法，分析区域经济建设中的主要规律性问题，提出区域经济的发展战略、策略与具体规划，是现实性很强的研究。其出发点是区域经济现状，目标是区域经济未来发展方向，也就是"立足现实，面向未来"，很少会关注区域的过去，因此其对于区域经济与社会现状的把握也往往不太可靠，缺乏必要的历史根据，可以说是"见今不见古"。

人类学与社会学长于社区研究，在研究理念上强调"以人为本"，重视站在地方民众的立场上，认知并理解区域民众对其所处区域环境的认识及其适应与利用之道；其弱项则是往往扎进一个具体的区域点（村庄或小流域），缺乏对全局的认识，是"见木不见林"。

历史学者研究一个地域（或区域、地方）的历史，主要是运用地方志、文集、档案以及碑石、族谱、契约文书等文献记载，通过文本分析与解读，提取研究区域历史进程的信息，按时间顺序加以排比，从而得出对区域历史进程及其特点的认识；侧重点是对区域历史过程的梳理及其发展脉络的把握，其长处是对历史过程的总体认识，短处则是往往落不到具体的地理空间范围内，对区域范围内诸种自然与人文地理现象及其变化的过程与特点不能有清晰而具体的把握，往往是"见人不见地"。

无论何种背景的学者，都承认"区域"乃是一个整体，虽然在研究过程中可以侧重于其地理、经济、社会、历史的某一个或几个方面，但在原则上必须承认并贯彻区域的整体性。区域的整体性，不仅意味着区域是经济、社会、政治、文化等诸种因素在特定空间范围内的聚合和关联，也不仅意味着这一区域既有其现在与未来、也有其过去，还意味着需要从整体的观念与立场出发，采用不同的学科方法与理念，将不同学科的思想方法融会贯通，扬长避短，将之运用到区域研究中去。正是由此出发，历史学领域关于区域历史的研究，逐步形成了一些研究理念与具体的研究路线，主要包括如下三点：

第一，"以人为本"。历史学与地理学研究区域，都涉及研究区域范围的人口，而且都从人口迁入、分布与增长入手。但是，一般论及区域人口，多着重于考察人口数量，以给出人口数增长曲线为归结点，其所讨论的区域人口，往往是抽象的人口数据，是"人口数"，而不是努力谋求生计、改善生活条件与社会经济地位的、活生生的地域民众。区域历史研究，首先就是要在已有研究理路的基础上，把"区域人口"还原为"地域民众"，关注地域民众的基本需求、资源选择、生存适应、信仰与文化等生存生活的基本方面，努力站在地域民众的立场上，去认知其所生存生活的环境，考察其适应、利用地域资源与环境条件的方式方法，而不仅仅是以"外来观察者"的身份，秉持所谓"科学、理性的"态度，高高在上，对区域历史与现状做出评判。因此，所谓"以人为本"的区域历史研究，就是要研究区域内居住人群的历史，是千百年来生活在那里的"人"为了生存与发展、追求美好生活而不断"适应"并"改造"其所处的环境，摸索并建立适合自身生存与发展需求的社会组织与制度，创造并不断"改进"具有自身特色的文化的历史。

第二，"落实到地"。历史文献中有关人口变动（流移迁入、落居）、资源开发进程与环境演变的记载大多是定性的描述，往往既无准确的数量，也没有较切实的时间，所以很难依靠这些材料进行比较准确的量化分析，而现代意义的人地关系研究则要求进行这种量化分析，并最终得出人口、资源与环境三者的相互作用与动态关系图。如何突破历史学领域有关区域人地关系演变研究中的这一"瓶颈"，是很多研究者都在思考的问题。要解决这一问题，除了学习、运用地理学、环境科学等自然科学研究领域的相关理论方法与研究结论之外，对于历史学者来说，更重要的乃是在已有文献研究的基础上，选择适当的地点，通过田野考察，发掘更为细致、翔实的地方资料，结合访谈与实地测量，得出一些相对准确的数据资料。同时，由于历史文献中有关记载大多以州、县为记载单位，很少有能具体到乡、村层面上的记载，所以难以将历史文献所提供的相关信息落实到具体的地理空间里。解决这一难题的途径，只能是实地考察：通过实地考察，将历史文献中的相关记载落实到具体的地理空间上，然后结合当地地理、经济与社会资料，分析历史时期当地人口迁入与增长、资源开发利用与环境变化。这样得出的认识，才易于与现代环境科学立足于现代环境状况而得出的研究结论相衔接，最终形成对较长时间尺度下区域人口、资源与环境关系及其动态变化的认识。

第三，"由今溯古"。研究区域开发与发展的历史，最终是要更全面系统、最大可能地认识把握区域社会经济与文化发展的现状及其历史根源，总结历史经验与教训，"古为今用"，为政府制定科学的、可持续的区域发展战略与对策，提供足可信靠的历史认识基础。因此，区域历史研究的出发点，应当是区域开发与发展的现状，要从现实需要出发，提出问题，研究与当前及未来区域发展密切相关的问题，由今溯古，建立反映不同时段区域开发与发展状况的历史地理剖面，然后加以比较，弄清其演变之迹。在具体的研究过程中，就要采用历史地理学常用的"上溯法"，即先弄清区域资源开发、经济发展及社会文化发展的现状，然后逆推，依次考察 20 世纪 50 年代、清末民国、清中期、明清之际、明中后期等不同时段各区域的地理面貌与社会经济发展状况，然后加以比较。以往的研究实践证明，这种方法是可行而有效的。

如所周知，中国各区域的经济开发与发展进程各不相同，与中国历史发展的总体进程并不完全一致。要全面、正确地理解所研究区域的历史进程，必须把研究区域的历史进程，置入中国各地区社会经济发展的总体进程中加以考察，这就既要把研究区域放在全国范围内各地区的宏观空间格局之中，又要把区域历史进程放在中国历史发展的长时段背景下，才能加以把握。为此，应把区域历史进程与王朝兴衰更替、传统中国社会经济发展的各阶段联系起来，根据区域历史进程的内在特点，划分若干时段，展开考察；并在全国范围内，对不同时期区域格局作出把握。

区域研究，实际上是一种中观研究，研究区域的空间范围虽然大小不同，但无论其大小，研究者即使下很大的功夫，也不能说全部跑遍，只能做出中观层面的把握与理解。一般来说，预设的研究区域，应当保持适度的空间范围，不宜太小（村落研究，在历史学领域，受到资料与研究方法的限制，事实上很难全面而深入地展开）；而在确定适度的研究范围之后，在研究区域内部，还要进一步分化到具体的一个市镇、一条小河谷、一个村庄。在开展区域历史研究中，一般都要选择一两个村镇或小河谷，运用人类学方法，尽可能进行深入细致的考察，真正体验地域民众的生活，并通过访谈等手段，获取更为真实的认识。

近年来，从事区域历史的学者们，不断地摸索区域历史研究的具体理路与方法，初步形成了一些相对成熟的路径。概括言之，主要包括三个步骤：

（1）收集、整理、辨析历史文献资料与实物资料，梳理研究区域历史发展的基本脉络。历史文献资料不仅包括史传、地方志、文人文集、地图、官方档案等传统历史文献，还包括民间契约文书、碑石、族谱、歌谣、传说等民间历史文献，实物资料主要是指古遗址、历史建筑、寺庙、各种农具手工业制品等。

（2）结合地理文献资料，开展地理学实地考察。区域自然资源赋存及其开发利用情况、经济发展与社会文化现状，都属于自然地理、经济地理与人文地理资料，主要是由地方政府和地理工作者调查、编集的。作为历史学者，要特别注意收集、使用地理志、地名志、地图、资源调查报告、农业规划、水文资料、水利调查报告等地理文献。围绕区域历史研究开展的地理学考察，除了收集上述资料外，重点主要放在对研究区域地理特征的认识方面，并努力将历史文献中的相关记载落实到具体的地理空间上。

（3）在研究区域内选择一两个村镇或小河谷，每年用一个月左右的时间，开展人类学田野调查。人类学田野调查的方法，不在面上的了解，而在对一个田野点深入细致的观察及较长时间内的追踪。除获取相关资料外，更重要的是研究者尽可能置身于区域民众之中，切实体验地域居民的生活过程，了解其生计方式、文化观念、社会组织与社会关系等各方面，尽可能做到"同情之了解"，即与区域民众同一情境下的理解与认识。唯有如此，才能真正做到"以区域民众为本"的区域历史研究。

（原刊张多勇主编《豳风论丛》第二辑，北京：中国社会科学出版社，2016年）

区域，是认识世界的一种方法

江田祥：欣闻《区域历史地理研究：对象与方法——汉水流域的个案考察》一书近来再版。此书是您第一部学术著作，二十年后它又修订出版，借此机会，请您回顾一下当年此书的写作背景与学术思考。这本书并不是基于您的博士学位论文，而是博士毕业之后完成的著作，请问当时您撰写这本书是出于怎样的契机呢？

鲁西奇：我的博士学位论文《汉魏六朝时期长江中游地区地名移位之探究》，是跟着石泉先生做的，问题、研究理路与基本认识，都是从先生那里来的。虽然也下了很大的功夫，特别是受了很好的研究方法的训练，对一些具体问题，形成了一点自己的认识，但视野、材料与认识的局限也很明显。博士毕业后，我开始尝试着走自己的学术道路。在此之前，从1992年起，我参加中科院成都山地所陈国阶先生与武汉测地所蔡述明先生主持的"汉江流域资源调查与开发"的调研项目，在十堰、安康、汉中等地区跑，取得了一些感性认识，并有机会向从事山地与湖泊研究的老师们学习，较多地受地理科学的研究方法的影响。石先生研究的重心，也在汉水中游地区，特别是襄阳—宜城平原与南阳盆地、随枣走廊地区；而且先生也特别强调历史研究与地理学、考古学方法相结合。所以，当我向先生汇报，想把以后研究的重心放在汉水流域，而且想侧重于运用地理科学的分析理路与方法时，石先生与李涵老师都觉得很好，给了很多鼓励。这个方向就定下来了。

江田祥：最近我又重读您于 2002 年 7 月赠送的这本书，记忆深刻的是此书开篇的第一段话："地理环境常常并不甘于仅仅充当舞台，而是不时地参与演出，成为演员，甚至设计或改变剧情的发展。所以在很多时候，地理既是历史这出戏的编剧，又是导演和演员，还是剧情的组成部分。"这本书是以汉水流域为区域对象分析历史时期人地关系的演进模式，探讨地理环境与人类活动的关系，请问您是如何走上历史地理研究之路的？

鲁西奇：跟着老师读书，老师是做历史地理的，就做了历史地理，所以，可以说是老师领着走上了历史地理研究的路吧。进了门之后，才去想自己究竟要做什么、适合做什么、做这些有什么意义，给自己的生存与努力寻找理由与意义，然后磕磕碰碰地走自己的路。走着走着，回头一看，发现离自己本来设想的路有些偏离，甚至离得很远，慢慢地，也就忘记自己本来想走的路了。

写这本书的时候，我正在迷"年鉴学派"（现在也迷的）。这本书，深受布罗代尔《法兰西的特性：空间和历史》《菲利普二世时代的地中海和地中海世界》的影响。这些好的议论，大抵都是在各种阅读中受到启发，结合着自己的一些思考而做出的。当时我才三十出头，其实没什么深刻的思考，认识也很肤浅。现在读起来，都觉得有些好笑了。

"年鉴学派"强调地理所塑造的空间结构及其特性，对于人类历史进程及其所表现出来的总体结构的形成与变化，具有重要的意义。我虽然深受这些论述的影响，但出发点其实有些不同。我最初在汉水流域跑，就是到秦巴山区，那里生存环境的恶劣、社会经济的落后、老百姓的无助，深深地打动了我。所以，我讨论汉水流域的人地关系，是为了回答这些地区为什么会如此贫困落后。我当时试图在地理环境与人类活动方面去寻找原因。后来，我可能更着意于从政治与社会方面探究原因，而不是从地理条件与当地人的经济生产活动方面。

江田祥：您是国内较早开展流域历史地理研究的学者，近些年来国内学术界也重视"流域"的研究，提出了"历史流域学""流域人类学"等概念，通过分析流域内的人群、交通等元素与江河流域的关系，理解"流域"内在的历史脉络，请问您对此有着什么样的思考，是否有具体研究路径？"流域历史"与"水域史""海洋史"研究思路有啥不同？

鲁西奇：1990年前后，中科院地学部提出的地学研究重大课题中，有一个"区域链"的系统研究，强调对一个区域系统各部分间的相互关联与影响机制展开研究，以全面认识区域人地关系的结构、特质及其演化规律。"区域链"观念的提出，可能与侯仁之先生有关系。石先生改做历史地理，是向侯先生请教的。所以，我也很注意侯先生那边的研究趋向。那几年，跟着从事山地与湖泊研究的老师们学习，并和他们一起跑，自然而然地，就会注意到河流的上、中、下游之间，不同层级的支流之间，以及山地、丘陵、平原湖区之间的差别、联系，以及它们是如何形成一个整体的系统、系统内部又是如何分化的等问题。所以，把汉水流域作为一个整体或一个系统，对我来说，是一个自然而然的立场。一直到后来，我才会去追问，汉水流域是一个整体或一个系统吗？如何论证在某一个历史时期，汉水流域是一个具有政治、经济与社会、文化的"一致性"和"内聚性"的区域呢？在写作这本书时，我还没有这个意识。我在研究之先和过程中，都预设了"汉水流域"的整体性或"一致性"。

我知道近些年学术界关于"历史流域学""流域历史地理学"研究的设想与讨论，但没有太多关注。"流域人类学"还第一次听说。"水域史"与"海洋史"虽然从根本上说，也是以"水"或"海洋"界定的区域，然而其所追求的目标或学术诉求应当有所不同吧，我不能太确定，或者说还不太明白。

对于我来说，"区域"是观察、认识世界的一种方法。我们难以或根本无法从整体上观察、认识并进而把握这个世界，只能从我们自身出发（以我们自己为中心），去看我们自己、周围的人与社会，看我们日常生活的地方、地区以及国家，通过各种手段，去了解、认识或想象我们不能直接接触、观察的远方及其人群、事物和世界。我知道，这是一个经验主义者的立场。作为一个历史学者，我首先要做一个经验主义者。所以，在我看来，历史过程中的个人、事件，及其表现出来的或被建构的结构与结构过程、特性与规律，全部是个别的、特殊的，而非整体的、普遍的。因此，认识人类的历史，必然从其局部入手，"区域历史"就是人类历史的一种"局部"。在这个意义上，"中国历史"也是一种区域历史，因为中国这片土地，只是地球表面的一部分。

同时，"区域"观念及其思想方法，是地理学（至少是传统地理学）研究与认识世界的基本观念与方法，它构成了地理学的基础。如何研究区域，地理学形成了一系列的研究方法，并且也在不断发展变化中。区域的内聚性、中心—边缘理论、地方感、地方认同乃至地方性知识等概念与研究理路，都是不同发展阶段的地理学提出来的，或者与地理学有着密切的关联。人类学的"社区"观念与方法，较之于地理学的"区域"与"地方"，更强调人在空间范围内的感知、认同与聚合，使它具有更为丰富而深刻的"人"的内涵与意义。我在这本书里的研究，受地理学"区域"观念及其方法的影响比较大；后来这些年的思考与研究，受人类学"社区"观念与方法的影响比较大。最近这两年，我又比较关注政治学对于空间特别是区域间关系的讨论。我的研究，受这些学科相关观念与研究理路的影响，并努力将它们融会起来，试图形成自己清晰、明确而相对稳定的研究路线。可是，一直到现在，我也还没能形成这样的研究路线，仍然在摸索中。最终能否形成这样的思想路线，我对自己并不太有信心。

江田祥：近二十年来，您继续围绕着汉水流域历史地理与社会经济史，先后出版过《汉水中下游河道变迁与堤防》《城墙内外：古代汉水流域城市的形态与空间结构》《汉中三堰：明清时期汉中地区的堰渠水利与社会变迁》三种专著，

《人群·聚落·地域社会：中古南方史地初探》《长江中游的人地关系与地域社会》两部论文集，以及学术论文多篇，如果未来有机会重新写一部汉水流域的历史，您将会如何撰写，从哪些方面切入？

鲁西奇：是的，后来的这几本书，都是本书的延伸与深化。很明显，我的研究，是从地理出发的。在《区域历史地理研究：对象与方法》中，我着重地理的因素及人地关系的总体考察，落脚点是在地理上的（那时候，我还是想做一个地理学者的）。《汉水中下游河道变迁与堤防》和《城墙内外：古代汉水流域城市的形态与空间结构》两本书，处于过渡阶段，是从较为单纯的地理考察，向人为的地理要素（堤防、城市及其形态）方面扩展，重点是看人类所"制造"或"生产"的地理事物，这中间强调了"人"，但落脚还是在"地"上。《汉中三堰：明清时期汉中地区的堰渠水利与社会变迁》以及同时期发表的有关江汉平原垸田水利的几篇文章（后来都收在《长江中游的人地关系与地域社会》卷三中），就有了很大不同，是从水利工程设施（堰渠与堤垸）这种人类"制造"或"生产"的地理事物出发，看"制造"或"生产"它们的过程中以及其后所形成的社会关联。这中间，"人"及其"社会"既是"制造"这些堰渠、堤垸的主体，又不同程度地"依靠"这些水利设施而生存、交往与发展，并形成其较为独特的社会关联。这些研究的落脚点，就不在"地"上，而在"人"与"社会"上了。因为研究"社会"，我又把"制度"的因素引进来，开始观察王朝国家的乡里赋役制度与土地制度是如何与人们为了生存与发展而形成的"水利组织"相互利用、渗透与融会在一起的。《长江中游的人地关系与地域社会》的卷三"江汉平原的水利社会",本来和《汉中三堰》是一本书(《堰渠与堤垸:汉水流域的水利与社会》),当年由于某种原因,拆开了。把它们合在一起看,能够更明白我的研究理路的发展。关于乡村聚落的一些观察与思考,也是把村落看成人类的"制造品"或"生产的产品",并在这个人类"制造品"或"产品"的基础上形成、发展、运作其社会关系、组织。通过人类"制造"或"生产"的地理事物,去看人及其社会关系,从而把地理、人与社会联系起来,并在这一过程中强调"制度"的作用,是我这些年比较重要的研究理路。

关于汉水流域历史地理与社会经济史的研究,实际上在2010年前后就基本结束了。有的文章虽然到2014年前后才发表出来,但基本上是以前写好的。我离开厦大之前,把有关汉水流域和长江中游地区历史地理与社会经济史研究的一些文章结了个集子,《长江中游的人地关系与地域社会》,算是对这个研究做了一次总结(虽然并不满意)。我无意再去写一本汉水流域的历史。十多年前曾有这个想法,早就放弃了。汉水流域及其历史,是我去看中国、世界以及中国历史与人类历史的一个窗口。我已经走过那个阶段了。

江田祥:近十几年,您逐步将研究区域从汉水流域延伸到中国南方地区,特别是滨海地域,并提出了"中国历史的南方脉络"的研究理路与初步设想,请问研究区域、问题意识的变化对您后来学术研究思路有怎样的影响,您对区域研究、地域社会研究的方法与路径的认识发生了什么样的变化?

　　鲁西奇：我做了很多年汉水流域历史地理与社会经济史的研究，大家也把我看作是区域历史地理的研究者。其实，我一直在问自己：你做的这些研究真的有意义吗？就汉水流域而言，虽然我大致弄清了其历史进程的基本轨迹、结构与某些特征，可是，我并没有能够回答我最初开始研究时提出的问题：汉水流域，特别是其上中游，为什么如此贫困？因为，汉水流域的问题，其实并不在汉水流域。就中国历史而言，我从汉水流域看到了中国历史乃至人类历史的某些侧面，也初步形成了自己对这个世界及其历史过程的一些认识和认识的方法，可是，我并没有能够形成自己的历史观念与方法论，甚至未能形成对中国历史的总体认识。我越来越意识到自己研究的局限。立足于经验主义的研究，很可能并不能形成对历史进程、方向及其动力的把握。换言之，世界上各个区域的叠加，并不是世界；各个区域的历史，固然是人类历史的"局部"，但绝不"就是"人类历史。通过对区域或地方历史的精细研究与把握，可以加深对中国历史乃至人类历史的认识，但任何试图将基于区域或地方历史研究而得出的认识普遍化的努力，都可能是危险的。一方面，我认识到区域、地方或地域社会是非常有吸引力的研究领域，而且相关的研究确实饶有趣味，又颇具挑战性；但另一方面，我开始在思想方法上去反省这些研究及其方法的局限性。

　　我试图突破或弥补区域研究局限性的办法，最初是努力扩展研究区域。我曾设想把研究对象从汉水流域扩展到长江中游地区，但很快认识到区域范围的扩大或区域的转换并无意义。然后，我试图转换研究理路，把关注的重心不是放在区域历史进程本身，而是放到其在中国历史进程中的地位与作用上，加以考察。"中国历史的南方脉络"的理念和研究思路，就是在这一思考背景下提出的。近十年来的研究，也是在这个理路下展开的。在这十年里，除了在南方地区的考察，只要有机会，我也尽可能地在北方地区跑。其实我内心深处开始怀疑自己的这个理路——真的有一个"中国历史的南方脉络"吗？师友们经常鼓励我，可以围绕这个"南方脉络"或"南方道路"多做些工作，甚至是"打起旗帜来"，可是，2015 年以后，我却很少再谈这个话题，原因也就在这里。

事实上，我已经慢慢地离开了"区域"，走到了"本质主义"的路子上来。虽然我还在做区域研究，但无论是"南方地区"，还是"滨海地域"，都只是在我试图探究人类某种生存状态时"被选择"的一个地点或地方，其本身的历史进程与特性固然要探讨明白，却绝不是我的目标。我希望探究的问题，实际上是人在某种具体的生存环境中的生存、交往、认知与思想及其表达方式，亦即人在不同状态下所展现出来的人的本质或"人性"。当我写那篇《人的历史与人的历史学》的时候，至少有一位朋友，敏锐地注意到我的本质主义倾向。当时我自己并没有清楚地认识到，近两三年来，许多老师系统地阐述人（个体的人、人群及其组成的社会）在历史进程中的主体作用与意义，我才逐步地明晰，自己真正关注的，其实并不是"人在历史中"或者"历史中的人"，而是"人的历史性"或"历史的人"——人的本质的一个重要方面。我真正试图探究的问题，乃是不同区域（地方、地点或地区）的人，在不同的时期，是怎样表现出其"人性"（"个人性"与"人类性"）的，又是在历史过程中，怎样不断改造、发展其"人性"的。"历史的人"或"人的历史性"意味着"人"与"人性"是在历史过程中形成并发展的，因而不同时空下所表现出来的人性是千差万别的；而千差万别的人性表现，却在历史进程中贯穿着一种根本性的"人性"，并不断发展、完善"人性"，这就是对同类的认同和关爱。

江田祥：您如何看这本书在您学术道路上的价值？现在，本书得以修订出版，您最想说哪几句话？

鲁西奇：有本书能够再版，还是很高兴的。写这本书的时候，我还很年轻，也比较急，认识也不深，表达也不精致。当年，广西人民出版社能够全权出版，就非常了不起了，但毕竟印得很少。社科文献出版社提出希望再版这本书时，我本想大改的，其实我很看不上当年的自己，怎么写得这么烂！但一动手，就知道不行。毕竟二十年过去了，我早已不再是当年的我了。如果大改，那就得完全重写。静下心来再看看，也发现自己这些年，其实也没什么进步，很多想法，在这本书里，都有影子了。所以，最后就出了这个修订本。

我想和相关专业的硕博士同学们说一句，我一直设想做一个小流域的综合研究。前些天写了今年（2019年）六月参加北大文研院陇东宁南考察的个人报告，只写了一条小河的考察记，是流经今宁夏彭阳、甘肃镇原两个县的茹水河（蔚如水，葫芦川）。我知道，要是选择一个范围适当、资料丰富的小流域，综合使用地理学、考古学、历史学、人类学的资料与方法，一定可以做出很好的研究来，甚至可能在理论与方法上取得一些突破性的进展。但这样的选题，其实很难做，最现实的困难是短期内无法发表论文，所以，又不建议做。

（本文是拙作《区域历史地理研究：对象与方法——汉水流域的个案考察》由社会科学文献出版社重版之后，应《澎湃新闻》之约，与江田祥教授作的一次访谈，原刊《澎湃新闻·私家历史》，2019 年 8 月 30 日，https://www.thepaper.cn/newsDetail_forward_4274103）

阴间为什么要用"买地券"

宋翔：您能不能跟我们讲一讲什么是买地券？它到底是什么样子的？

鲁西奇：买地券是古人安葬亡人时使用的一种明器，是作为随葬品放置在墓中的。它的意旨或功用，是向地下神祇宣告亡人在阳世的生命已经结束，从而正式成为冥世的一分子，并通过"买地"取得了在阴间的居留权和居住地，而且此种权力受到诸如女青律令之类冥世法律的保护。

买地券的内容，主要包括五个方面：一是说明某某地方的某某人，于何年何月何时殁故。这部分内容是实的，一般据实书写。二是说经过卜筮相地，决定于何处安葬，所以用钱帛若干（在唐中期以后，逐步固定为"用钱九万九千九百九十九贯文"之类），向土公、黄天父后地母、东王父西王母、张坚固李定度等地下神明，购买土地一段，写明所买土地的四至、面积，一般用"东西若干步，南北若干步。东至青龙，西至白虎，南至朱雀，北至玄武"之类抽象的语句表达。这里所说的"钱"指的是冥钱，就是营葬时烧的纸钱；而所买的"地"，也并不是指墓葬所在的地方及其面积、四至，而只是虚构的一块土地。三是"权属声明"，声称上面的那块土地属于亡人所有，得到丘丞墓伯、道路将军等地下神祇的承认和保护；如果有鬼魂侵入墓地，将军亭长等地下神祇会将其逮捕起来，交给河伯或其他高一级的神明，予以惩罚。四是立契过程，即写明契约是怎样订立的，言明钱物与土地交割完毕，工匠可以动土营墓，并写明订立此项契约时的保人、见人或证人。五是罚责，再次言明这块土地属于亡人所有，此前在这里活动的鬼魂要立即离开，不得打扰亡人魂灵；如有违反契约的规定，地下神祇要承担责任（"自当其祸"）。

买地券的源头，至少可以上溯到西汉前期墓葬所出的告地策。告地策一般写在木牍上，内容比较简单，大抵是以地上官吏的名义，告知地下官吏，某县某乡某人于何年何月何时，带着何人何物（随葬的俑与物品），到贵处报到，类似于现实世界所用的"移文"（户籍转移文书）性质。从东汉中后期开始，各地逐步使用买地券，一般用丹书写在木牍或铅、铁质的金属质版上，大小不一，文字则越来越繁复。六朝以后，写在金属质版上的越来越少，到隋唐五代以至宋元时期，主要是刻在砖、石之上，有的砖、石刻写好之后，用丹砂再随着刻痕涂一过；或者用墨书写在木板上，其行文则逐步格式化。宋元以后的很多买地券，都是先刻好了大部分文字，将亡人姓名、生前居里等内容空着，等用的时候再填上去的。到明清时期，可能有很多买地券是直接写在纸上的，也出现了刻版印刷的买地券，只是空下亡人与墓地的相关信息，用时填上即可。所以，我们很难用一句话来概括买地券的样子，只能说：买地券的材质经历了从金属质版、木板、砖、石向纸张变化的过程，其文字越来越繁复，同时也越来越格式化。

宋翔：您关于买地券的研究已经进行了十年，作为一个研究历史地理的学者，您是如何关注到买地券的呢？或者说，您为什么要研究买地券？

鲁西奇：说起来，我进入买地券的研究，是有很大偶然性的。2004年春、夏，我分别与武汉大学历史学院杨国安、周荣、徐斌、江田祥四位博士以及当时还在武大历史学院读本科的席会东（现在西北大学工作）一起，在鄂东地区进行了两次田野考察，承黄冈、浠水、罗田、英山、黄梅、武穴六县市文博部门的支持，看到了很多珍贵文物与文献。其中，以上六个县市博物馆所藏宋元买地券碑，前人多未及注意。在博物馆同志的帮助下，我们对各馆所藏买地券作了初步整理，共清理出50方，其中可辨识通读者共37方。我把这些买地券录文校释后，结合相关研究，认识到这是一批基本上可以界定为民间文献的宝贵资料。当年5月，我因事到北京，去拜见北京大学李孝聪教授，向他报告正在开展的工作。他很感兴趣，让我在中国古代史研究中心做了一次介绍。邓小南教授了解到我的想法后，觉得与她主持的"唐宋时期的社会流动与社会秩序"有某些契合之处，嘱我写成论文。当时正在北大中古史中心讲学的黄宽重、朱瑞熙先生也给予很大的鼓励。后来，我就以这批材料为基础，撰写了《宋代蕲州的乡里区划与组织——基于鄂东所见地券文的考察》一文，刊在邓老师与荣新江教授主编的《唐研究》第11辑上。

得到这些鼓励，兼以那几年中我的学术兴趣正逐步从传统的区域历史地理研究向古代民众社会生活与思想研究方面转移，我决心把古代买地券作为一个重要研究领域。当时的想法，主要有三点：第一，它是真正的民间文献，是那些不太识字或完全不识字的老百姓请人书写的，书写人多为地理师、阴阳先生、僧道之流，不是士大夫。第二，人在这个世上，无论荣华富贵抑或穷困潦倒，都是要死的。因此，如何对待及如何处理死，是人生大事。通过买地券，可以窥知古代民众如何看待以及如何处理死的问题。第三，买地券的源头是战国晚期、西汉时代楚地所出的告地策，因此，我倾向于把它看作南方部分地区（长江中下游或整个长江流域）处理死亡的早期传统。从汉魏六朝的材料看，武夷君、安都王可能是南方地区较早的冥君，与北方地区的泰山神君不同，可能是另一个源流。换言之，在佛教传入并成为大众信仰之前，南方民众关于阴间的构想，与北方地区是有很大不同的另一个系统。从楚至汉代告地策，到衣物疏、买地券，这很可能是源自南方特别是楚地的一种死亡处理系统。当然，这一传统到唐宋时代，影响到各地，甚至西北地区（敦煌、吐鲁番的材料），而这可以看作南方民间信仰的扩展，或者说北方信仰受南方信仰影响的过程。也正是从这时候起，我开始思考"中国历史的南方脉络"这一论题，意识到这应当是一个不错的切入点。

我们来到这个世界上，是未经过我们自己同意的，也不曾有人争取过我们自己的意见，所以，我们无从选择"生"。我们当然也无从选择"死"，因为死亡是必然，但我们却可以选择怎样死，以及怎样对待死、处理死。这些年来，也可能是随着年龄的增长，我越来越关注死亡的问题。同时，我也越来越意识到，我就是那些普通大众的一分子，和大多数人一样，我也不想死而不得不死，所以不得不去想死亡的问题。对于死亡的关注与思考，以及在死亡面前的平等，是我决意从事买地券研究的一个深层原因。但我不得不说，关于买地券的研究，没有给我关于死亡的思考带来多少意义，它对于我的一些思考的帮助，并不像我当初设想的那么多。

宋翔：您这本书重要的贡献之一，应该就是系统校录、考释传世与考古发现所见之汉代至清代的买地券，给中国古代史相关领域的研究者与考古文博工作者提供了一份迄今为止最为全面系统、可资凭信、便于使用的古代买地券释文文本。能不能谈谈您是如何进行这项工作的？在您的研究过程中，有没有遇到什么困难？

鲁西奇：其实说起来也没什么。这是一个劳力活，没有太大的学术难度，更谈不上是什么智慧的考量。工作的步骤，其实很简单：第一步，先在各种考古、文物期刊上，石刻拓本著录文献中，以及部分可以见到的馆藏文物中，辑出已公布的各地买地券，一个字一个字地录出文字。如果前人已有录文，则进行比勘，琢磨怎样释文更合理、更妥当，力争得出一个最为可信的释文本。第二步，在这个基础上，我着意于考定买地券所涉及的亡人生前的居里、墓地所在的位置、亡人相关信息中所涉及的官称、制度等，以便把买地券材料作为考定、补证某些历史地理与名物制度的史料使用。第三步，是重新回到买地券本身，分析其所使用材质的变化、使用区域及其演变、文本类型及其差异等，以便分别出各种买地券的类型及其使用区域，从中寻找出某些值得注意的现象来。这些工作，说不上有什么难度，只是费时费力，考验的是我的耐心、恒心以及目力。做到后来，大概到2011年，其实我很有些倦怠了，几次都想放弃。以一个人的力量做这件费时费力的工作，是有些太累了。

宋翔：您书中提到一些买地券当为赝伪，所以没有著录，您判断的方法是什么？

鲁西奇：我没有什么机会见到很多买地券实物，也没学过文物鉴定，所以，不可能使用文物鉴定的方法做出鉴别。我的方法，主要是文本分析，细致辨析买地券文本中所见到的纪年干支、地理、名物、制度等是否合乎其所声称的时代。其实，不少赝伪的买地券，方诗铭等先生早年已经说过了，我只不过是对近年所传的几种做一些判断而已。有的我也拿不定，总是犹豫很久。所以，不敢说有什么判断的方法。

宋翔：在您的书中，明清的买地券所占分量较少，除了您提到的"明清时期特别是清代，很多地区主要将买地券写在纸或砖瓦表面，而不再刻于石、砖之上，所以留存下来的实物较少"这一原因外，您还提道："朋友给我寄来了三种清代买地券的资料，我明知应当把这些材料采纳到书稿中，却顽固地不愿再做修改。"这是否也是一个原因？能不能谈谈您当时的心路历程？

鲁西奇：有三个原因吧。这是一个。前面说到的，做到后来，很有些倦怠，是第二个。第三个原因，其实，我有些怀疑，到了明清时期，这些买地券，虽然也还在使用，但对于民众来说，还有多少意义。我看见写在纸上的买地券，以及雕版印刷的类似文本，觉得人们对使用买地券似乎不再那么郑重、认真了，至少是少了一些庄严的感觉。虽然买地券一直是由营葬的地理师、礼生、阴阳生之类的人书写并在葬仪中实际使用的，参与葬仪的亡人家属、亲人未必了解其意义，但我总觉得在早期的仪式与文本中，比较庄重些，能够看出一些对生命的重视；而到了后来，这些庄重与重视就越来越少了。也许是看得多了，我越来越觉得，从明清买地券里，我看不出太多对于死亡的严正对待与郑重处理了，对于生命的虔敬也因之而减少了。这可能是我的学术背景给我带来的局限，但我确实是这样想的。

宋翔：能不能简要介绍一下，古代民间的葬仪大致有什么流程？买地券是用于哪个环节的？

鲁西奇：关于古代民间葬仪的研究，其实不很多。我受到美国人类学家华琛（James L. Watson）的启发，在将中国古代的丧葬礼仪区分为丧礼和葬仪两部分的基础上，将后者区分为卜葬、下葬、谢墓三个环节。卜葬，包括择期（即择定下葬的日期）和相墓（即择定墓穴位置和方位）两个步骤；下葬包括置立明堂、斩草、营墓、葬埋、镇墓等步骤；谢墓，就是葬后解谢，即解除因发土开圹触犯土神的罪过。虽然不同时代、不同地区、不同群体在安葬亡人的具体做法方面必然存在巨大差异，但这三个环节仍大致可视为原则性的规定。在这三个环节中，卜葬是下葬的前期准备，谢墓则是葬后的后期抚慰仪式，并非必要程序。因此，民间葬仪中的必要程序乃是下葬，是具体实施葬埋亡人遗骸的行为，其中最重要的仪式活动则是斩草。在斩草仪式中，祭官（礼生）要先向五方五帝、山川百灵、后土阴官、丘丞墓伯等天地神灵祝告，报告诸神某年某月某日某人奄逝，选定此处墓地，将营墓安葬；然后，写立买地券，大声朗读券文，行酒上香，并将一方买地券埋于明堂地心（也可能不用这一方，或者用纸书写，朗读后即焚化），另一方则于葬时埋于墓中柩前。所以，买地券是在斩草仪式上使用的，在整个葬仪中，属于下葬环节。

宋翔：我们知道古代基层社会很多民众可能没有太多文化，那么这些买地券是什么人为他们书写的？是不是有固定的样式？

鲁西奇：买地券当然是由那些给亡人之家打理丧葬事宜的礼生（地理师、祭官、阴阳生）之类的人写的。这些人的身份非常复杂，可能是道士，也可能是和尚，或者是地理师、阴阳生。他们自己的信仰或宗教归属可能有别，但在丧葬仪式中，其职能却是一致的，所以，也大抵都会遵守相同或相似的丧葬仪式，并使用基本相同的买地券文本。虽然参与丧葬仪式的亡人家属、亲人未必真正了解丧葬仪式的各个环节及其意义，也未必了解买地券在整个丧葬仪式中的作用，但这些程序、每个程序中应当做的事情、必然使用的文本，应当属于一种"地方性"或"民间性"的知识，是为大家所了解、认可并认为不得不如此做的，因而具有某种文化制约性：不这样做是不行的。也正因为这个原因，买地券的文本越来越格式化，以致出现了预先刻制好的砖石质买地券，乃至雕版印刷的买地券。其样式，则以《地理新书》中所载最为普遍：

> 某年月日，具官封姓名，以某年月日殁故。龟筮协从，相地袭吉，宜于某州某县某乡某原，安厝宅兆。谨用钱九万九千九百九十九贯文，兼五彩信币，买地一段。东西若干步，南北若干步。东至青龙，西至白虎，南至朱雀，北至玄武。内方勾陈，分掌四域。丘丞墓伯，封部界畔，道路将军，齐整阡陌。千秋万岁，永无殃咎。若辄干犯诃禁者，将军亭长，收付河伯。合以牲牢酒饭，百味香新，共为信契。财地交相分付，工匠修营安厝，已后永保休吉。知见人：岁月主；保人：今日直符。故气邪精，不得忤各。先有居者，永避万里。若违此约，地府主吏，自当其祸。主人内外存亡，悉皆安吉。急急如五帝使者女青律令！

宋翔：我们在买地券中经常可以看到这样的表达："生人上就阳，死人下归阴；生人上高台，死人深自藏；生人南，死人北，生死各异路"，"生属皇天，死属地泉，生死异域"，"生居城邑，死安宅兆"。似乎买地券还有一层目的：使生人与死人处于绝对阻隔的状态。您能不能就买地券所反映出来的传统时期基层民众处理死亡的方式及其反映的生死观念，跟我们谈谈您的看法？

鲁西奇：我们大概都熟悉《入冥记》的故事：唐太宗被召唤到冥府去，问以六月四日之事。玄武门事变就发生在这一天，他杀了自己的兄弟，并迫其父亲退位。受阎罗王的指派，崔府君负责审理这个案子，他告诉太宗皇帝：皇帝受到他两位兄弟的指控，说他杀了他们。崔府君问皇帝："为甚杀兄弟于前殿，囚慈父于后宫？"（大意）太宗无法给出合适的回答，而如果不能做出圆满的答复，他就不能再回到阳世。是崔府君给他想出了答案："大圣灭族存国。"意思是说，贤明的君王，为了保全国家，可以杀掉自己的亲人。太宗皇帝还答允回到阳世后，会抄写佛经，做很多善事，之后，他被允许回到阳间。

这就是"冢讼"。人们相信，人死了之后，就归冥府管了，同时也获得了使用冥世司法体系的权力，在阳世间所受的冤屈、不平，可以到掌管冥府司法的阎罗王那里去，提出诉讼，要求得到公正审理。那些非正常死亡的死者，比如被杀、饿死或因瘟疫而死，可以提出诉讼。如果死者未能得到适当的安葬，比如没有棺木或其尸体残缺不完整，他也可以提出诉讼。因为没有棺材，他们在阴间就没有安身之所；尸体残缺，他在阴间也就没有完整的身体。他们还会因为在阳世有人欠了他们的债，而提出诉讼；也可能仅仅因为自己的爱憎而在冥府提出诉讼。一旦死者提出的诉讼得到冥府的受理，还活着的人（生人）就有可能被传唤到冥府去受审，就像唐太宗那样。冥府还有权传唤阳世的证人，他在作证之后仍可回到人间。成书于五世纪末的《真诰》，记载了许多家庭遭受冢讼的故事，这些家庭已经过世的亲人在阴间提出或受到指控。不能确定成书年代的《赤松子章历》记录了八十一种冢讼的类型。冢讼一旦提出，无论其是否正确，活着的亲人就要开始遭罪，而很多冢讼会导致无后、疾病、所居不安、所做不利等问题。赤松子就把冢讼归结为死者对生人的祸害。所以，为了生人的福祉，就要尽可能地避免冢讼。最好的避免办法，就是给死者安顿好他的冥世的生活：让他有安全的房屋可以居住，有衣食保障，有奴婢可以使唤，有车马可以乘，有钱花。这样，他就不会对生人提出指控，也就不会因此而干扰生人的生活了。显然，买地券就是这些设计中重要的一个环节。

宋翔：您在书中提到，买地券并非现实实用土地买卖契约的"翻版"，人们关于冥世土地所有权的观念，可能早于阳世土地所有权观念？

鲁西奇：这个看法，是受到美国学者韩森（Valerie Hansen）的启发而逐步形成的，而她的想法是通过类比提出的。她首先注意到，古文献中第一次提到冥钞（纸钱）是在6世纪的《冥报记》，它比宋代在11世纪初行用纸币，早了4个多世纪。显然，冥钞的作用（其"观念性功能"）与冥契相近似，而纸币则可与现世实用契约相类比。既然冥钞的使用早于纸币，那么，冥契（买地券）自亦可能先于现世使用的土地买卖契约而出现。正是从这里出发，我开始思考买地券与现实实用土地买卖契约之间的关系，逐步形成了人们关于冥世土地所有权观念，可能早于阳世土地所有权观念的认识。

亡人在地下要有栖身之所，这种观念很容易理解；值得注意的是，亡人要取得地下土地的所有权，须向地下神祇（冥府）购买，而在现世生活中，平民百姓是不可能向官府（朝廷）"购买"土地的。阳世的土地所有权观念来源于冥世土地所有权观念吗？还是冥世的土地所有权观念是对在阳世未能如愿的土地所有权诉求的一种反映？显然，这里关涉到中国古代土地所有权观念的形成、演变与其实质，值得我们进一步思考。我大致的想法，是倾向于认为土地所有权的观念，是先于土地所有权的现实而存在的，也就是说，是先有所有权观念，之后在现实中才形成真正的所有权的；而土地所有权的观念，并非现实土地所有权的反映，它并非来源于现实中人们对土地所有权的拥有，而主要来自现世的人们对于冥世土地所有权的一种构想。当然，这个认识还需要进行充分细致的论证，目前只能视为一种想法而已。

（本文系拙作《中国古代买地券研究》[厦门：厦门大学出版社，2014 年] 出版后，受《澎湃新闻》之约，与宋翔副教授进行的一次访谈。发表于《澎湃新闻·私家历史》2014 年 11 月 27 日，https：//www.thepaper.cn/newsDetail_forward_1281238，发表时有删节）

我为什么更加关注土地、村庄和天空

澎湃新闻：当初是什么原因促使您关注并投入乡里制度的研究？

鲁西奇：我一直想写一部中国乡村史，是三十年来的梦想。这不仅因为（1）我出生在农村；（2）中国是个农业国，农民占大多数（虽然我不知道今天的中国，谁是农民），而他们在历史上没有或较少有声音；（3）马克·布洛赫的《法国农村史》以及勒华拉杜里《蒙塔尤》等的影响；（4）农民（这是个假定的范畴）相对纯朴，从他们身上，可以更好地观察人性的善与恶，及其局限（这是个价值判断），还因为我不会做别的事情——学了历史，却不喜欢政治史，不认同经济基础决定上层建筑，不相信"知识分子"的"哲学家王"之梦。余下的，似乎就只有土地、村庄和天空了。

我设想中的中国乡村史研究，包括三个部分：（1）历史村落地理，或者称作乡村聚落历史地理、历史乡村居住地理，就是想弄清楚乡村聚落的区位、形态与空间结构，乡村住宅的形式及其空间布局。（2）乡村制度史，它包括两个部分，一是王朝国家的控制制度，即乡里制度，主要是王朝国家从外部加之于乡村之上的控制、管理制度；二是乡村自治制度，即乡村内生的各种自组织机制。（3）乡村社会史，即乡村民众如何交往、怎样形成自己的社会关联与社会关系网络，以及如何处理其内部矛盾、冲突的历史。这三个部分当然不能涵盖乡村史的全部，但它抓住乡村民众的居住、控制与社会关系三个方面，是我认识到的乡村生活的三个关键因素。

因为学历史地理的缘故，我关于乡村史的研究与思考，是先从乡村聚落入手的。关于江汉平原、长江中游地区以及南北方地区散村、集村的几篇文章，就是围绕历史时期乡村聚落的形态与空间结构展开的。最近正在写一篇长文章，《一明二暗：中国古代乡村住宅的基本形式及其演变》则是讨论农家住屋的。这些都可以归入历史村落地理的研究。乡里制度史，则属于乡村制度史的第一部分。关于乡村民众的身份、交往及其社会关联，这些年也在思考。最近有一篇文章：《秦统治下人民的身份与社会结构》，就是初步的成果之一。

所以，这本书，不是兴趣的结果，而是我的"志向"，是我刻意要做的，是一个宏大的研究计划的组成部分，虽然我未必能够完成这个计划。

澎湃新闻：这项研究持续了很多年，在哪些地方遇到过瓶颈，后来是怎么解决的？

鲁西奇：我从没有打算把乡村史作为一个项目对待，所以从没有以它为主题申请过课题。这项研究，就是断断续续地做着，有机会就写一篇文章，没有机会，就放着。

关于乡里制度的第一篇文章，《宋代蕲州的乡里区划与组织》，写于2004年。那年春天，我们在鄂东黄冈地区考察，看到了一些宋代的买地券和墓志。夏天，李孝聪老师让我去参加一个活动，我就报告了这次考察所得。邓小南老师听了，让我写成文章，后来登在《唐研究》第11卷上。在整理买地券时，我也很注意其中所见的乡里制度，作了一些考证。我在汉水流域跑的最多，特别是在潜江、汉川等地看到了一些明清时期的族谱、实征册之类，以此为基础，写成了《明清时期江汉平原里甲制度的实行及其变革》，后来登在《史语所集刊》上。《辽金时期北方地区乡里制度及其演变》的写作，则可以追溯到20世纪80年代跟从李涵老师念研究生时所写的札记，却直到2019年夏天才最终成文。所以，虽然在总体上这是一个有计划的研究，但落实到每篇论文的写作，却又缘于各种机缘，总的过程看起来松散而漫长。

关于春秋战国时期秦、楚、齐三国乡里制度及秦式乡里制度在六国故地的推行，对于我来说，有些难。我受过一点古文字学的训练，但远不够做研究用。我的师兄们都是楚地出土文献（简牍与金文）研究的大行家，我用包山简、里耶简、岳麓简以及齐陶文做研究，其实很没有底，总担心人家笑话。所以，一直到三校样，相关部分我都还在改。总希望自己再多下点功夫，尽可能避免低级错误。我不能确定自己做到了多少。

澎湃新闻：中国历史上的乡里制度是否存在显著的地域差异（南北、东西）？

鲁西奇：当然。区域差异或区域多样性，是我一直强调的重要方面，在我所有的研究中都很突出。乡里制度是最能够表现出差异性的制度之一，理所当然的，乡里制度的区域（地域）差异是本书最重要的特色之一。

统一的制度及其在各地区的实行，向来被认为是中国历代王朝实现并维护其统一的基础。一般认为：历代王朝在建立之初，即通过大规模的制度建设与不断调整，确立了王朝国家的基本架构与制度框架，设计并建立起"统一的制度"，并将之逐步推行到全国各个地区，从而实现了对各地区的有效控制以及王朝国家在政治经济与社会文化各方面的统一。可是，这样的认识，实际上将复杂的历史过程简单化了。

首先，"统一的制度"的形成是一种漫长而复杂的过程，并非王朝的创立者与其核心权力集团"设计"或"创立"出来的。历代王朝（包括秦朝）都是在其前的政权基础上建立的，因此，新王朝建立后，不仅直接继承了其所取代的政权原有的制度，而且程度不同地接受了其所吞并的各地区性政权所制定的制度。所以，新王朝所建立的制度，就必然是在其所取代和合并的诸种政权制度的基础上，不断调整、整合，逐步形成的。在这一过程中，既有不同政治理念的融会与整合、实践方案的设计与调整，更有不同制度所代表的诸种政治经济与社会势力的角逐与平衡，甚至还有许多人事因素的考虑，需要不断调整以取得平衡、逐步调适以实现其可行性，乃是一个充满着权谋、斗争与协商的漫长过程。

其次，将"统一的制度"推行到各地区，更是一个非常复杂而漫长的过程。制度的建立与实行，乃是为了实现国家对各地区的有效统治。中国幅员广阔，各地区社会经济发展的水平及其基本形态均有很多差异，其政治文化背景亦各不相同。要将"统一的制度"推行到政治经济与社会文化背景有着巨大差异的各地区，势必遭遇程度不同的阻力和困难，也就需要采取相应的策略，甚至对制度本身做出"因地制宜"的调整。所以，推行"统一的制度"，绝非一纸诏书即可完成。统一的王朝制度在每一个地区的实行，都必然经历着复杂的、甚至是血腥的斗争过程，是王朝国家与诸种地方势力不断斗争、互相妥协的结果。而在这一过程中，就会不断滋生出"地方性的"的制度安排，从而破坏"制度的统一性"。因此，"统一的制度"在各地区实行的"效果"并不"统一"，而是程度不同地表现出"地方差异性"。

当然，制度本身是分层次的，不同层次的制度在形成与实行过程中所表现出来的"统一性"与"地方差异性"亦各不相同。一般说来，关涉国家形态与政治结构的上层制度安排统一性较强，而主要针对基层社会控制的制度安排则会较多地考虑各地区的社会经济背景及其文化传统，因而较多地反映了地方的差异性。乡里制度属于后者，乃是王朝国家掌握户口、征发赋役、控制乡村民众与地方社会的基本制度。王朝国家既需要设计并建立起一整套统一的乡里制度体系，又需要尽可能考虑各地区不同的制度背景与社会经济乃至文化环境，并在实行的过程中"因地制宜"，以切实建立起乡里控制体系。因此，乡里制度的形成与实行，较为突显地反映出在制度形成与实行的过程中，存在着统一性与地方差异性两种倾向。

中国古代乡里制度及其实行的差异性，主要表现在四个方面：一是乡里制度在制定、形成过程中，所表现出来的地域差异性。二是乡里制度本身蕴含的地域差异性。三是乡里制度在实行过程中表现出来的地域差异性。四是乡里制度在演变过程中也表现出地域差异。关于这些差异在不同时期不同地区的表现，我在书里做了较为细致的分析。对区域差异性的强调和探究，是我关于制度研究的重要特点之一。

澎湃新闻：您最初是历史地理研究出身，从乡里制度的研究出发，是否可以提炼出一些历史政治地理、历史文化地理方面的看法？

鲁西奇：其实，关于乡里制度的研究，离历史地理研究已经有些远了。历史村落地理还是历史地理研究的组成部分。虽然在研究过程中，空间的观念与思想方法，已经渗透到每一个部分，比如上面谈到的乡里制度的区域差异，事实上就是在空间观念与方法下提出来的，但在做乡里制度研究时，我没有思考历史政治地理与历史文化地理的研究路径。您提了这个问题，我才想了很久。关于历史文化地理，实在没有思考；关于历史政治地理，有一点，或者值得说说，那就是乡村层面的政治史与政治地理。王朝国家的权力通过乡里制度和户籍制度，渗透到乡村的每一个角落，这首先是一个政治史论题，其次才是一个社会史论题。它是怎样实现的？有两种讨论思路：一是看国家通过或依靠哪些人，做到这一点，这基本上是社会的政治学，即从人与社会的角度，看权力的下传、展开与运作；二是看国家在怎样的空间内，施展、运行其权力，这基本上是空间的政治学，即从空间的制造、形成及其意义的角度，看权力的展开。具体地说，或者可以抓住乡村政治空间的塑造、标志及其使用这样的线索展开研究。以人、空间为中心，看权力通过怎样的人，在怎样的空间范围内展开、运行，这是我可能会做的乡村政治史或乡村政治地理。当然，我可能把庙堂上高大上的"政治"理解得太过"平凡"了。

澎湃新闻：制度史研究在中国现代史学研究上颇有传统，近些年北大邓小南教授等还提倡"活的制度史"，您在这方面有哪些心得？

鲁西奇：这本书实际上是 2018 年秋季学期在北大文研院访问期间基本定稿的。那年秋季学期访问学者的内部报告，我是头一个，介绍的就是我关于乡里制度史研究的基本理路与方法。记得我开头就说，历史学领域关于乡里制度的研究，侧重于制度本身的规定，而对于其在各地区的实行，则一般不做深究。我的研究，就是要把重心放在乡里制度在各地区的实行及其所表现出来的区域差异上来。这种思路，虽然也有我自身的学术路径，但表述清晰且能够坚持下来，则得益于邓老师的启发。邓老师的大部分论著与谈话，我都认真读过。在研究过程中，我根据自己的理解，努力将"活的制度史"的理念落实到乡里制度史的研究上来，特别关注三个方面：

一是乡里制度的设计。作为王朝国家统治制度的组成部分，乡里制度的思想或理论基础乃是王朝国家的统治理念。如上所述，设计并制定乡里制度的基础乃是王朝国家对土地等生计资源的占有或控制，以及对于乡村民户的人身控制，其目标则是征发赋役和维护统治秩序。历代王朝的乡里制度都是在这一总体原则和目标上设计并制定出来的。不同王朝、不同时段及其在不同地区实行的乡里制度，都是由具体的人或群体提出、设计出来的，而他们既有自身的政治理念，对于其所处的政治经济与社会文化环境又有其特定的认识，其所设计制定的乡里制度亦有其预设的实行区域，而这些政治理念、认识与对实行区域的预设，又必然会影响乃至决定着乡里制度的具体内涵。因此，与各种统治制度一样，乡里制度乃是一种"有思想（理论）的制度"，是统治理念、现实认知以及理想预设在制度层面上的体现。所以，在研究过程中，我特别着意于对于此种"制度背后的思想（或理论、认知）"的探究与揭示。

二是乡里制度的实行。站在王朝国家的立场上，自然希望能将一种统一的乡里制度推行到全国，在全国建立起一个整齐划一的乡里控制体系，从而实现对乡村社会最大程度的控制。但事实上，由于其所要推行的乡里制度，一般是以某一特定区域的社会经济情况为基础的（大部分王朝的乡里制度主要是立足于北方地区乡村的经济与社会文化情况的），往往并未能充分考虑到幅员辽阔的中国各地区乡村在经济社会乃至历史文化方面的巨大差异，所以，在将这种制度推行到全国各地区的过程中，往往会主动、被动地进行诸多调整，以使其适应不同地区具体的政治经济与社会文化环境，即"因地制宜"。也就是说，王朝国家乡村控制的总体目标，要求它在推行实施乡里制度时，自觉地调整其刚性的规定，加以变通。这种变通主要表现在两个方面：一是根据不同地区乡村经济社会的实际情况，补充原先制度设计中未能予以充分考虑的部分内容；二是在尽可能保证目标实现的前提下，对制度规定的部分形式加以变通，甚至忽略。乡里制度的目标主要是保障治安与征发赋役，这也是王朝国家赋予乡里控制体系的主要功能。在保证这两方面主要功能的前提下，王朝国家特别是地方官府往往默认甚至提倡根据地方实际情形，调整乡里制度的具体形式。这样，乡里制度就表现出多种多样的地方差异性。

三是乡里制度及其实行的社会意义。乡里制度的实行，对于不同的乡村民户，可能有着完全不同的意义：部分乡村豪强或上等户充任乡里正长等不同名目的"乡官"，或控制乡村"职役"的差充轮当，或以不同方式干预、控制乡里治安、赋役征发等事务，从而得以利用王朝国家的乡里控制体系，扩展自身的经济与政治势力，提升其社会威望和文化影响力，进而主导诸种形式的乡村社会组织，确立、维护、提升其在乡村社会中的地位；大部分普通民户（"良民"）接受或支持现存统治体系，作为编户齐民，安分守己，纳赋应役，乃是乡里制度控制的主要对象；另一部分民户则游离在乡里控制体系的边缘，或逃亡脱籍，或漏税拒役，或聚众抗争，成为官府眼中的"莠民"乃至"匪"。乡里制度的实行，在很大程度上"规范"或"强化"了乡村社会的阶层结构：乡村民户与王朝国家体制间的亲疏程度，影响乃至决定着其经济社会地位，及其在政治与文化体系中的地位——主动接受并支持王朝国家的乡里制度，并在其中发挥主导作用的人户，得以分享尽可能多的土地等经济资源，控制赋役征发过程并尽可能在其中获取利益，占据较好的政治地位，从而拥有更多的晋升机会与发展空间；忽视乃至抗拒王朝国家的乡里制度，自居于乡里控制体系的边缘，则意味着受到王朝国家主导的政治经济与社会文化体制的"排斥"与"压制"，从而失去在体制内发展的可能，甚至成为现行统治制度镇压的对象。在这个意义上，乡里制度不仅赋予、确定乡村民户的"身份"，还大致确定其经济社会与政治文化地位，从而在很大程度上"形塑"乡村社会的阶层，并影响乃至决定着乡村民众的"社会流动"。

乡里制度是由有"思想"（或"想法"）与"立场"的人或群体设计、制定的，被推行到不同地区时需要"因地制宜"，做出适当的调整，实行之后将会"形塑"乡村社会的阶层、影响乡村民众的"流动"，这三个方面，在我看来，都是"活的"。由于乡里制度在制定之初，就预留了调整与变动的空间，所以，制度规定本身，也是"活的"。这样，制度背后的思想（或想法、立场），预留变动空间的制度规定，制度实行过程中的"因地制宜"，以及制度实行的不同社会后果，就构成了我所理解并试图描述的"活的乡里制度史"的四要素。

澎湃新闻：专题通史研究对于您而言已经不是第一次了，比如《中国古代买地券研究》及前年修订再版的《区域历史地理研究：对象与方法》都是视野宏阔而又脚踏实地（田野和文献方面都是如此），而这可以说是您治学上的一大特色。可否谈谈您在这一史学实践上的感想？

鲁西奇：是的。长时段、专门领域的研究，是我的重要特点之一。这与我的学习历程和学术背景有关。我先后师从彭雨新、李涵、石泉先生学习清代经济史、辽金宋元史与六朝史地，又受武大中古史学术传统及吕思勉先生的学问的影响较大，在不同时期专注于不同时段的历史学习与研究，自然而然地，涉及的时段就比较多，自己也有意识地努力将不同时段的历史问题联贯起来，加以考察。三十多年下来，就形成了这样的特点。

有时候，我心里不太有底，恐怕自己关于某一历史时段某一个专门问题的研究在从事断代史研究的学者看来非常肤浅，不专业。所以，我并不看重在专门领域里显示通贯式考察的长处，更看重在断代史领域里就某一专门问题所做研究的精深程度。换言之，其实我更看重断代史领域对我的专门研究的认同度。我努力与断代史研究对话，希望自己就某一问题在某一断代情况的探讨，与从事同一断代的学者的研究处于同一水平上。我也希望学界同仁这样要求我，而不是因为我做的时段较长而放宽标准。

在具体的研究方法上，当年接受老师的指点，我学的是严耕望先生的路子：一点点地积累材料，加以比勘、辨析，慢慢地写出来。这是以材料为导向的研究路径，其实是很笨的法子。汉水流域历史地理、买地券、乡里制度，都是这样做出来的。所不同的是，对材料的辨析能力有所加强。这本书所用的材料，其实大都常见，我自己比较肯定的是对材料的辨析、认识，比我之前的研究向前走了一点。这中间，除了学力的积累、提升外，通贯性的考察方式给我对某一时段下难以通解的材料提供了不同时段的视角，而不是守在一个特定的时段时，设法"强解"。这是这些年来，我自己感觉到的一个最大的好处。

（本文是拙作《中国古代乡里制度研究》[北京：北京大学出版社，2021 年] 出版后，应《澎湃新闻》之约，与饶佳荣先生进行的一次访谈。发表于《澎湃新闻·私家历史》2021 年 7 月 5 日，https://www.thepaper.cn/newsDetail_forward_13198865）

在秦代，做一个普通人是什么体验？

《南风窗》：一个通行的说法是，秦完成了大一统，此后中国社会迈入统一帝制的时代，这个"统一"究竟意味着什么，尤其是对于一个普通的老百姓来说意味着什么？他的生活将发生哪些改变？

鲁西奇：历史进程中的个体，除非是伟大人物，大概很难认识并把握历史发展的方向。"秦统一中国"这一认识与表述，是在"统一"完成之后，在回溯历史的过程中才逐步形成的。您所提到的"秦完成了统一，此后中国社会从封建时代迈入统一帝制时代"，更主要是一种现代表述。生活在秦统一过程中的大部分人，特别是普通百姓，大约不会知道自己正生活在一个将开辟统一帝制时代的伟大进程中。我不能完全确定，但基本倾向于认为，生活在公元前3世纪的大部分人，无论是秦人，还是韩、赵、魏、楚、齐、燕之人，大抵都不知道当时正处于统一的历史进程之中。

"统一对于一个普通的老百姓来说意味着什么？"这个问题可真不好回答，因为说得不好会被认为在否定统一。我可以正面地说：意味着他有了更为广阔的天地，有了更多的晋升机会，甚至在征战的过程中，因为更多地意识到孤独，从而产生了某种意义上的"自我意识"或"自觉"。可以讲很多，也不难"找"出一些"证据"来。可是，事实上，"统一"是通过长期、残酷的战争方式完成的。对于普通百姓来说，真正有意义的不是统一后的光明前景，而是"统一战争"进程上的残酷现实。对于大多数的普通百姓来说，这意味着什么？固然意味着立功（主要是杀敌）受赏，但更多的也意味着死亡。身死沙场，家破人亡，可能是很多普通百姓不得不面对的命运。意味着乱离，意味着贫穷艰窘。在书里，我用白话讲述了写在木牍上的那两封信，也在不同的场合一直提到儿与多母子二人的逃亡故事。我也曾经用繁复的语言，描述秦时力役特别是运输之役的繁重。秦始皇二十八年琅邪刻石中，表述朝廷的愿望，说是希望"黔首安宁，不用兵革。六亲相保，终无寇贼"。换句话说，在统一战争进行的过程中，既常用兵革，黔首遂不得安宁；因为到处都有"寇贼"，六亲常不能相保。这是始皇帝自己承认的。那么，对于普通百姓来说，生活在那个时代，常不安宁，六亲总不能相保，应当是真实的情况。引用一句今人的话来说，就是："时代的一粒灰，落在个人头上，就是一座山。"

他的生活将发生哪些改变？我想，是那粒灰变成的山，越来越大，越来越重，到了后来，陈胜、吴广不得不喊出："今亡亦死，举大计亦死，等死，死国可乎？"天下纷扰，拼了个鱼死网破。

《南风窗》：在秦，做平民，做小吏，做官员，有什么关键的不同吗？喜在秦始皇时代是个普通的小吏，并非平民，在秦代做一个小吏是怎样的？他的身上发生过哪些故事？他怎样从一个有血有肉的自然人，嵌入帝国的统治体系之中？

鲁西奇："不同"，永远是相对的，但身份的不同，对于任何人来说，都是关键性的。在一个身份制的社会里，身份是与权力、财富甚至知识联系在一起的，它在很大程度上决定着相对地位的高下、社会流动的方向、文化形象上的差别，影响或制约着其子孙后代的发展。徒隶固然与黔首有着根本性差别，黔首与吏卒间的不同也是关键性的，虽然我说他们之间可以转换身份。这种关键性的不同，根源于他们各自在秦的控制体系中所扮演的角色，也就是其不同地位和不同作用。

我不能确定，但在书里，我暗示喜可能是"吏二代"——我以为他的父亲很可能就是"吏"，所以，他很小就学做吏，到了年龄，就做了吏。他工作应当很认真勤恳，但似乎也并没有怎么努力"向上攀登"，所以，"吏途"并没有怎样远大。其实我一直在想，喜是一个怎样的吏。我想他是一个普通的吏，在机关里常见的那种吧。或者，他喜欢琢磨一点律令条文，和同僚较较真，也或者只是喜欢写字，在公事之余，抄了些律令。我不确定，但我相信，喜很普通。他可能有一个做吏的父亲，长大了，就自然而然地做了吏。换句话说，他本来就生在秦国的体制之内，并不是挤进来的。那个"自然人"，是我"预制"出来的。天下哪有什么"自然人"，都是生下来就有了"身份"的。

其实，喜身上没有什么故事。我是个无趣的人，讲故事（叙事）从来不是我的长处。所以，我成了"标题党"，让很多读者失望了。

《南风窗》：您在书中说，在国家结构上，吏卒虽然是统治阶层进行社会控制和管理的力量，但吏卒不是统治阶级，也不构成稳定的社会等级，而且吏卒与作为平民的黔首的身份实际上不断变动，从您掌握的材料来看，吏卒怎么认识和理解他们自己的角色？他们与普通平民是种怎样的关系？

鲁西奇：这可是一个难题。"吏卒怎么认识和理解他们自己的角色？他们与普通平民是一种怎样的关系？"我理解这个问题的背后，是想问：秦时的人对自己的身份有怎样的认知与界定？对相互间的差异有明确的认识吗？

其实我没有能力回答这个问题。不是没有材料。今天所可见到的大部分秦简牍，都出自吏卒之手。可是，要透过这些材料，窥知吏卒自身的意志、认知乃至"思想"，却非常难，因为这些材料绝大部分是在体制中形成的，那个体制已经最大程度地限制了个人意愿与认知的表达。一些试图穿透这些材料，去探知书写人个体意愿的努力，都必然带有很大的主观性。我曾经想试试，但最后还是放弃了。我不知道别的学者能否做到，做得怎样，但我没有能力做到。

相当部分的吏和几乎全部的卒来自平民。在这个意义上，吏卒与平民（黔首）之间是流动的。吏卒不是一个具有"内聚性"和"一致性"的阶层或集团，只是国家从外部给予的一种身份。依靠这种身份，吏卒得以行使国家授予的某些权力；去除这种身份，他们依然是黔首。

《南风窗》：怎么理解您所说的"虽然秦朝是一个短命王朝，但就秦制而言，二世三世至于万世的梦想是实现了的，做到这个的核心点，一个是身份制，一个是层级制的官僚制"？身份制和官僚制如何配合？

鲁西奇：这句话是我和罗新老师聊天时的口语表达，书里没有的，也不是很周延。我有两层意思：一层是说秦制的核心，是身份制与官僚制；二是说身份制与官僚制，都得到后世王朝国家的继承与发展。这两种制度，基本上都是在商鞅变法时基本确立的，虽然表现方式不同，但确然是秦制的精髓。身份制（对于普通百姓来说，具体表现为户籍制度）与层级的官僚制，也确实是中国古代王朝国家统治制度的两个基石，虽然历有变化。正是在这个意义上，我说秦制实际上得到历代王朝的遵循沿用是传下来了的。

应当说，在中国古代，身份制与官僚制是互为前提的：官僚当然是一种身份，在这个意义上，层级的官僚制是身份制度的构成部分；而身份制又是建立在官僚制基础之上的，没有层级制的官僚体系，层级的身份制也无法维持。所以，我想，二者是一种相互配合的关系。当然，二者之间的配合关系，亦即二者怎样配合，实际上在不同时期有不同的表现方式。这一方面，我现在还没有能力想明白，更说不清楚。

《南风窗》：春秋战国之后，中国社会开始由贵族社会向平民社会转型，这段时间社会政治结构的转变，一个重要的体现就在于户籍。根据学者杜正胜在《编户齐民》里的推测，在中国，名籍早就存在，但是户籍不会早于春秋中叶，它是如何运作的？又为什么会在这一时期出现？

鲁西奇：这是前一个问题的延伸。下一个问题，又是进一步的延伸。所以，我理解，您的第四、五、六三个问题，实际上是一个问题。我知道，这是大家关注的所谓秦制问题。

　　杜先生的《编户齐民》以及池田温先生的《中国古代籍帐研究》是我思考户籍制、乡里制的出发点。您提的问题，是从杜先生书里来的，实际上，杜先生已经做出了很好的回答，具体的考证，则以池田温先生更为翔实。我没有能力超过他们。

　　当然，出发点会有所不同。您可能注意到，我从未使用"贵族社会"与"平民社会"的说法。我理解它们都是以身份构成的社会，都是身份制社会，前者主要通过血缘确定身份，后者主要靠国家给予身份。在书里，我曾经讨论人们获取或界定身份的四种方式。正因为我认为从上古以迄于近代，中国古代社会都是身份制社会，差别仅在于确立身份的方式有所不同而已，所以，我更强调中国古代社会的一致性与延续性，并不着意区分周制、秦制、汉制乃至唐制、宋制、明制的类型差别。我知道，这个时候，我在很大程度上失去了一个历史学者的立场，无视或忽略历史的演变。这是我在思想方法上的局限与重要缺失，但同时，也是我试图走出历史学圈子的一种努力方向。

　　《南风窗》：这套秦制如何形塑、影响了中国人的生存方式和精神心理？

　　鲁西奇：这是一个我回答不了的问题。我只能就我认识到的，谈一个很小的方面。

　　在一个由王朝国家赋予身份的身份制社会，一个人或一个家庭，在身份体系中的位置越高，与王朝国家体制间的距离越近，就越有机会获得更多的资源、财富与晋升的机会或可能。所以，身份制的实行，在很大程度上"形塑"并"规范""强化"了中国古代社会的阶层结构：一个人，一个家庭的身份，也就标识着其与王朝国家体制间的亲疏程度，影响乃至决定着其经济社会地位，以及其在政治与文化体系中的地位。

身份制还影响乃至决定着中国古代的"社会流动"。它建构了一种"成功学"，向上攀登意味着成功，在身份制体系中层级越高，就越成功；同时，它也限定了成功的途径——只有在层级制的阶梯上向上攀登，才有可能成功。层级的官僚制强化了这种成功学，并将"唯上是从"提升为官僚制运行的基本原则。它还把一些人限定在社会的底层或边缘，剥夺其向上流动的可能。

《南风窗》：我对您书中的一处印象深刻：社会伦理要求父慈，但实际上对于不慈的父亲，法律没有制约机制，甚至父母擅杀子女，官府也不会受理，而且法律还禁止或不接受子女控告父母，以此看来，那种父慈子孝的道德约束是很有限的。这种制度实践和道德要求之间的矛盾，还有哪些？它是秦时的特点，还是贯穿了中国传统社会？

鲁西奇：我对中国古代的法律与伦理都没有研究，只是在写作过程中看见这个现象，就把它描述出来。实际上，我和你同样困惑。所以，我回答不了您的这个问题。

《南风窗》：曾有人对春秋战国时期各国之间人口流动的走向做过统计，结果发现，人们用脚投票，流入秦的人口又是相对最少的，但是秦制还是在竞争中胜出了，并且一直延续下来，您觉得原因何在？

鲁西奇：去年，我写了一篇文章，《民意：中国古代的民众意志》，试图去讨论王朝国家所统治的普通民众的意愿与志向，登在《广西师大学报》今年第2期上。我首先提了一个问题：自古以来，都说"得民者昌，失民者亡""得民心者得天下"，是真的吗？"民心"究竟具有怎样的内涵，是一种什么样的"心"？我的结论大意是：民意主要表现为民之所"欲"与民之所"恶"，也就是老百姓想要的和厌恶的。我说民众想要的不外是基本的生存条件、有序而安稳的生活环境、财富以及权势四个主要方面，民众厌恶的、不想要的，主要是贪暴、苛政和不信（失信）三个方面。我说中国古代民意的基本内涵是求生存，追求美好的生活，它本质上是一种求生意志；中国古代民意所展示出来的力量，是一种求生的力量。也许，我低估或"厚诬"了古代民众，你不妨理解为我在说自己。我说，中国古代基本上没有可供普通民众表达其愿望与意志的"平台"或"空间"，民意主要是通过民众的态度及其相应的行为表现出来的。你说的"用脚投票"，也是一种行为了。可是，我继续说，民意表达的方式，主要包括"趋从""畏服"与"敬服""不从"乃至"亡匿""怨恨"及"起为盗贼"等。归根结底，就是"从"或者"不从"。对于官府来说，民若不从，则剿灭之。那么，"民意""民心"其实只有一种"合法"的表现方式了，那就是"从"。当然，"从"有些区别，有趋从（主动地服从，前往听命）、畏从（因为敬畏而服从）和不得不从之别。

我不知道说清楚了没有。秦制之所以胜出，有诸多的讨论，据说原因有很多，因此很多人会支持秦制，并且，百代都行秦政法，当然，是因为秦政法很有效，很有用。我只是想说，在我看来，秦制胜出与否，百代行之与否，与民众的脚和心都不太有关系。

《南风窗》：在讨论秦制时，过去强调比较多的是秦制的残酷和不义、秦制在人与资源管控上面的效率，在这两种视角之外，我们还能够如何认识秦制及其影响？

鲁西奇：秦制的社会意义，是我近年来以及以后一些年中会关注的一个问题。秦制以威权为中心，在秦制之下，是以权力为核心，构造社会及其结构、权力还决定社会的分层、流动。所以，我认为秦制的社会意义，就是权力构造社会。权力与社会的关系，我想可能是认识秦制及其影响的另一个视角。

我举一个例子。家庭，当然在很大程度上是自然生成的，其构造（结构及其形成）也表现出很大的自然特征。可是，自从商鞅变法规定"民有二男以上不分异者，倍其赋"之后，家庭（家户）的规模、分异、结构及其功能，就与历代王朝国家的户籍制度密切联系。简言之，中国古代的"家庭"并非自然生成的社会单元，而是受到王朝国家户籍制度规范、制约下的"家户"。同样，"家族"也绝不是"家庭"自然发展或联合的结果，家族的发展、规模、形态及其功能、作用与意义，均受到王朝国家相关制度的严格规范与控制。在这个意义上，我说在秦政法之下，权力渗透了家庭、家族，大约不太过分吧。

《南风窗》：随着秦完成统一，其他各国的语言、习俗、制度、历史，大部分被淘汰、取代、遗忘了，也有一些进入了秦制，根据现有的史料，我们所能知道的，那些曾经也属于中国文明的，但不属于秦制的有什么？

鲁西奇：我大致知道您想说什么，可是，我回答不了。差不多二十多年来，我一直在嚷嚷中国文化的区域多样性。在《喜》的序言里，我也暗示了齐制的存在。我看见一位先生在微博上开玩笑说：做了齐人，最终还不是被秦灭了吗？秦制的核心是权力，高度集中、无所不在、无所不能的权力，而权力的产生、发展与集中，在很大程度上被认为是文明形成并发展的核心线索与表现，那么"曾经也属于中国文明，但不属于秦制的"，就只有权力没有兴趣"管"的那些领域了。这样的领域，我没有能力列举出来，所以，真的回答不了这个问题。

（本文是拙作《喜：一个秦吏和他的世界》[北京：北京日报出版社，2022年]出版后，与《南风窗》主笔董可馨女史进行的一次访谈。原刊于《南风窗》2022年第16期。本书所录，是我当初回答董女史提问的底稿）

历史叙述的多样性及其意义

俄罗斯诗人阿赫玛托娃（Áнна Ахмáтова）在她的名作《安魂曲》的代序中，讲到她的儿子被契卡逮捕后，她几乎每天都到监狱门外排队，等候申诉的机会。有一天，一个妇人认出了她。妇人颤抖着发青的嘴唇，轻声细语地问阿赫玛托娃：

"你能描写这个吗？"

她回答："是的，我能。"

在那一刻，那位与她同样在遭受苦难的母亲或妻子，脸上滑过一抹微笑。

我读过不少反映斯大林时代的书，文学与历史，从讴歌的，到反思的，再到批判的、鞭挞的。留下深刻印象的，是索尔仁尼琴（Aleksandr Isayevich Solzhenitsyn）的《古拉格群岛》，阿赫玛托娃的《安魂曲》和帕斯捷尔纳克（БорисЛеонидовичПастернак）的《日瓦戈医生》，我还喜欢茨维塔耶娃（ЦветаеваМаринаИвановна）的诗。这些作品，曾陪伴着我从二十岁，走到四十岁，从迷恋静静的顿河和阿尔巴特大街，走到对远北的集中营深怀恐惧和痛恨，并迫使我反思人民所饱受的苦难及其根源。

作为一个历史学者，我没有读到一本在我看来能够真正揭示那个黑暗时代的历史著作。我时常想，如果有人问我：

"你能描写你所生活的这个世界吗？"

或者：

"你能描写你正在研究的那个世界吗？"

我不知道有没有历史学者能够描写我们生存的这个时代，或者描写其所研究的那个时代，揭示这个或那个时代在人类历史上最为独特的现象、情感、思想以及其他；但我知道：我不能，无论是"这个"，还是"那个"。

在我确信自己"不能"之后，我注意到同学们正在努力做出肯定的回答。我曾经有机会倾听同学们的报告，并在后来阅读他们完成的作品。我还记得四位同学专注的神情、认真的态度和虽然稚嫩但不乏坚定的声音。在这些作品里，镗仪在倾听北宋开封城的声音，汴渠码头的号子，瓦肆里的喧嚣，以及大相国寺的钟声。越过时空，她听到了那些声音，并由此去想象、感受那个城市的生命力。武霖讲述了一位北宋末年赴考士子的故事：他留连在运河上，朝发暮宿，看舟子暮归，商旅劳顿，在咿呀的桨橹声里，还做了好几个"大宋梦"。他的愁思和命运在运河水面及岸边回荡着。正谊同学用文学的笔法，描述了清代北京城里那位等待自杀的小姐和她的丫鬟，让我想起张恨水和林语堂的小说。俪侨同学用绘画的方式，展现了民国时代上海石库门的万花筒，给人如临其境之感。所有这一切，都在做一种努力：去认识并描述某一个时代，那个时代的人、生活、情感与思想。

几乎每一位传统的历史学者都会去追问：你所描述的，

是历史的真相吗？或者说，你究竟在多大程度上尽可能地接近了历史的真实？你所讲述的这些故事，究竟有怎样的意义？

大约没有人可以回答这个问题，包括这样提问的学者。阿赫玛托娃、索尔仁尼琴、帕斯捷尔纳克笔下的苏联更为真实，还是苏联和俄罗斯的历史学家笔下的苏联更为真实？或者西方学者笔下的苏联更为客观真实？也许，它们同样不真实，或者说，几乎可以肯定，它们同样不真实；但也许，它们同样真实，都是历史的真相。关键在于，你需要怎样的历史叙述，你想知道怎样的历史真相，以及你所讲述的历史及其"真相"是要表达怎样的要求，或者说有怎样的目的。在这个意义上，"历史"与"历史学"都是"复数"。

我们曾试图从总体上描述一个时代及其世界的整体，并揭示其结构、特征，指出其变化的方向与原因。在如此宏大的历史叙述与伟大目标面前，我们可以深切地感受到自己的渺小和无能为力。这样做，曾经是有意义的，非常有意义，它给我们一种认识并把握世界的过去、现在和未来的方法，让我们确知自己的存在和位置。但在今天，这样做，过程与结果，都让我们更多地体验到恓惶和疑惧：我真的需要认识这个世界吗？这果然就是我所生存的这个世界吗？以及我确然在这个世界的某一个特定的角落吗？

或者，我们不妨放弃这个要求，至少是暂时放下要认识并把握世界的冲动，想想：你其实从来就不需要整个世界，而只是要这个世界的一个角落。广厦万间，夜眠七尺；弱水三千，仅得瓢饮。那个广大充盈、漫无边际而又丰富多彩的时空，或者，只有一瞬间里的一个特定空间，可以与你的心灵相通，越过时间与空间的阻隔，借助诸种"劫后之烬余"，你可以进入那个时空范畴，在那里待一会儿，看看那个环境、那里的人，掺和一下那里正在发生的事，倾听那里的声音，像那里那时的人一样快乐或不快乐，爱或被爱。当然，你会回来，回到当下的时空中来。在你生活的这个世界里，南美洲蝴蝶翅膀的振动虽然会影响你的生活，但在你的生活中蝴蝶翅膀振动的冲击波或者是可以忽略的。你不能忽略的是埔里小镇、暨大的课堂，当然以后还有更多你不得不面对的人和事。这才是你的世界。

宏大的历史叙述及其阐释，也许是久远以前的很多代历史学者的梦，你可以做，也可以不做这样的梦，而做别样的梦。也许，以"人"为中心的历史叙述及其阐释，是你可以做的也应当做的一个梦。理由很简单：你是一个人。你可以不做学者，不做生意人，不成功，碌碌无为，但你不可能不做一个人，哪怕是一个失败的人。在这个世界上，没有什么比人更重要。对于你的世界来说，没有什么比你更重要，没有你，你的世界就不存在了。同样，没有人，这个世界也就没有存在的意义了。而人之所以存在，是因为人有历史。因此，最有意义的历史叙述与解释，是当下的"人"所做的关于历史上的"人"的叙述和解释。四位同学的作品，正可以归入这一类。

应当感谢吴雅婷、林兰芳两位老师，我知道这些作品里饱含着她们的心血。一年来，我在不同的场合介绍两位老师的设想、付出和这次"Hi-Story：历史与叙事的可能性"工作坊的成绩。我很希望自己能向她们学习，和同学们一起去尝试不同的历史叙述、阐释，建构对我们的生存和这个世界有意义的历史观念。我相信，这将会是一些美好梦想的开端。

2015年5月20日，在暨南国际大学历史学系"Hi-Story：
历史与叙事的可能性"工作坊上的发言整理
2016 年 5 月 15 日改定于耶鲁大学

（原刊［南投］《暨南史学》第二十号［2017 年 4 月］）

仰望蓝天

谢谢默默和阿卓。琥珀书店基本是我的会客室，我老在这儿坐，角落里的那张桌子几乎是我的专座了，所以我一定要过来一下。

其实我应该介绍自己的书的，但是我不想从这里开始。最近中信出版社出版了盐野七生《罗马人的故事》，应该是十五册，不知道在座的有没有朋友读过？我拿的是台湾三民书局的译本，和中信的译本不一样。我正在读的是《恺撒时代》。盐野七生在序言里讲了一个故事，说她在意大利定居的时候，有一个警察来跟她聊天，那个警察看了一些恺撒的故事之后，跟她说：如果我生长在恺撒的时代，我一定想去看看他。

她就问：如果你有机会见到他，你准备跟他谈点什么呢？

那个警察队长回答说：嗯，我想拜托他，让我在他的军团里当一位百夫长。

我读到这里，在那儿坐了老半天。我想，有哪一位中国的皇帝、将军或其他的权贵会让我愿意在他的手下做一个百夫长，把命卖给他？如果我不能做百夫长，或者我愿意给他做一个谋士，为他卖命呢？

我不知道你们有没有答案。这是一个我自己疑问了好半天的问题。我后来自己摇摇头，给出了否定的答案：可能没有一个皇帝，会让我愿意在他的手下，给他卖命，包括秦始皇大帝。

这是我想讲的一个故事。第二个故事也是在这本书里。《恺撒时代》分成上下两册，分为渡过卢比孔河之前和之后。卢比孔河是共和国时代意大利本土与北意行省的分界线。在共和国的时代，就是罗马共和国的疆界了。如果行省的总督，没有经过元老院的许可，越过了卢比孔河，那么就意味着成了国家的敌人，人民的公敌，所以作者用恺撒跨过卢比孔河作为划分他一生事迹的标志。

很久以前我就读过《内战记》里讲的这一段的故事。恺撒决定带领他在高卢组织的兵团，准备渡过卢比孔河。他当时带领的是十三军团，十三军团是新编的。卢比孔河是一条非常小的河流，可以涉水而过。他站在河边，沉默了很久，十三军团的所有将士都站在他的背后，望着统帅的背影沉默。恺撒回过身来，对跟在身边的几个亲近幕僚说：如果我们渡过此河，面临的将是人间地狱；如果我们不渡过此河，我们将在此毁灭。

我想永远不会有人知道恺撒在面对着卢比孔河的时候在想什么，但是这个形象会留在我们心中，非常清晰。这本书的封面，用的是青年时代恺撒的雕像。真的是一个美男子，典型的罗马式的短头发，金黄色，特别直的鼻梁，宽宽的额头。我想很多人比我熟悉他，我们至少看过很多恺撒的电影，或者听过读过有关他的小说。这个形象在我读研究生的时候，读《高卢战记》和《内战记》时，就留下了。

我现在重新读到这一段，我在问：在我们所熟悉的历史人物里，我们能想象一个什么人的背影吗？我也问自己，在我的记忆中，有哪一位历史人物，他们的背影，会如此地深刻而生动？

我想其实我们不是没有，应该说肯定会有，会有很多。我们在读史书的时候，也会看到很多动人的情节，比如项羽、李广这样的将军，应该都是可以给我们很鲜明的形象的。即使如此，我们仍然没有刚才我复述的这个情节带来的震撼。

我的问题就在这里：为什么？为什么中国历史的伟人没有给我们以如此鲜明而深刻的印象？为什么我们不能或较少感受到他们人格的感召力？

可能的答案之一，是中国历史上的帝王、英雄人物展示给我们的，更多是其非人性的一面。也许，他们本身的人格，并没有足以让我们感到激动、有吸引力的地方。不仅如此，我们自己的心可能也在变得越来越粗糙，我们身边也越来越少让我们感到心动的人，让我们能把那个背影放在心里，不管他的地位如何，也不管他的功业如何，或者甚至是他的思想如何。所以我在想，是不是中国历史本身，就有些单调、有些枯燥？

但也许不应当这样想。在中国的历史过程中，并不缺乏这样的人物，也不缺乏这样感动人心的时刻。问题也可能出在我们的史家身上。我们今天偶尔能够感受到的——我们读到司马迁笔下的孔子，读到他对孔子的评述；我们也看到《项羽本纪》，是那样让我们感动。可是，这样的叙述，到了后来越来越少了。前几天我在说，没有人愿意读《清史稿》，即使你读了，也找不到让你觉得感动的东西。可是，你不觉得康熙大帝会有一些激动人心的地方吗？我们在二月河的小说里和电视剧里见到的他们恢宏的气魄、丰富的情感，但是我们在史书里见不到这些东西。因此，我在想，包括我自己在内的历史研究者，在做什么呢？

所以，这些年来，我一直在想两个问题：第一个问题是，我愿意在哪一个时代生存（如果我有选择的余地），并且愿意在那个时代为那个时代的英雄人物奉献自己的聪明智慧甚至生命呢？第二个问题是，作为一个历史学者，我为什么不能揭示出那些人类历史上让我们感受到人的力量，并且让这种力量展现出一种永恒性的东西呢？

这两个问题的实质，在于我试图找到历史上的人性，以及我自己的人性。我去问，那些历史上的那些人究竟在哪里？他们是些什么样子的人？我们在哪里能够找到他们？以及我们怎样看到他们并感受他们，跟他们说话，进而能感受到他们精神情感的力量，直至愿意把自己跟他结合在一起？这些问题，其实是我们今天读书、学历史，最应当关注的问题。

前几天澎湃新闻的饶佳荣和我聊天，他说：你的书用了一个枯草的叶子做封面，用了一个略显悲凉的题目来做书名，散发出一种悲观的气息。

我告诉他：是啊。尽管如此，我还是想看看蓝天。所以，后来我告诉默默，我们就用这个题目："仰望蓝天"，作为今天的话题。当时，佳荣就问我说：那你在蓝天上看到了什么呢？

我说：首先，我看到很多云。纯粹的蓝天没法久看，瞄一眼就回来了；如果有云，我才愿意长时间地去看它。各种各样的白云、乌云，显示出千奇百怪的样子，白云苍狗，瞬息变化。大家明白，我把这些云看作是功业，看作是历史过程中的伟大功绩。他们很重要，也很炫目，是蓝天上最重要的、值得去观察的东西。不然，去看蓝天，怎么看呢？它没有参照。你要看到蓝天，是因为有云才能看到天，而且我们描绘它也是如此。

可是，那些云，其实很远，而且瞬息万变。我们能看到它，却抓不住它，更无法把握它。我们找不到它的理由，除了离它既远、它又变化很快之外，还因为我们往往被那些云所笼罩着。

我说我更愿意去看天上的那些星星。我把那些星星比作人类历史上的思想者。所以在这个讲义里，大家很明晰地看见，我对帝王的功业，都持一种较为忽略的态度。我不是不重视它。很多人批评我不重视国家，我也承认。可是，我想辩解一句：我不是不重视它，是我不知道它，所以我不自觉地把它忽略了。

我在说明我把那些天空中的星星比作思想者的时候，佳荣问我：你在试图强调那些历史过程的虚无，而凸显思想的永恒吗？

我说：如果把虚无改成短暂，把思想者的永恒改成久远，我可能更愿意接受一些。事实上，这也是我一贯的想法。

我们知道一个故事或者传说：隋炀帝的时候，为了向那些诸蕃展示中华的繁富，把都城的树都用红丝绸裹起来。可是，今天，长安、洛阳城的楼阁殿宇在哪里呢？且不说那些裹树的丝绸在哪里了。

而思想却留了下来。我们今天依然知道很多古代的思想，它们积淀起来，成为我们今天去思考所面对的这个世界的素材。这些东西是值得我们重视的。这个世界没有我们照样存在，有价值的是我们存在的过程。如果思想以及思想的过程可能给我们今天的思考提供些素材和方法的话，那么可能更值得我们注意的是那个在思想的过程中所经历的迷惘、探索、痛苦、无奈，以及少许的快乐。

我们今天每一个人经历的人生过程，在历史时期的很多人都跟我们经历的一模一样，只是有的人表达出来了，或者表达出来了某一部分，有的人没有能够表达出来，或者是他虽然表达了，但是我们今天看不到了，我们不知道他了。但是，你仍然可以想象古往今来，他们思考的问题和你一样，而且他们经历的痛苦、迷惘、困惑可能都跟你一样。你想到这些的时候，你在最孤独的时候都不会感到孤独：你会想到这个世界上还有很多人跟我一样，他们跟我一样难过。你在最黑暗的时候，也好有力量走下去。你可以同样想到，这么多人都走过了比我更困难的时刻，他们经历了自己最丰富的人生历程。

所以，我们读历史，只有这些东西，对我们来说才是更有意义的。沿着这样的想法去想，我怎么样才能找到抓住过去的那些人呢？在刚才的那些描述里，过去的那些人还是抽象的，他们可能和我们一样，但他们还是很抽象的。那么，我们怎样才能触摸到那些真实的、活生生的、有血有肉的古代的人呢？

我现在相信秦皇汉武这些人，他们不仅仅是皇帝，他们同时也还曾经是人，因为他们首先是皇帝。很多的官员也不算人，因为他们首先并主要是官员。尤其在历史记载中，他们之所以被记载下来，主要是因为他们官员的身份，而不是因为他们是人。而且他们所遵循的是官场的规则，或者非人性的规则。

那么，我们要看到皇帝、官员，乃至我们自己的人的那一部分，首先要去除的就是这些人身上非人的外衣。我们努力地去剥除那些在历史文献里我们所读到的诸种人的外衣，剥掉他们的衣冠，而且把涂在他们身上的——他们自己涂的和他人涂的——那些粉彩都洗掉，我们或者能看到，他们作为人的某些部分。

我在讲《汉书》的过程中，上面的想法还不是很明晰。我慢慢在走这条路，大家看到现在整理成稿的这个讲义，也还有不尽然的部分。但是我一直追问：汉武帝作为一个人，会是怎样子的呢？我去想，他在年轻的时候，他在刚刚当上皇帝，亲政不久，他在想什么呢？我试图通过对"天人三策"的分析，去回答这个问题。

那些官员，讲到酷吏、循吏、能吏、庸吏的部分，我也在问：为什么我们今天接触的一些公职人员，至少当他们在衙门里头的时候，看起来越来越没有人情味？为什么是这样？他们回到家是很好的人，很好的父亲，很好的丈夫，还是很好的情人——腐败案例揭示出他们多么"有情"。但是到了办公室他们就不是。他们的人性哪里去了呢？

所以，我在找，在皇帝、官员的身上找，找人在哪里？我相信这是一个很重要的努力。同样，在编户齐民的部分，我也在找最普通的人在哪里。那些编户齐民之所以能够进入我们的视野，是因为他们有身份，那个身份是国家给予的。民不是人，民是国家给予的身份。但是我利用居延汉简的材料，去讲某某一家人，他的妻子叫什么，孩子几岁，叫什么，黑不黑。虽然我用的材料还是官府的档案，但是它让我们看到那家人就站在面前。你可以想到这样的一家人。像我举的孙时的例子：他的妻子叫孙第卿，21岁；一个女儿，叫王女，3岁了。他还带着一个妹妹，叫耳，9岁。第卿、王女和耳，三个女孩子，都很黑。孙时家的居住证（符）上专门写明她们的肤色都是黑的。他们从很远的地方到边关去戍边。我们当然应当去问：为什么他们一家人，还有他很小的妹妹和孩子，都会跟着他去戍边？这是一个有意思的话题。这样，孙时一家人，就不再仅仅是汉代戍卒的一家，而是活生生地站在我们面前的一家人了。

湖南大学岳麓书院藏的秦简里有相当多的故事。有一个故事说：有一个叫多的人（为什么是单名？他没有姓），他妈妈叫儿，带着他从秦地逃亡到楚地来。过了些年，秦军打过来，这时候他妈妈已经死了，他被抓住，一审判决他无罪，无罪的理由是他当年还很小，所以他妈妈带着他逃亡的时候，不可能和他商量，所以他没有参与决策的责任，不适用亡律来处罚他。但是二审判他有罪，而且他已经死了的妈妈也要被处罚。这家人，母子两个，在历史的很遥远的地方走到了我们面前。

这件事情发生在秦始皇时代。在这个时代里，我们看到这样普通的母子二人。我们不知道多的爸爸，你可以想到，他在统一中国的战争中，奉献了生命。妈妈兒拖着六岁的孩子多从秦地逃亡，死在他乡；多被抓住时，已经成年了，没有看到他结婚，似乎一直处在亡匿的状态里，依然被抓住。我在暨大空旷的图书馆里读岳麓简，读到这里的时候，很难平息，所以我把它写下来。然后我在校园里走了很久。

我自觉地、有意识地，在沉积的历史文献中去寻找人的影子。我去看那些曾经生活的、有血有肉的、身份不同的、地位不同的、命运更不相同的不同的人，他们在历史的过程中闪过，一闪而过，但是我们依然窥见了他们的影子，窥见了他们生活的某一个部分。同时，在他们一闪而过的影子里，我也偶然瞥见了我自己的影子——我知道，在历史的长河中，我连留下自己一闪而过的影子的机会都很可能不会有。

尽管如此，我仍然更愿意相信：只有是"人"的历史学者，才能写出感动人的"人的历史"。

（本文是 2015 年 9 月 19 日应厦门沙坡尾琥珀书店之约，为拙作

《何草不黄——〈汉书〉断章解义》所作的一次分享。店主默默整理了这个发言，经我略作修改后，放在琥珀书店的公众号上。收入本书时，略作了润色）

卷三　行走

长江中游地区人地关系的历史演变
及其特点

一、长江中游地区人地关系演变的历史过程

毫无疑问，长江中游地区日趋严重的环境问题，人类与环境之间的紧张状态是长期以来不断累积的结果。如果以人与自然互相冲突、对抗的具体形式与内涵的演变作为主要线索，可以将历史时期长江中游地区人地关系的演变划分为三个阶段：

第一阶段，从距今1万年左右，至东汉末年（公元3世纪初），即农业社会早期。长江中游地区的人地关系形态主要表现为人类生存环境恶劣、生活艰苦以及人类对自然的敬畏和对自然环境的局部破坏。

农业时代早期长江中游地区人类的生活是非常艰苦的：物质匮乏，经济体系非常脆弱，极易受到自然灾害的摧残，甚者乃至于导致经济的崩溃，从而带来地区文明的衰退。其关键在于人类抗拒自然灾害的能力非常之弱，而长江中游地区却又正是洪水灾害频繁而且严重的地区。在距今5800—

5500 年的洪水期，江汉平原腹地的大溪文化受到毁灭性的打击；在距今 5000—4800 年，洪水也曾使屈家岭文化遭到严重破坏，江汉平原与洞庭湖平原地区的屈家岭文化遗址数量锐减。生活在这种环境下的人类对于自然在心理上更多的应当是敬畏，而不可能是亲近与和谐。

青铜与铁农具的相继使用，并没有从根本上改变本区人地关系的基本格局。从商周历春秋战国以至于两汉，本区一直以"地广人稀""火耕水耨"著称，艰苦的生活环境与状态及其所导致的人类对于自然的敬畏仍是这一时期人地关系的主流。而最为核心的问题则是人类基本上还没有抵御洪水的能力。春秋战国以至汉晋时期，江汉—洞庭平原、鄱阳平原主要表现为河湖交错、湖沼密布的地貌景观，每当洪水来临，长江分流与其支流洪水交搏，一片汪洋；洪水退后，热病流行。这样的自然环境显然并不适宜于人类的生产生活，所以当时人均将荆楚地区视为蛮荒之地。

因此，在农业社会早期，本区的人地关系并不和谐，而是充满着紧张与冲突，这主要表现为人类生存环境的恶劣以及由此而引起的人类对自然的敬畏。当然，并不是说人类活动对自然环境就没有破坏或破坏较小——"火耕水耨"的耕作方式，特别是火耕，对于自然环境的破坏就较大；而在当时经济生活中占有重要地位的"山伐"活动所带来的破坏则更大。只是由于"地广人稀"，这些破坏还是局部性的。

第二阶段，从汉末三国至明中叶（公元 3 世纪至 15 世纪中期），其人地关系的基本特征是：随着人口增加和生产力的进步，人类对自然界的索取量和索取能力日渐加大，人类抗拒自然（主要表现为抵御旱涝灾害，特别是洪水灾害）、利用自然的能力逐步增强，对自然的敬畏有所降低；同时，人类对自然的影响与干预也逐步加大，但从区域整体上看，还未致引起自然系统的失衡与紊乱。

在此千余年时间里，本区之人口与社会经济各方面的发展均历有起伏，而气候、河湖、山林等自然环境要素也在自然规律与人类活动双重因素的影响下表现出复杂的演变过程，但总的趋势表现为人口不断增加，人类抗拒与利用自然的能力逐步增强，区域自然系统虽受到日益增强的破坏，但仍基本保持平衡。

在人口方面，虽然历有波折，但从隋、唐历两宋迄元、明，本区的人口峰值却一直不断增加（4,407,353口→4,888,159口→18,745,411口→25,159,188口→35,734,366口），但人口的增加是有一定限度的：虽已在个别地区出现"地狭人稠"现象，但总体上人地之间的矛盾还不是很突出。北宋崇宁年间（1102年），江西地区的人口数已达850万，密度居本区之首，而时人仍认为"江西不足于民"，更遑论人口密度远低于江西的湖南、湖北及南阳、陕南地区。

人口的增加提供了劳动力资源，促进了生产力的进步，从而使本区人地关系发生了一些变化。这主要表现在三个方面：一是稻作农业逐步突破"火耕水耨"水平，陂塘灌溉技术得到较大发展，连种制逐步取代撂荒农作制，并向复种制发展。耕作制度与技术的进步提高了集约化水平，增加了单位面积产量，使农业生产向精耕细作的集约化生产发展，从而提高了土地资源的利用率，降低了同等人口水平下对自然环境的破坏。二是河湖堤防逐步兴筑，垸田开始兴起。从汉末六朝到唐末五代以至于宋元，荆江及汉、湘、沅、赣江两岸及洞庭湖、鄱阳湖周围断续修筑了一些堤防。至南宋中晚期，鄱阳平原、江汉—洞庭平原相继兴起了圩田与垸田，特别是鄱阳湖区的圩田，南宋时已有较大发展，从而使平原湖区开发的技术障碍得到解决。但是，这些江河堤防只是断续相连，还没有连成一线；荆江及汉、湘、沅、赣下游均仍存在着较多的分水穴口，在盛水期，洪水往往通过穴口分流，河道淤垫及洪涝灾害加剧情形还不很严重；平原湖区圩田、垸田的发展也还停留在起步阶段，大量蓄水区域仍然存在。因此，平原湖区原有的河湖关系还基本上维持一种较为平衡的状态。三是丘陵低山地区梯田的开发。梯田的开发虽然破坏了原有丘陵低山地区的植被，但由于梯田可以逐层滞留山坡流水，不使泥土被冲刷，是较先进的土地利用方式。然而，在这一时期，本区大部分低山丘陵地区，更盛行刀耕火种式的"畲田"。这种粗放型的耕作方式，给本区的森林植被带来较大破坏。只是这些畲田主要集中在部分低山丘陵地区，对生态环境的影响是局部性的。

第三阶段，明中叶以后至民国时期（乃至迄于今），以江、汉及洞庭湖、鄱阳湖堤防体系的逐步形成，平原湖区垸田经济的高度发展以及中上游山区的全面开发为标志，长江中游地区的人地关系逐渐进入全面紧张状态，主要表现为人类活动对本区自然环境的全面破坏以及自然对人类的报复不断加剧。

明代本区的年均人口增长率约为4.2‰，与全国平均增长率大致持平。虽然明清之际的社会动乱使本区人口大幅度衰减，但"三藩之乱"平定后，本区人口持续增长，很快超过明代人口峰值（3573.4 万），到 1776 年，达到 5470.6 万；到 1850 年，达到 7704.8 万。由于人口增长速度远远高于耕地增长速度，人地矛盾遂越来越尖锐，人均耕地面积持续下降，至嘉庆二十五年（1820 年），册载人均耕地下降到不足 2 亩。此种情形虽然在清后期因太平天国运动造成本区人口衰减而有所缓解，但并没有根本性的改变。

人口增长既为平原、山区的经济开发提供了丰富的人力资源，也是堤防兴修、垸田发展及山区资源之多元利用的内在动力。正是在此种背景下，自明中后期嘉靖、隆庆间，至清乾隆中期，长江中游、汉水下游及其他重要支流两岸堤防逐步连成一线，大部分穴口被相继堵塞，洪水的周期性泛滥逐步得到控制；江汉—洞庭平原也随之进入全面大开发时期，其垸田经济的发展虽在明清之际有所反复，但至清中期仍然达到高潮，并继续发展，形成恶性膨胀；而湘鄂西、陕南、湘南等周边山区也在乾隆年间出现开发高潮。

大开发带来了本区社会经济的繁荣，但也同时引发了生态环境的恶化，加剧了人地关系的冲突。这在平原湖区主要表现在三个方面：（1）悬河与河曲高度发育。自明中期"九穴十三口"相继堵塞，荆江大堤连成一线，泥沙淤积日甚，河床抬升速度加快，从而形成著名的"悬河"。汉江下游河曲亦相当发育，逐步形成典型的蜿蜒型河道。（2）河湖湮淤，水系紊乱。在大兴垦殖之前，平原湖区存在着河流、湖泊、穴口共同组成的蓄泄调节体系，形成宣泄有路、调蓄有地的平衡关系。随着堤垸的普遍兴修和围垦的恶性膨胀，分流穴口被堵塞，口下枝河淤浅并进而被围垦，不能有效地发挥排洪作用。同时，长江及其支流堤防体系的形成和洪水位不断抬升，还使堤内渍水趋重，易成内涝，使本已紊乱的水系格局进一步混乱。（3）洪涝灾害越来越频繁，其破坏程度和受灾面积也越来越大，成为本区社会经济发展的重大障碍。在山区，人地关系的紧张则主要表现为：（1）森林资源及相关生物资源受到破坏，而森林的消失与农垦区域的扩展是以惊人的速度同步进行的。（2）水土流失愈益严重，农耕地资源日趋枯竭。（3）山区气候变动异常，水旱灾害更加频繁，而且出现了一些前所未有的大旱、大水。

自然环境的恶化特别是水旱灾害之加剧，直接影响到本区社会经济的发展。清后期至民国时期，本区社会经济长期发展缓慢甚至停滞（局部地区甚至出现衰退），水旱灾害日益频繁、加剧显然就是重要一因。人地关系的矛盾与冲突已经成为制约本区社会经济发展的一个突出问题。

二、长江中游地区人地关系及其演变过程中的诸要素

在历史时期长江中游地区人地关系的演变过程中，人口一直是人地关系系统中最为活跃的因素，人口的增长是引发本区开发高潮的重要契机，也是本区人地关系演变的根本性因素；资源利用方式（特别是土地利用方式）则是人地关系

的集中体现，也是人地关系演变的中心环节；而河湖演变与植被变迁则是自然环境系统中最为活跃的因素，又受到人类活动的深刻影响，是自然演化与人类活动共同作用的结果，又给人类的生存与发展带来很大影响；旱涝灾害的频繁与加剧则是人地关系恶化的具体表现。因此，人口变动、资源利用方式的演进、河湖与植被变化、自然灾害加剧是本区人地关系及其演变过程中最重要的四方面因素。

（1）人口数量及其结构与人地关系的演变。一定规模的人口是地区经济得以开发与发展的前提。人口过少不仅制约着人类对自然资源与环境的利用和改造，而且往往因此而导致人类对自然的依赖与敬畏。显然，人口稀少是自农业起源至汉末数千年间本区人地关系之紧张主要表现为人类生存环境恶劣、生活艰苦、敬畏自然的根本原因。同样，在经济、技术条件已经基本具备的唐后期和北宋时代，江汉—洞庭平原之所以未能得到开发的主要原因，也是由于劳动力缺乏。

人类生存与发展的需要是本区资源逐步得到开发、社会经济不断发展的根本性动因。虽然农耕区域的扩展、人工堤防的出现与发展、山区森林植被的破坏，极大地改变了本区的自然地理面貌与自然生态系统，但它更是人类为了生存与发展而与自然作斗争的手段与结果。当然，人口持续增长也是明清以来本区人地关系持续紧张的根源之一。明清时期，人们不断向本区洪水泛滥的平原湖区与虎狼出没的山区进发的根本原因，就是日趋严重的人口压力；向未开垦的湖区、山区迁移，成为缓解人口压力主要的方式之一。移民进入湖区与山区后，大规模的垦殖及其他经济开发活动，促使其原有的人地关系迅速变化，加剧了人地关系的紧张。

（2）资源利用方式特别是土地利用方式的演进与人地关系演变。在明中叶以后本区人地关系越来越紧张的过程中，人口增长是关键性的因素；但是，至少从理论上讲，人口的增加并不必然导致人地关系的紧张和生态环境的恶化。一个关键环节就是资源特别是土地资源的利用方式。在本区山地的开发进程中，原始的粗放的垦殖方式才是导致生态恶化的根本原因，而人口的增加只不过是一种动因。应该说，粗放型的土地垦殖方式与以林木砍伐、加工业为主体的森林资源利用方式是导致山区生态环境日益恶化的直接原因。如果采用合理的开发方式，即使人口增加，对生态环境的危害程度也是有可能减小的。

本区大部分平原地区的人地关系主要表现为人与水相互依存和矛盾的关系。水利事业的兴衰是平原地区人地关系系统中最为关键的因素。水利事业的兴衰还影响到人地关系的具体表现形态：在南阳盆地，农田水利的普遍兴修曾发展了这一地区的稻作农业，而农田水利的废弛则导致水稻种植面积的大幅度减少和旱作种植面积的增加；在江汉—洞庭平原，垸田的兴起带来了平原湖区的全面开发，而其过度发展与不合理运用则造成生态环境的破坏，并最终给人类的生存与发展带来消极的后果。这不仅表现在上述河湖水系紊乱、洪涝灾害加剧等方面，还表现在土地利用方式的单一化方面：伴随着垸田经济大发展的，是种植农业的单方面发展，它使农业经济结构越来越单一化，土地资源的利用方式日趋单一，从而加剧了平原湖区人地关系的紧张。

（3）河湖演变、植被变迁与人地关系的演变。河湖演变是平原湖区人地关系演进的一个重要标尺。但是，河湖演变是非常复杂的自然演化与人类活动共同作用的结果，不能简单地将河湖演变与人地关系的演变对应起来，尤其是不宜简单地将部分地区湖群或某些单个湖泊的变化与人类活动带来的环境恶化等同起来。以江汉湖群的演变为例：荆江与汉江及其重要支流堤防体系的形成在江汉湖群的发育、扩张与衰退过程中起到了至关重要的、可以说是决定性的作用；但堤垸的兴修并非必然带来湖泊面积的萎缩，对二者之间的关系还应当做进一步深入细致的探讨。

植被特别是森林面积的变化则是衡量丘陵、山区人地关系状况的一个重要标尺。与河湖演变不同的是，植被的破坏基本上是人类活动单方面的结果，因此，本区丘陵山地植被的破坏表现为由丘陵而低山、中山、中高山，由山区边缘向腹地推进的过程，而这一过程又与本区的经济开发进程相一致。森林植被破坏的直接后果是水土流失逐渐加剧，而其间接后果则是气候变化异常，水旱失时；此外大量泥沙下泄，加剧了下游河床的淤浅与河湖湮塞。

（4）自然灾害加剧与人地关系演变。明中叶以后本区灾害频度与强度的不断增加，虽有自然方面的原因，但更主要的乃是人类活动之负效应的表现。实际上，明清以来给本区社会经济带来重大影响的大部分水旱灾害，都与人类活动有着密切关系；另一些灾害如山洪暴发、泥石流则是由不合理的人类活动直接引发的，也可以归入"人为自然灾害"的范畴。

灾害及其对社会经济发展的影响具有很强的地域性。在长江中游地区，洪涝是平原湖区与汉、湘、沅、赣等支流中下游河谷部分地区的频发灾害，干旱主要发生在本区北部的汉水中上游地区和平原周围的丘陵与低山地带，水土流失以及随之而来的山洪暴发、气候异常则是秦巴山地及湘鄂西、鄂东北、湘赣山地最主要的灾害形态。就干旱与洪涝灾害的影响而言，一般说来，干旱的影响范围广，持续时间长，所谓"水灾一条线，旱灾一大片"，对于地方经济的打击更为惨重；洪涝灾害的破坏虽然常是毁灭性的，但涉及范围较小，时间短，受灾区的自救能力强，经济恢复得快。正因为此，虽然明清时期特别是清后期江汉—洞庭平原洪涝频繁，却并没有引起经济的全面衰退，仍得以在本区保持先进地位；而秦巴山地生态环境的恶化以及水旱灾害特别是旱灾的加剧则导致了社会经济的全面衰败。

三、长江中游地区人地关系演变的历史教训与启示

综观历史时期长江中游地区人地关系及其诸种要素的演变，主要有三点历史教训：

第一，在人口增长与密集化已成为一种历史事实、资源赋存又相对稳定的条件下，缓解人地关系紧张状况的可行道路乃在于生产方式的实质性改进、生产效益的增加，其中的核心又是资源利用方式特别是土地利用方式的改进与土地利

用结构的科学化、合理化与多样化。

　　虽然历史时期本区的经济开发是以牺牲自然生态环境的平衡为代价的，但是，我们必须立足于农业社会后期本区人口持续增长、而生产方式没有实质性改进、生产效益没有实质性提高这一历史背景，以历史主义的观点来看待明清以来本区日益紧张的人地关系；而不能脱离特定的历史背景，无视本区日益密集的居住人口，单方面地强调生态环境的平衡。因此，虽然"退田还湖、平垸行洪"及"退耕还林"固然不失为长江中游地区生态环境建设的科学举措，但每一座垸、每一块坡地都是许多民众数百年来的身家性命所寄，真正施行起来绝非易事，需慎之又慎。

　　解决这一问题的关键乃在于生产方式的实质性改进、生产效益的增加，其中的核心又是资源利用方式特别是土地利用方式的改进与土地利用结构的科学化、合理化。资源利用方式（包括土地垦殖、耕作方式、作物结构以及山林、水面的利用等）是联系人类需求与自然资源和自然生态系统之间的重要环节，而在人地关系系统中，资源利用是能够被优化的最基本的变量。本区人地关系演变的历史过程表明，如果说人口增长与密集化是生态环境破坏、人地关系日趋紧张的动因，那么，单一的、粗放型的、过度的资源利用方式所造成的经济结构的不合理则直接加剧了此种紧张状况。在人口增长与密集化已成为一种历史事实、资源赋存又相对稳定的条件下，缓解此种紧张状况的可行道路只能是生产方式的实质性改进、生产效益的增加。其可行性步骤则不外乎三点：一是在控制人口、维持人口适度增长的同时，合理配置劳动力资源，提高劳动效益，想方设法提高劳动产出率；二是发展多种经营与集约化农业，逐步形成多样化、多元化、市场化的经济结构；三是生产技术的改进。

第二，平原湖区水系紊乱、洪涝灾害日益加剧，山区森林植被覆盖率降低、水土流失严重是本区人地关系紧张、生态环境恶化的两方面重要表现，二者实又密切相关，特别是平原湖区的水患与山区水土流失密不可分。因此，从根本上减缓乃至解决本区生态环境的恶化、缓解人地关系的紧张局面的技术关键，乃在于周边丘陵山区及长江上游地区的水土保持。

关于本区周边丘陵山地乃至长江上游地区经济开发带来的生态环境恶化，特别是严重的水土流失与平原湖区环境恶化、洪涝灾害加剧之间的关系，前人很早即已给予了充分的注意。然而，虽然人们很早就认识到这一点，但实施起来却绝非易事——它的实施远远超出技术层面，而关系到诸多政治、经济乃至社会因素。问题的核心乃在于区域间的利益协调：周边乃至长江上游丘陵山地的环境治理，至少在一定阶段内是以牺牲这些地区经济利益为代价的，而这些地区的社会经济本来就较为落后；而中下游平原地区既是受益方，本身社会经济又相对发达。这种区域间的利益协调因为涉及不同行政区域，必然需要中央政府强有力的干预；而环境治理又是长期工程，故此种区域间利益需要建立在制度保障的基础之上。凡此，均非中国传统社会下可能解决的问题，只有在现代法制社会下才有可能解决。

第三，长江中游平原湖区的河湖洲滩不断被围垦、山区林地不断被垦辟，除了人口压力等原因之外，还有一个重要的制度性条件，即这些洲滩与山林产权不明，从而为盲目垦殖提供了便利。因此，在国家政权的干预下，明确湖区洲滩与山区林地的产权关系，乃是从源头上控制乱垦滥伐、避免资源发生"公用地灾难"的重要手段。

正因为这些河湖洲滩与山林的产权不明确，无须缴纳赋税或赋税较轻，地价与佃租都十分低廉，所以就必然会引起对这些洲滩、山林的争夺，而争夺又加剧了乱围滥垦。因为产权不明晰，这些洲滩与山林就被模糊地看作"公用地资源"，至少在理论上，可以任人使用，这就难免发生"过量使用"的情况，形成所谓"公用地灾难"。这种情形在山区表现得尤为明显。因为可以轻易获致山林以供开垦，所以进入山区的移民才可能采取粗放的垦殖方式，在土壤肥力用尽、水土流失导致"只存石骨"之后另寻新的山林垦种，"食尽一山，则移一山"，而根本不会考虑到长远的环境效益与社会经济的持续发展。因此，只有在制度上确定河湖洲滩与山区林地、草地等"公用地"的产权关系，明确这些土地使用者的责、权、利，并用法律形式固定下来，才有可能从源头上减少乃至避免发生"公用地灾难"。

（原刊《光明日报》2004 年 9 月 21 日《理论周刊·史学》，署名张建民、鲁西奇。小标题为收入本书时所加）

中国山区开发的历史进程、特点及其意义

中国历史上山区的经济开发与社会、文化发展，是中国各地区社会经济与文化发展的重要组成部分，又因为山区地理面貌、资源构成与开发条件等多方面因素的制约与影响，其经济开发进程、资源开发利用的方式、人口来源与构成、政治与社会控制体系以及文化形态，与平原地区相比，都具有鲜明的特色。

所谓"山区开发"，主要指山区资源开发，即人类通过各种方式利用、改造山区的自然资源条件，以满足生存生活的需要，实现社会经济的发展；所谓"山区发展"，是指山区社会经济与文化的发展，既包括山区经济的发展，也包括山区的社会发展（山区社会的建构及其变动）与文化发展（山区教育、民间文化的发展及其特点）；发展，则不仅包括经济总量的增长、社会力量的提高和文化总量（包括人才等）的增长，还包括经济与社会结构的合理化与和谐程度的提高，以及文化素质与潜力的提高。

山区开发与发展的核心问题是人类活动与山地自然环境之间的关系，也就是历史时期山区民众通过各种方式与途径，开发利用山区资源，形成具有山区特点的地方社会与文

化形态，不断推进经济、社会与文化发展，并给山区生态环境带来影响；而山区环境对上述人类活动又带来诸多限制，并在很大程度上制约了山区经济、社会与文化的发展。

根据人们开发利用山区资源的深度与广度，可以将历史时期山区开发与发展划分为三个阶段：

第一阶段，自距今1万年左右原始农业起源，至公元2世纪末，山区的经济形态以采集渔猎为主、原始种植农业为辅，驯化与栽培的规模较小，且限于局部地区。大部分地区的农耕规模很小，农作物产出甚低，在民众生计中所占的比重也不太大；而山伐渔猎畜牧，则在山区民众生活中仍然占据主导地位。得到初步开发的地区，主要集中在山区内地势较为低平的河谷、盆地及其周边的低丘岗阜地带，呈点、块状分布，规模较小。

第二阶段，自六朝至北宋末，山区农田垦辟有了一定发展：低山丘陵地区的河谷、山间盆地逐步被开垦成农田，局部地方形成了梯田，建设了中小型农田水利；但刀耕火种性质的"烧畲"仍是山区主导性的垦耕方式。在采集、砍伐山林等山林资源利用方式之外，种植茶、漆等经济林木，逐步成为部分山区重要的开发利用方式。开发较为成熟的地区主要是在黄土高原边缘山地、江南丘陵山地、淮阳山地、湘中丘陵山地等低山丘陵地区。虽然农耕产出在民众生计中的重要性逐步增加，但山林砍伐、山区林特产多种经营、经济作物种植以及渔猎采集，在民众生活中仍然占有重要地位。

第三阶段，自南宋以迄于明清时期，浙闽山地、南岭山地、川东丘陵山地、粤桂山地、秦巴山地以及西南云贵高原山地渐次得到全面开发，山区种植农业、山林资源的多种经营、矿冶、手工业等均得到长足发展；特别是到明清时期，各省际交边山区，如川陕楚交界的秦巴山地、湘鄂川黔边的武陵—雪峰山区、闽浙赣交边的武夷山地、湘赣粤交边的南岭山地等，成为山区开发的主要对象，山地利用达到了新的高度。山区的土地利用方式已逐步脱离刀耕火种式的撂荒游耕—休耕制，而普遍推行连作制，河谷平坝及部分低山丘陵地区已逐步实行一年两熟或两年三熟的轮作复种制，中高山地则普遍实行一年一熟制；山区均普遍引种、推广玉米、番薯、洋芋等高产旱作物。山林资源开发利用的范围不断扩展，利用方式越来越多样化，特别是林副产品的加工与再生产所占的比重越来越高。

历史时期中国山区的资源开发与经济发展，主要表现出四个特点：（1）外地人口的移入是山区人口增长的主因，并构成山区社会的主体，成为山区资源开发的主力。（2）土地垦辟与粮食作物种植虽然是山区资源开发的主体部分，而山林、矿产资源的开发利用也一直是山区开发的重要方面，在很多山区，采集渔猎、山林矿产资源的综合利用与多种经营一直是较长时期内山区民众最重要的生计方式。（3）山区资源开发多元化与经济部门多样性及其与山外经济结构的差异，是山区内部及其与外部物资流通、商品经济发展的基础。山林资源的开发利用带动了山区商品经济的发展，促使山区社会经济融入一个更广阔的国内市场经济体系之中去，使"山内"走向"山外"，并进而使山区的资源开发与经济增长具备了全国性意义。（4）从空间角度看，山区的开发，一般表现为两个方向上的拓展：一是由河口溯河谷（或山谷）而上，以纵向的拓展为主，地势缓慢地抬升，河谷越来越窄；经济开发在这一方向上拓展主要是垦辟河谷平地、种植水稻等作物。二是由河谷底部沿两边的山坡而上，以横向的拓展为主，地势抬升比较明显。这一方向上的拓展主要表现为山林砍伐、林特产品的采集与培育以及梯田的开发、旱地作物种植等。

山区地理位置多比较偏远，地形复杂，居住分散，所谓"深山重阻，人迹罕至"，山区社会秩序的建立、社会组织方式以及社会关系网络，都可能有别于平原地区，有其自身特点：（1）王朝国家对山区的政治控制相对较弱，地方社会秩序之建立多有赖于土豪等地方势力；而国家为达到控制山区之目的，多采取因地制宜的变通方法，充分利用地方各种势力，遂形成了政治控制方式的多元化。国家控制力量的薄弱和地方势力的扩张，在很大程度上加剧了边缘山区的"自由"程度，从而吸引了更多的逃亡与流离人口，使山区社会显示出更为复杂多变的特点。（2）山区人口来源复杂多样，很多为逸出于社会体系之外的流民、亡命等，属于所谓"边缘人群"，其社会关系网络多凭借武力，或以利相聚，或以义相结，或以血缘、地缘相类，具有强烈的"边缘性"。任侠尚义也是将边缘地带的人群组合起来的重要途径之一，盟誓、结拜等乃是山区社会关系网络得以建立的重要纽带。（3）山区往往是中国历史上诸种社会动乱的策源地，很多社会变乱和农民起义是在山区孕育成长起来的。以宋代为例，据不完全统计，两宋时期所发生的导致武力冲突的诸种社会变乱共有 376 起，其中发生在闽粤赣毗邻山区、浙赣交界山区及湘粤桂交界山区的共有 92 次，处于赣南山区的虔州最为频繁。

在文化方面，山区呈现出强烈的多元性，特别是异于正统意识形态的原始巫术、异端信仰与民间秘密宗教在边缘区域均有相当的影响，使山区在文化上表现出独特性来。一般说来，山区"好祀鬼神"，又"崇重道教"，原始巫术及宗教信仰之影响较大，山区又往往是异端信仰与民间秘密宗教之策源地。在山区，虽然有部分来源于民间的官方信仰得到民众的广泛支持，但总的说来，官方祠庙所祀神祇、乡贤、忠烈等并不能得到民众的普遍信仰；民间信仰的主体部分表现为得到官府认可或支持的民间寺观杂祠，其所祀奉的神祇表现为明显的释、道、儒与民间神祇合流的特征；民间秘密宗教虽然甚少见于文献记载，但却毫无疑问地拥有广泛的民众基础。在另一方面，山区文化虽然显示出强烈的多元性乃至异端色彩，但在长期的发展过程中，正统文化仍然逐步深入山区社会的各个角落，并最终成为山区文化的重要组成部分。

山区资源开发、经济发展、社会建构与文化建设，是中国各区域经济社会与文化发展的组成部分，在中国历史发展进程中具有重要地位和意义。首先，山区的开发与发展，"充实"了中华政治经济与社会文化体系内部的"空隙"，将山区各土著人群融汇到"中华民族"大家庭中，强化了王朝国家对各地区的控制。经过较长时期的开发，王朝国家强化了对山区的控制，逐步将山区土著居民及流移人口纳入国家版籍系统之中，使之成为王朝国家的编户齐民，同时建立起乡里控制与赋役征纳系统。同时，山区开发也加强了山区经济与平原经济之间的内在联系，特别是南方山区林木及林特产品的外运、粮食及其他生活必需品的输入，往往是通过河流水路或河谷陆路通道进行的，所以，山区的开发促进了流域经济的一体化进程；而不断一体化的支流流域经济又通过干流，汇入更大的流域经济体系，并最终进入全国性经济体系之中。质言之，山区的开发与发展，是全国经济社会与文化发展的有机组成部分。

其次，中国山区的大规模开发，是在平原地区社会经济的发展相对饱和的背景下展开的，山区吸收和容纳了大批富余人口，不仅为山区开发提供了源源不断的劳动力，推动了山区经济的发展和社会生活的进步，同时也缓解了经济重心所在之平原地区人多地少的矛盾。更重要的是，山区的经济开发，在一定程度上，缓解了平原地区的社会矛盾与冲突，也给全国经济的整体增长带来了新的契机。山区的不断开发，也是传统的生产关系不断扩展的过程。生产关系及其相关经济方式的不断扩展，加大了中国传统社会经济方式的弹性，为生产关系的调整提供了更大的选择余地。

第三，在山区的开发与发展过程中，在经济领域、社会领域与思想文化领域，均出现了一些新因素。这些新因素的性质、演化方向虽不易确定，但至少丰富了中国社会发展的多样性，并给历史发展提供了多元的选择空间。如明末浙东山区蓝靛种植业中，拥有山地所有权的"山主"将山地出租给"颇有资本"的"蓼主"，蓼主建好"蓼蓬"，招徕"菁民"，"给所艺之种，俾为锄植，而征其租"；"菁民"则"数百为群，赤手至各邑，依蓁主为活，而受其佣值"。蓁主与菁民的关系，是不同于租佃关系的新型经济关系。同样，一些新的思想因素也可能在正统思想控制或影响较弱的山区萌蘖、成长。

总结历史时期中国山区开发与发展的经验与教训，核心问题是评估山区开发带来的环境影响。在理论上，任何形式与程度的资源开发利用都会扰动固有的生态系统，但并不是每一种利用方式都必然带来对生态环境的破坏，更不是任一形式的开发利用都会导致生态环境的恶化。问题的关键不在于是否应当、而在如何开发利用自然资源，即资源开发利用的方式与程度。资源的开发利用方式是联系人类需求与自然资源和自然生态系统之间的重要环节，而在人地关系系统中，资源开发利用是能够被优化的最基本的变量。因此，总结山区开发与发展的经验与教训，关键在于弄清怎样的开发利用方式是合理的、有效的，怎样的开发利用程度是适度的。应抓住资源开发方式与利用程度这一中心环节，分析山区开发与发展进程中人口、资源与环境三者之间的关系，总结三者之间实现良性互动的优良经验，以及三者之间互恶性循环的沉痛教训。

人口、资源与环境的相互作用及其动态关系的恶化，首先表现在人口生活质量降低，寿命缩短，在经济上走向贫困化，在文化和社会方面逐步走向衰落。其次表现在环境质量下降，生态环境退化，自然资源渐趋枯竭。在历史时期山区开发史上，特别是明清时期各山区开发进程中，人口、资源与环境恶性循环几乎是普遍现象。人口、资源与环境的相互作用及其动态关系的良性互动，在人口增长与密集化已成为一种历史事实、资源赋存又相对稳定的背景下，在传统中国的社会与经济、技术条件下，似乎是难以实现的。但在很多山区，特别是浙赣闽山区的一些地方和村落，也可以看到不少人口增长、资源开发利用与生态环境三者之间实现良性互动的实例，这说明实现三者之间的良性互动并非不可能。关键在于要有正确的资源开发利用观念以及切实可行的开发利用方式，建立起人与自然和谐相处、共同发展的良性互动机制，才是实现山区经济社会与文化可持续发展的可行路径。

（原刊《光明日报》2014 年 7 月 23 日《理论周刊·史学》第 14 版）

台、垸、大堤：江汉平原社会经济区域的形成、发展与组合

　　台（或称"墩"）、垸（堤垸）与江、汉及其重要支流如东荆河、通顺河、天门河两岸大堤是江汉平原上最重要的防洪设施。其中，台的起源最早。很多研究指出：利用平原上的残丘岗地，或建造人工冈地，作为躲避洪水的居住地，是人类最古老的与洪水斗争的手段之一。迄于今日，我们在江汉平原还可以看到许多带有"台（坮）""墩"的自然村落地名。这些台和墩，有天然的，也有人工堆筑的，其最初功能是躲避洪水。1883 年，英国商人阿奇博尔德·约翰·立德（Archibald John Little）乘小帆船从汉口出发，经沌口进入长河，沿长河而上，辗转达沙市。经过汉阳蒲潭一带时，他写道："我们今天经过的地区，夏天是一个巨大的湖，孤零零的秃山像海岛一样在水面上，只露出 10 至 200 英尺的山头。蒲潭村就建在其中一座山头上，与夏季的洪峰等高。"在蒲潭以西，沿途所经的地方景色十分单调，"打破这种单调景观的只有一些可怜的村庄，每隔三四英里，可以见到一个高出平原约 10 英尺的圆形土丘，丘顶上挤着十间八间泥屋。"（见立德：《扁舟过三峡》，黄立思译，云南人民出版社，2001

年版，第15—16页）前者所说的是汉阳西境蒲潭、马影一带的低丘陵地带，蒲潭村所在正是一个自然残丘；而后者则是"台"。显然，依托天然丘冈与人工墩台形成的聚落，是江汉平原的"居住区域"之一。

一般认为，江汉平原的堤垸兴起于南宋中后期，其后颇历曲折，至明后期与清中期分别达到饱和状态。与太湖平原的"圩"相比，江汉平原"垸"的规模较大，一个垸可以包括若干个自然村落（大多坐落在垸堤或垸内的台、墩上）。乾隆《湖北安襄郧道水利集案》卷下云："自京山以下，次潜江，次天门，次沔阳，地形愈洼，众水汇归，南北两岸夹河筑堤。其州县民人纠约邻伴，自行筑堤捍水，保护田庐，谓之'垸'。各垸之田，少者数千亩、千余亩，亦有多至万余亩者。"显然，"垸"的主要功能在于抵御洪水，"保护田庐"。对于垸内居民来说，垸不仅是身家性命所系，也是衣食田粮所资：有了垸，才使大片低洼湿地免于洪灾而得以利用，"无堤则无田，无田则无民"。因此，"垸"可以说是明清时期江汉平原民众经济生产活动的基本区域，其主要农业生产活动都集中在垸内。而垸堤的修防、垸内的排水等垸民"公共事务"一般由在垸内拥有耕地的农民在自治原则下共同承担完成，并由此形成了垸长、垸总为首的堤垸管理系统，制定有周密的规章制度；有些地方甚至出现了超越地方行政组织的、以"垸"为主体的地缘社会组织。当然，保护农田庐舍仍是"垸"最重要的功能，因此，我们把"垸"视为江汉平原的"生产区域"。

荆江北岸与汉江下游两岸堤防的兴起虽然可以上溯至

六朝时期，但历隋唐宋元，只是兴筑了一些断断续续的堤防。直到明后期，荆江北岸与汉江下游两岸堤防才基本连成一线，绵亘数百里。到清前期，汉水下游南面的重要分流河道东荆河（及西荆河）、通顺河（沔阳州河）及北面支流天门河、牛蹄河两岸也相继形成系统的堤防。这样，江汉平原腹地就形成了三个较大范围的堤防区域：（1）汉北区，即汉水下游北岸堤防与天门河南岸堤防之间的区域，包括潜江北境、天门南境、沔阳州北境与汉川西北境一带；（2）汉荆区，即汉水南岸堤防与东、西荆河东北岸堤防之间的区域，包括潜江、沔阳州大部分地区；（3）江荆区，即东、西荆河南岸堤防与长江北岸堤防之间的区域，包括江陵东南境、监利全境、沔阳南境（今洪湖市）及潜江一部分。在天门河南岸、汉水与东荆河两岸、长江北岸堤防的环绕下，这三个区域基本上形成闭合区域。一旦这些主要河流的堤防（千堤）大规模溃决，区内诸垸均难免灌顶之灾，并带来大范围的洪涝灾害。因此，这些干堤是江汉平原民众的生命线，它们所环绕的堤防区域可以看作是江汉平原民众的"生存区域"。

在"垸"与"堤防区域"之间，还有一种"垸区"。康熙二十九年（1690年），潜江知县刘焕将全境百余垸划分为十区及若干独垸，每区包括若干垸。其中河西上、下区在汉水南岸、东荆河西岸、西荆河北岸堤防之间，洪水、乡林二区在东荆河西岸、西荆河南岸堤防之间，沱埠、木头、垸湾三区在东荆河东岸、汉水南岸与县河西岸堤防之间，义丰区在通顺河北岸与汉水南岸堤防之间，黄汉区则在县河东岸与通顺河南岸堤防之间。显然，这些垸区基本上是被汉水、东荆河、西荆河、通顺河、县河两岸堤防所环绕。康熙《潜江县志·河防志》云："潜境以内，沿河为堤，名曰'边江大堤'。堤内居民，复画疆各自为筑，名曰'各垸子堤'。河水横溢，边江一溃，各内垸灌顶至踵，纵欲自卫，势已不能。有田在垸，固当赴本垸之役，尤当合同区之力以赴边江大工。"此处之"边江大堤"，非仅指沿汉江堤防，亦包括东荆河、通顺河、县河两岸堤防。显然，这里的"垸区"是一种水利协作区域。乾隆元年（1736 年），沔阳州将境内数百垸划分为三大区：汉水两岸及通顺河以北诸垸合为一区，由驻守仙桃镇的州判管理；通顺河南岸至东荆河—府场河以北诸垸划为一区，由锅底湾巡检管理；东荆河—府场河以南至长江北岸划为一区，由驻守新堤镇之州同管理。这三个区域较之潜江县的十区范围大得多，且各有政府官员分别负责，但其性质当基本一致，都属于"水利协作区域"。

　　这样，江汉平原的水利区域就可区分为四个层级，即以台、墩（及有人居住的堤段）为主体的"居住区域"，以"垸"为主体的"生产区域"，多个垸联合协作的"协作区域"，以及由干堤环绕的"生存区域"。这些区域都有明确（或相对明确）的边界，区内民众有共同的利益与责任：且不论台上、垸内与垸区内居民利益与责任的一致性，即便是较大范围的"生存区域"，在"生存"这一至高的共同利益面前，也表现出责任承担的高度一致性。天门（景陵）、汉川乃至应城县协修京山境内汉江北岸堤防，潜江、沔阳、江陵三州县协修汉江南岸荆门沙洋大堤，均表现出"生存区域"内利益与责任的一致性。而在大泽口（东荆河分汊之口）开启与堵塞问题，属于汉北区的天门、汉川二县为一方，属于汉荆区的潜江、沔阳为另一方，展开了多次政治、经济乃至武力较量，显示出生存区域有着鲜明的、根本性的区域利益。因此，我们认为，上述四个不同层级的区域，是一种客观的历史存在。

显然，不同层级的区域在范围与利益上都有小大之别，上一层级区域无疑涵盖着下一层级的区域，而较低层级区域内的民众则通过对上一层级责任的分担而参与到上一层级区域的事务之中，并在分担责任与参与过程中，加强了高层级区域内较低层级区域之间的交流与融汇，并最终提高了这一高层级区域内部的凝聚力。具体言之，一个居住区域（自然村落）通过对所在"垸"的垸堤修防与管理、排水安排、经费分担等垸内事务的参与，成为生产区域（垸）的一部分，而"垸"则在这一过程中逐步发展成为地缘性的社会经济组织。在很多清代地方文献中，"垸"往往取代保甲或村，而成为江汉平原最基层的乡村政治地域单元。在"垸"由水利区域向基层社会经济乃至地方政治区域发展的过程中，各自然村共同参与的垸内水利事务发挥了重要作用。同样，各垸在拥有共同利益的"边江大堤"上的协作，也使垸区内各垸之间的联系得到加强，并使垸区（水利协作区域）也向地方社会经济区域方向演化。在潜江县，康熙年间所分各"垸区"（水利协作区域）与同时划定的"乡区"（钱粮征收区域）之间即大致对应；至咸丰间，潜江组织乡团抗御太平军，各团即基本以垸区为单位，团下之"旗"则以各垸为单位，垸区已具地方军政区域之雏形。

由此，我们开始切入一个理论问题。如所周知，中国广阔的疆域是由各种各样的区域单元组成的。每一个或大或小的区域都有自己鲜明的特性与发展史。这些地域特性早已渗透在平民百姓的心坎中，成为他们生活的一部分。在外人看来，也许某些区域的特性不明确，或者地区之间不存在明显的分界，然而，对于当地居民来说，这些地区特性却是清晰地存在着，本地区与相邻地区的边界也非常清楚。法国年鉴学派大师费尔南·布罗代尔曾把法兰西景观比喻为"斑驳陆离的风景镶嵌画"，其复杂多变为世所罕有（见布罗代尔《法兰西的特性》，第1卷，商务印书馆，1994年版，第17页），然则，这些各具特色、大小不一的区域是如何形成的？它们又是如何组合成更大区域的？区域的形成与组合受到哪些因素的影响？

首先，自然地理条件及其结构起到了一种"初始范式"的作用。人们最初选择以自然丘冈或人工堆筑墩台作为居住地点，主要出于原始的本能。即使是人工堆筑的墩台或有人居住的堤段，其产生的最初动因也主要是受到自然的驱使。垸的兴起与发展，直接动因虽然是人口的发展，但落实到具体地域上，自然环境因素却是兴筑堤垸的客观原因；至于垸的形状、规模与结构，在很大程度上也受制于地理条件。垸区（协作区域）与堤防区域（生存区域）之形成的原初动因也是洪水的威胁。在更大范围上，江汉平原作为一个自然与社会经济区域，其基本构架及其主要特征是由江、汉二水决定的；而自然地理意义上的"长江中游地区"与社会经济文化意义上的"荆楚地区"在范围上的基本吻合，也充分说明自然地理结构是社会经济乃至政治文化地域结构的"原型"。

其次，以农业生产为核心的经济生产活动是促使区域形成与组合的重要因素。如上所述，正是在垸堤修筑、维护、管理及排出垸内积水、开挖水渠与刬口等一系列生产活动中，垸内居民逐步加强了相互间的交流与认同，并将"垸"这一水利区域发展为社会经济区域。而一定范围内各垸在共同利益下协作不仅是水利协作区域产生的原因，也是这种水利协作区域逐步向社会经济区域发展的动因之一。在这一过程中，多个以垸为主体的生产区域组合成协作区域。在太湖流域，明末与清末吴县等地的"连圩结甲"则提供了另一种区域组合模式：数个或十数个乃至更多的圩连成一个"村"（非自然村落，有类于现今之行政村）；而"连圩结甲"的直接动因乃是"抗租"。无论是哪一种模式的区域组合，经济生产活动都起到了重要作用，甚至是根本作用。如所周知，施坚雅在论及区域体系及其结构时，比较强调商品流通和贸易以及建基于其上的城镇、集市的作用。我们认为，在较高层级的区域和商品经济较发达的地区，诚然如此；而在层级较低的区域及以自然经济仍占主导地位的地区，农业生产本身所需要的超出小农家庭能力的协作（抗御洪水、大面积排涝及"抗租"，均非单个小农家庭能力所及），是区域形成与不断组合的重要动因。

最后，政府干预或参与促进了社会经济区域的形成与组合。关于政治因素特别是地方行政区域建置在区域形成与发展过程中的地位与作用，论者已多。从上述江汉平原水利区域的形成及其向社会经济区域发展的过程中，我们注意到：区域层级越高，政府干预或参与区域形成与发展过程中所起的作用就越大；反之亦然。居住区域（自然村落）之选择与形成，几乎看不到政府的踪影；"垸"向社会经济区域的发展，基本上也是自发性的，政府只是在它已成为乡村基层政治地域单元之后，予以承认而已。而协作区域的形成与发展，虽然有其内在必然性，但政府的参与显然也是十分重要的：协作区域的划定，逐步与钱粮征收区域吻合，都出自政府行为。至于较大范围的、由干堤环绕的"生存区域"的形成，特别是干堤的修筑与防护，更是由政府以不同形式规划、组织的；当"生存区域"之间出现矛盾冲突时，也由地方政府出面协调解决。显然，政府只有在较高层级区域的"区域利益"与政府利益相一致时，才较多地介入，并促进其区域的形成与组合。

水利是江汉平原的命脉，不同层级的水利区域之形成并向社会经济区域发展，在江汉平原是一种普遍趋势；但在更大的范围内特别是全国范围内，则可能仅仅是一个区域特例。通过对此区域特例的简要分析，我们注意到：在一定的自然环境与生产条件下，经济生产活动中存在着一种超越家庭、自然村落和较小区域的协作需求，这种协作需求及其逐步扩大，是生产区域形成、组合并逐渐向社会经济区域发展的内在驱动力；而政府干预或参与虽然也发挥着十分重要的作用，但毕竟是来自区域外部的推动力。当然，这一结论得自对江汉平原特例的认识，在何种程度与多大范围内具有普遍适用性，还有待于进一步探讨。

（原刊《史学月刊》2004 年第 4 期）

从云中到朔方

2018 年 10 月 24 日至 10 月 30 日，我参加北京大学人文社会科学研究院组织的内蒙古史地考察，有机会与邢义田、李零、李孝聪、罗丰等先生一起行走，并向他们请教，收获甚多。根据考察期间的日志，我整理成下面的文字，作为这一次学习的总结。

一、和林格尔

（一）东汉护乌桓校尉壁画墓

最初知道"和林格尔"，是收集、整理汉代城市资料时，注意到和林格尔汉墓壁画中的城池图。1976 年出版的《和林格尔汉墓》介绍了壁画中的武城图、宁城图以及庄园图等，我在研究古代汉水流域的城市形态与空间结构时，曾作为参照。所以，知道这次内蒙古考察的第一个点就是和林格尔，我非常高兴。

我们先看仿建的东汉壁画墓。盛乐博物馆按照汉墓原大的 1.5 倍仿建了汉墓，绘制了精美的壁画，比原来公布的壁画漂亮多了。这座汉墓其实并不在盛乐镇，而在和林格尔县城东南四十公里处的新店子,在红河(浑河)河谷,位于红河的北岸。在汉代,墓志所在的地方,应当属于武成县。现在建在盛乐博物馆外面的墓地,并不是在原地建的(盛乐镇,在汉代是成乐县)。据说,原墓已经封闭了。

墓门东向,略偏北,墓室由墓道、墓门、甬道、前、中、后三室及三个耳室构成。墓底铺砖,部分砖上正面印有"富乐未央,子孙益昌"。

前室的四壁上半部绘有出行图。邢义田先生提示,顺序应当是从西壁始,然后是南壁,然后是东壁,然后是北壁(逆时针方向)。邢先生说,这是墓主的简历连环画。

墓主人的经历是:举孝廉,任为郎,任西河长史(治在离石城),行上郡属国都尉(治土军城),任繁阳县令,护乌桓校尉(治在宁城)。

(1)西壁榜题:举孝廉时,郎,西河长史。(图1)

"举孝廉时",主人身着黑衣,乘轺车,后随大车一乘,

图1 出行图之一(西壁),从左至右:举孝廉时,郎,西河长史(邢义田先生摄)

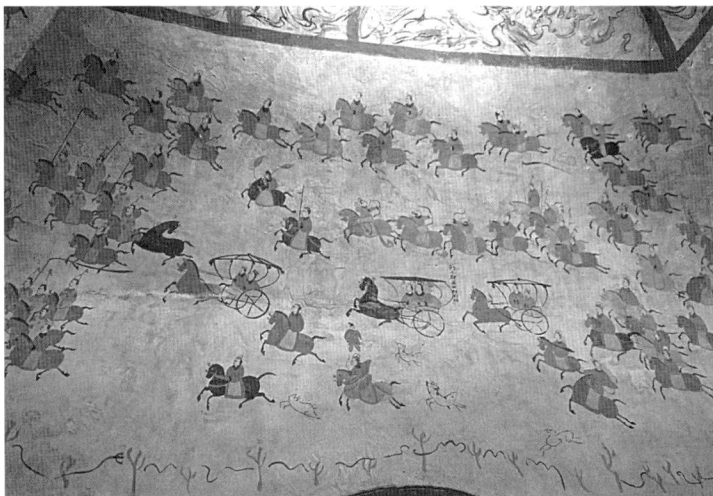

图 2　出行图之二（南壁），行上郡属国都尉时（邢义田先生摄）

骑五人，身佩弓箭，跟随在主车两侧与后面。

　　"郎"，被选为郎官。图中绘轺车七辆，主车在中间，题 "郎"字，两旁有佩弓箭的从骑护卫。

　　"西河长史"，西河郡的长史。长史，是掌兵马的武职官员，六百石（郡守为二千石）。西河郡治离石县。在图中画着众多从骑簇拥着主车，后边尾随着侍从。在行列队伍中，有的列队行进，有的边走边猎。

　　（2）南壁榜题：行上郡属国都尉时。（图2）

　　主人的轺车在中间，前后各有一车。主车上方后题"行上郡属国都尉时"。前列甲士手持红樱启戟，后列武士手持弯弓和长戟。主车两侧及后面，有身着裤褶的武官和顶盔贯甲的武士。

上郡属国置于汉武帝时，为安置降附的匈奴部众置，其地位与郡相等，长官是都尉，所领主要是边境地带的诸种胡夷。"行"是代理的意思。墓主人之前所任的西河长史为六百石官，而属国都尉秩比二千石。他的资格远远不够，故以低品级官员身份代理。上郡属国都尉原治龟兹县（今陕西榆林西北），东汉时已移治土军城。

（3）东壁榜题：繁阳令。

前面两翼有佩弓执刀的骑吏，中为导车三辆，其后是主车，车后上方榜题"繁阳令"三字。主车后有辎车、斧车相行。

繁阳令秩千石。繁阳县属魏郡，在今河南内黄县东北楚旺镇。（图3）

（4）北壁榜题：功曹从事，别驾从事，使持节护乌桓校尉。（图4）

这幅图中，绘有128个人，马129匹，车11辆。主人乘坐的车在图的中部偏左，前方榜题"使持节护乌桓校尉"。

图3　出行图之三（东壁），繁阳令（细部，邢义田先生摄）

图4　出行图之四（北壁），从右至左：功曹从事，别驾从事，
使持节护乌桓校尉（邢义田先生摄）

主车之前，有导车，以及"功曹从事""别驾从事"乘坐的轺
车，两翼为乘马的"雁门长史""校尉行部"等文武官吏和兵
卒。

围绕着主车，有抱鞬的骑吏跟随，又有佩弓执矛的甲士
和红衣骑吏护卫。主车后，尾随着钲车、鼓车、辇车和斧
车。车后簇拥着武官甲士。另有风候、羽葆随风招展。

主人坐的车，有三匹黑马驾着。车后插着赤节。

护乌桓校尉置于东汉建武二十六年（50年），治于上谷
郡宁城，在今河北省万全县。

《宁城图》图中榜题有：宁城东门，宁县寺门，宁市中，
宁城南门、西门，营门，莫府南门，司马舍、营曹，仓、
库、厩、东府门、齐室、天官门。

城为两重，子城为官府所在。外城为方形，城墙宽厚，

图 5　后室西壁壁画（邢义田先生摄）

周围画作曲齿形以示城堞。宁城南门外，有武官甲士守卫。有一些身着赭服的胡人从城南门外进入城内。门前竖有一鼓，两旁棨戟林立，有执彗、佩剑、执盾的门吏守卫。有东门、南门、西门三个门。宁城寺门，当是宁城县衙的门。在县衙门和墓府之前，绘有一个四合大院，中间榜题"宁市中"。

护乌桓校尉幕府，位于城内西北部，几乎占据了整个子城。

壁画的最后一个环节，当然是主人之死。后室西壁的正面，主人端坐着，两侧各有一个人，在向他辞别。两个亭子里，一人着红衣，一人着黑衣，也许意味着阴阳世界的不同吧。在这壁面的右边（后室北壁），画着一幅桂树，下面是两座阁楼。桂树下立着两个人，这是榜题中的"立官"吗？原报告说：在西壁正面的墓主人旁边，是有榜题的，应当是墓主人的名字，可惜漫漶了。（图 5）

东汉护乌桓校尉壁画墓非常有名，研究的论著也出了很多。我没有来得及阅读。这次随同各位老师一起看画，学习到很多。我所着意的有三个方面：一是墓主人的经历。墓地所在，显然就是墓主人生前的居地。后室南壁绘有"武成图"，榜题上有"武成寺门""武成长舍""尉舍""长史舍"。他当然就是这个武成的人。他从这里，举了孝廉，选作郎官，然后走上了仕途。他所作的官，除了繁阳令外，西河长史、行上郡属国都尉、护乌桓校尉，辖区都在农牧的交错地带。二是壁画重点描述的，墓主人任职的几处城垣与衙署。对此，前人已有较好的讨论，但仍然有很大的讨论空间。关于护乌桓校尉府的设置，属吏与职掌，其实还有很多未明之处。三是壁画所反映的农牧交错地带的经济、社会与文化。关于经济的部分，前人有些讨论。这一幅是有名的牧羊图。

（图6）

图6　牧羊人，牧羊犬与羊

图7　中室通道北侧壁画（任超先生摄）

这幅图的下部，共有七头牛。骑马的两个吏不是放牛人，而是跟从中间那辆轺车的。

很少有人关注这些壁画上反映的人群与社会。这幅画是在中室甬道的北侧，其下半部分很值得注意（图7）：右侧穿着黑、红、褐色衣服的人，都拿着东西，在向主人进奉。左侧的黑衣人，应当是主人的属吏，他们在接受礼物，然后收在柜子里。穿着不同衣服的人，应当是代表着不同的人群。主人威严地坐在中间，代表着权力。

（二）盛乐古城

在盛乐博物馆的西面，就是著名的盛乐古城遗址。显然，博物馆（以及仿建的东汉乌桓校尉墓）都是依托古城遗址而建的。这个地方原来叫作土城子，旁边的一个村子现在仍然叫作土城子。显然，土城子是当地人的称谓，反映了这个城址的面貌——它是一座土垣围绕着的城；而盛乐古城则是文物考古工作者通过官方渠道给予的命名，试图说明其历史文化属性。古城的两个称谓，是一个饶有趣味的话题。

这座城址经过两次试掘。一次是在 1960 年春，为了配合水利建设，对古城东部边缘做了一次试掘。当时的试掘报告称：古城东西 1550 米，南北 2250 米；西南部受河水侵蚀，破坏严重；南区为汉魏早期文化范围，东西残长 670 米，南北 655 米；北区大部分为北朝晚期和隋唐以后的文化堆积，城垣亦为此时期者。城中区有"皇城"，东城外有明代建筑的烽火台，保存较为完好（内蒙古自治区文物工作队：《和林格尔县土城子试掘记要》，《文物》，1961 年第 9 期）。

第二次试掘是在 1997 年，报告发表于 2006 年。报告说：

> 土城子古城遗址平面呈不规则长方形，东西长 1450 米，南北 2290 米，面积约 4 平方公里。墙体保存基本完好，城垣残高 0.5 至 10 米不等，东北西三面居中设有城门，外置瓮城。古城分南区、北区、中区三部分。南区包括南墙、东墙南段与连接南北两区之间的一条横墙，南北长 550 米，东西长 520 米，系战国至魏晋时期遗存。北区包括有东墙、北墙、西墙、西南墙，城西南角被宝贝河冲毁，中部东西长 1450 米，南北 1740 米，系唐代文化层。中区位于南区的西北部，现存有东墙和北墙、南墙的东段，城西南角亦被宝贝河冲毁。南北长 730

图 8　盛乐古城航拍图（任超先生摄）

米，东西长 450 米，中区是文化堆积最深的部分，最深处可达 10 米，文化内涵亦较为复杂，含战国、汉、魏晋、唐、辽金元等多个时期的文化遗存。（内蒙古文物考古研究所：《和林格尔县土城子古城考古发掘主要收获》，《内蒙古文物考古》，2006 年第 1 期）（图 8）

这个城的上限，可以上溯到战国时期。在第一次报告中，提到一个印有戳记的陶片，上面写着"王竹余"三字。郭永秉先生说是典型的战国字体。然报告没有提供更为具体的信息。

在盛乐博物馆中，存有一些盛乐古城或附近古墓葬中所出的文物。

图 9 战国瓦当（盛乐古城出土，盛乐博物馆藏，
邢义田先生摄）

这个瓦当非常漂亮。中间有两个猴子，是一种样式呢，还是可以说明战国时代和林格尔地区有猴子生存？在这个瓦当上，有山羊、猴子和鸟。值得注意的是，瓦当上的图像是对称的。（图9）

浏览盛乐博物馆可以发现，从战国以迄于两汉，在这一地区，农耕因素持续增加，到汉代达到了一个高峰。这从一些出土的文物里可以看出来。魏晋时期，草原的因素似乎又占据了主导地位。

在博物馆里，我注意到一方盛乐古城出土的唐刘君墓志。根据陈永志先生的报告，刘公墓志出土于盛乐古城ⅡM242中，是一座双人合葬墓。志盖篆书"刘君墓志"四字。参观的当晚，我就根据照片录下了志文。

唐故守左金吾卫大将军、试太常卿刘公墓志铭，并序／夫以松生岱岳，翠影干云，水自昆墟，洪波沃日。灵长者，其流不竭；德厚者，／其胤必昌。谁其与焉？公得之矣。公讳如元，其先彭城人也。源发陶唐，派分炎／汉，金柯玉叶，继位□家。逢帝□王四百年，拜相封侯一千祀。海内著姓，／其何尚之！代载简书，各而详志。周隋之际，从豪杰于山东，遂为邢州平乡／人也。五代祖曾任边将，因家朔陲，今为振武人也。父曰仁勖，有唐高士，闭／开育德，在陆而沉，束帛蒲车，累征不起。公则征君之子也。幼好文华，长闲／剑术。感激投笔，从事嫖姚。守必全城，战无强敌。表章擢荐，礼命优崇，授游／击将军，旋守右金吾卫大将军，试太常卿。公苦时俗之浇讹，忿笙簧之缕斐，／行高名屈，称疾退归。呜呼！宣□可以言命，川流莫制，风树难停。贞元十四／年闰五月六日□于单于六奇坊之私第，春秋七十五。识与不识，闻之泫然。／夫人清河张氏，礼乐之门，公侯之族，竹□侔贞，贯秋霜而不改；珪璋／是德，睦内外而逾温。抚孤幼以□息，示夜阐之轨范。兰蕘赉铎，桂实／锁芳。元和九年十一月十二日终于私第，享龄七十九。福善之理，何其／昧欤？嗣子岸，前十将、太中大夫、太仆少卿。雅有父风，早膺时誉，／辞职就养，辕门嘉之。孙曰奠，积庆之后，生于名家，自叶流，根必复。其／始以逾月庚申，葬于军东南四里之平原，夫人附焉。□家有无，志存乎礼，／即先人茔寝，不忘乎孝。公器宇流和，风仪奕峻，言非道而不出，事非／义而不行。照□连城，遽归寰寰。今子岸以为至贞者石，不朽者文，纪德／幽泉，以示终古。词曰：滔滔大河，日夜东注。水阂成川，／人嗟代故。松悲夕烟，草泣朝露。千秋万古，刘公之墓。／

墓志铭中的振武，当即振武军。"单于六奇坊"，当即单于都护府城的六奇坊。《旧唐书·地理志》："单于都护府，秦汉时云中郡城也。唐龙朔三年，置云中都护府。麟德元年，改为单于大都护府。东北至朔州五百五十七里。振武军，在城内置。天宝，户二千一百，口一万三千。在京师东北二千三百五十里，去东都二千里。金河，与府同置。"则单于都护府领有金河县。据《旧唐书》卷九《玄宗纪》下天宝四载冬十月，"于单于都护府置金河县，安北都护府置阴山县"。则金河县与单于都护府置于天宝四载。单于都护府城内的振武军不知置于何时，《旧唐书》卷十二《德宗纪》上记大历十四年十一月壬午，"以鄜州刺史张光晟单于振武军使、东中二受降城绥银鄜胜等军州留后"。则知其时已置有振武军，在单于城中。而刘氏居于边陲已有数世，故其籍，当即属于金河县。

根据这方墓志，可知今盛乐古城在唐中后期即为单于都护府城，亦即振武军城（墓在城东南）。而府城（军城）中有六奇坊，说明唐代单于都护府城中是分划有坊的。显然，在唐代，这里已有汉与突厥共居的一个城池。

二、鄂尔多斯

鄂尔多斯是蒙古语，据说意思是"众多的宫殿"。苗润博博士说，蒙古语的鄂尔多斯，来源于契丹语中的斡鲁朵，亦即宫帐。据说，在北元崩解之后，黄金家族的宫帐所属各部渐次进入今鄂尔多斯地区。

2016年秋，我陪同Hansen夫妇从银川向东，沿着明长城沿线，跑了一趟。正是秋天，风景非常美丽。可是，对于其历史文化，并没有留下怎样的印象，此后也没有在这方面下功夫。

那么，到鄂尔多斯能看点什么呢？著名的鄂尔多斯青铜器，我一点也不懂，似乎也没有再下功夫的可能。它太专业了，而且涉及的知识非常弘博。关键是，虽然看了鄂尔多斯青铜博物馆、鄂尔多斯博物馆，其中收藏了丰富的青铜器，也非常精美，但我没有找到一点感觉。我看着李零、邢义田等先生很专业地观察那些青铜纹饰，非常惭愧。（图10）

我此前没有见过鍑。它是北方草原民族特有的一种炊具。双耳，不仅是就炊时方便，更是为了迁徙时方便携带。镂空高圈足的设计，也是针对草原民族的生活特点：就炊时找一个略微平坦的地方，把鍑从马背下解下来，往地上一放，在高圈足下拢一堆火就可以炊事了。

这些青铜器及其纹饰图案展示了一个草原的世界：动物间的生态链，食肉的虎、狼，天上飞的各种鸟，食草因而也是被食的羊，被人类驯化的马、牛、羊，以及各种各样的小

图 10　蹲踞形青铜鹿（战国，鄂尔多斯青铜
博物馆藏，任超先生摄）

动物，草原的风光，当然，最重要的是，是人类及其创造，他们之间的征战杀伐。

而瓦当铭文、砖石画像与壁画，则展示了另外一个世界。

包头博物馆摹写了乌审旗（属鄂尔多斯）巴日松古敖包东汉墓的部分壁画，应当是按比例摹绘的。（图 11—图 13）

图 11　楼阁侍佣图（东汉，包头博物馆摹写，原出乌审旗巴日松古敖包 M1 前室北壁右侧，邢义田先生摄）

214

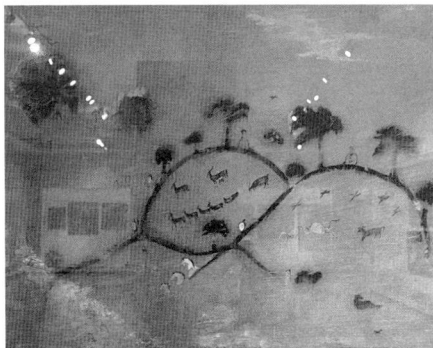

图 12　群山放牧图（乌审旗巴日松古敖包 M1 前室南壁右侧上部，包头博物馆摹本，邢义田先生摄）

图 13　牛耕图（乌审旗巴日松古敖包 M1 前室南壁右侧下部，包头博物馆摹本，邢义田先生摄）

图14　武库、庄园宴饮乐舞图（鄂托克旗凤凰山M1西壁，
包头博物馆藏摹本，邢义田先生摄）

鄂托克旗凤凰山M1（东汉墓）西壁所绘庄园宴饮舞图反映了边地庄园的生活图景。

图14的左侧部分，画的是武库。邢先生说，这些兵器的外面，都装了布袋子。图的右侧部分是群山放牧图，有马与牛，没有画羊。值得注意的是山头上画了两个人，手里拿着一个棍子之类的东西。他们是放牧人吗？

三、巴彦淖尔

（一）临戎、三封和窳浑

这三座城，都是当年侯仁之、俞伟超先生考察过的。所以，李孝聪老师说，我们这一次，算是重走侯先生、俞先生的路。侯、俞先生说：

> 根据初步调查，可以知道，乌兰布和沙漠的北部，在两千多年前，原是汉朝朔方郡的辖地。朔方郡是汉武帝元朔二年（公元前 127 年）建立的。现在这里所发现的三座古城废墟，已经查明就是朔方郡最西部的三个县城：临戎、三封和窳浑。临戎在今磴口（巴彦高勒）以北约 20 公里，自此以西约 50 公里就是三封，窳浑又在三封东北约 30 公里。三城废墟都已半被沙湮，彼此之间又有大沙阻绝，难以通行。
>
> 以汉代朔方郡的设置为线索，结合有关的历史文献，加以考察，不难断定朔方郡西部临戎三城初建的时候，现在的乌兰布和北部一带地方，非但不见沙漠踪影，而且还成为汉族移民屯垦的重要地区。特别是到了西汉王朝最后的半个多世纪，"朔方无复兵马之踪六十余年"，促进了这一地区人口的繁盛和农牧业的发展。关于这一点，东汉史学家班固曾说："数世不见烟火之警，人民炽盛，牛马布野。"如所描写，真是一派繁荣富庶的景象。这里所指，虽然不限于临戎三城，而临戎三城肯定是包括在这一繁荣富庶的农垦区之内的。现在广泛分布在三城废墟附近一带的汉墓群，就是一个很好的证明。

侯仁之、俞伟超先生的考察是在 1962 年、1963 年吧，论文发表在《文物》1973 年第 1 期上，是很多年后了。考察乌兰布和沙漠，应当是和治沙联系在一起的。论文的归结点，也放在乌兰布和地区的沙漠化上。这一地区在汉代曾经为农垦区，后来渐次沙漠化的论点，可以构成后来内蒙古建设兵团在这一地区进行开垦的历史根据。应当说，侯、俞先生当年的考察，与沙漠治理、农垦布局都有着密切关联。那么，我们今天来考察这三座城，目的何在呢？我们要弄清怎样的问题呢？

在考察的基础上，侯、俞先生绘制了两幅图。其一是乌兰布和沙漠北部汉代遗迹分布图，其二是乌兰布和沙漠北部遗迹与水系图。这两幅图及相关认识，乃是我们认识乌兰布和地区黄河与相关城邑变化的基础。其中最关键的，是认为临戎故城在黄河古河道之东。侯、俞先生说：

关于临戎城的建置以及它和黄河河道的相对位置，在北魏地理学家郦道元的《水经注》一书中，是有明文记载的："河水又北迳临戎县故城西，元朔五年立，旧朔方郡治。"过去在临戎废墟未被发现之前，地理学家或历史学家根据《水经注》的这段记载，总是在今黄河以东的鄂尔多斯高原求其遗址。现在这个遗址已被发现，但是其位置并不在黄河之东，而在黄河之西，其间相去大约 5 公里。这就说明两千年来，临戎故址虽然依旧，而黄河河道则已向东迁移。根据这一线索，曾试图向废墟以西的沙丘地带进行探索，在大约 30 公里的距离内，果然发现有已废的河道三条，相距最近的一条，南北向的河形还相当完整，尽管有部分流沙湮盖，但宽阔的河床依然明显可见。这应该就是黄河东移以前最后的一条河道,应该继续追踪,以求核实。其他的黄河故道,也应一一查清。至于黄河的不断迁移对于这一地区流沙起源的关系,更是当前应该深入研究的一个问题。

这一提示是非常重要的。其实,这应当是在这一地区进行考古工作的出发点,即寻找黄河故道。使用遥感和航拍图片,可能对于找到黄河故道是非常有用的。也许已经有人做了,是我不够了解罢了。

(1)关于临戎故城,侯、俞先生描述说:

古城位于布隆淖村的西南,东边紧靠一个名为河拐子的小村庄。全城作长方形,北端方向为2°。城垣黄土筑成,南、北两垣均长约450米,东垣长约637.5米,西垣长约620米,城垣宽约10米。古城的北部,地面上还保留着高0.5—2米的残垣;南北部则除少量段落外,已被流沙所湮。

城内未被流沙湮盖的地面上,散布着汉代的绳纹砖、瓦。还有很多罐、壶、瓮、盆、甑等灰色陶片,上面往往带绳纹和波浪、方格、斜方格等纹饰,汉代的特征是很明显的。原生灰层,在古城东南隅露头较多,包含物略同上述地面遗物。调查时,还见到石础、残石磨和圜状石权各一。石础是一块略成圆角的扁方形石块,柱穴部分仅略作圆形凹下。石磨的磨齿是不相连接的三角窝形。石权外径为14.5—17厘米、厚8厘米,穿径为

3.5—5厘米，已有残缺。凡此，从它们的形式看，也都应是汉代遗物。

古城的中心地区，有一处东西狭长的地带，地面稍稍隆起，上面堆积的砖瓦特多，可能是一处重要建筑物遗址。

城中央稍偏西北方有一处制铁遗址很值得注意。那里，在一块东西约50米、南北约20米的地段上，布满了铁器残片、炼渣以及炭烬；偶然还可见到铜器残块。铁器残块中，以铁甲片为多，调查时忽忽一过，所见即达数十片。

古城之中，汉代以后的遗物很少，仅仅拣到几片带长方条状压印花纹带的灰陶罐片、周身带轮痕的灰陶长腹罐片、红褐陶的外卷圆唇的盆片。它们大概都是辽至西夏前后的遗物。

从古城内的遗存情况看来，古城系汉代遗迹无疑；它在汉代以后，大概长期荒废，只是到了辽至西夏前后，又有少量的居民，曾经在此附近居住过一定时期。

这些认识都是关键性的。特别是临戎古城在汉代以后，即基本未再使用的看法，非常重要。结合三封、窳浑城在汉代以后也基本未再使用的认识，可以断定，这一地区的农垦，大概只在汉代进行过一段时间。在此后的千余年时间里，这一地区基本上没有开展农垦。所以，认为人类活动造成了乌兰布和沙漠化的看法，是不能成立的。此一地区的沙漠化，还是需要从黄河改道的角度去考察。初步的认识是：

图 15   临戎城北部航拍图（任超先生摄）

黄河的泛滥给乌兰布和地区提供了大量的细沙，而气候干燥
则使这些细沙变成流沙，从而造成了乌兰布和地区的沙漠
化。

图 15 上部的那条小路，应当就是侯、俞先生所绘图上
的小路。那么，小路上方，东西走向略偏北的土埂，就应当
是侯、俞图中的北城垣。小路的南侧，就应当是冶铁遗址。

（2）关于三封古城，侯、俞先生说：

陶升井是保尔陶勒盖农场总部的所在地。从总部向西南行走4公里，即达古城遗址。遗址之南，有土筑破屋两所，为麻弥图庙废墟。

陶升井古城遗址地面上汉代陶片堆积的情况是相当引人注目的，在东西约740米，南北约560米的范围内，一眼望去，满是陶片，它在沙漠中强烈的阳光照射下，反射成一片银灰色的光泽，远远即可望见。此处堆积的陶片所以如此密集，当是大风对土层剥蚀所造成。在乌兰布和沙漠中，除炎热的夏季外，经常有大风，它对地面土层所起的强烈剥蚀作用，在上述两处古城废墟中，都已见到过，而在此处，影响尤烈。估计城内的堆积土层，已经大部被风刮走，只剩下较重的砖、瓦、陶片，留在当地，从而以前是埋藏于地下不同深度的遗物，现在却密集地在地面上连成一片。

古城的土垣，亦几乎被刮完。仅仅是一个长、宽均约118米的方形内城，还可在沙丘之中依稀找出范围。在内城外的东北方及西南方，也还分别找到各长100余米的土垣痕迹，可能是外城的残留。看来，从前这是一座有大、小两重城垣相套的土城。这种形式的汉城，在内蒙古，特别是内蒙古西部地区，已发现多处，大概是汉代西北部的一种流行形制。

我们看到的情形，和侯、俞先生看到的，几乎是一模一

图 16 三封古城的内城（任超先生摄）

样的。图 16 右下角处，内城的东南部分，已经被打破。李孝聪老师推测那里很可能是城门。我赞同他的看法，而且认为这个城门的形制，应当和侯、俞先生所揭示的保尔特的城门是一样的。

不同的是，在侯、俞考察的时候，三封内城的周围已经全部是沙地，而现在，周围已全部垦为农田，种植了向日葵和玉米。秋天里，庄稼都收获了，地里留下了向日葵秆和玉米秆。田地里修建了良好的水渠。

（3）关于窳浑故城，侯、俞先生的描述：

> 古城遗址，现为沙金套海公社辖地，其位置在公社所在地的西南 3 公里处。保尔浩特为蒙古语，汉语称它为土城子。在本世纪初，这座古城曾遭到破坏性的盗掘。
>
> 这是一座很小的、形状不规则的土城，东西最长处不过 250 米，南北最宽处亦仅 200 米。西垣有些弯曲，

图 17　窳浑古城的航拍图（任超先生摄）

其西北隅有一些流沙覆盖，据初步辨认，好像作成两度曲折。（图 17）

从航拍图上看，北、东、南城垣保存完好，西城垣已破坏。图中的渠水是北流的。城北不远处，就是沼泽地，据说这个城，当年就靠近著名的窳浑泽。（图 18）

图 18　从窳浑城垣上北望狼山（邢义田先生摄）

（二）寻找高阙

其实我不太了解关于高阙的讨论，对相关背景也一无所知。大致说来，关于高阙，我所了解的记载，比较早的，应当是《史记·秦始皇本纪》上的。它说在始皇帝三十三年，秦在"西北斥逐匈奴。自榆中并河以东，属之阴山，以为三十四县，城河上为塞。又使蒙恬渡河取高阙、陶山、北假中，筑亭障以逐戎人。徙谪，实之初县"。张守节正义曰："山名，在五原北。两山相对若阙，甚高，故言高阙。"而《匈奴列传》则称："赵武灵王亦变俗胡服，习骑射，北破林胡、楼烦。筑长城，自代，并阴山下，至高阙为塞。而置云中、雁门、代郡。"郦道元《水经注》河水篇经文记河水过朔方郡临戎县西后，屈，从县北东流。注文说：

224

> 河水又屈而东流，为北河。汉武帝元朔二年，大将军卫青绝梓岭、梁北河是也。东迳高阙南。《史记》：赵武灵王既袭胡服，自代并阴山下，至高阙为塞。山下有长城。长城之际，连山刺天，其山中断，两岸双阙，峨然云举，望若阙焉。即状表目，故有高阙之名也。自阙北出荒中，阙口有城，跨山结局，谓之高阙戍。自古迄今，常置重捍，以防塞道。汉元朔四年，卫青将十万人，败右贤王于高阙，即此处也。

诸家的讨论，所使用的基本材料，主要是这三条，结合对赵、秦、汉代不同时期与匈奴间的战事、策略以及对此一地区地理形势的不同理解，而得出不同的认识。在考察前我做了一点功课，大致说来，关于高阙的定位，主要有三种不同的认识：

一是认为高阙在今狼山（古阳山）的某处山口。王北辰先生认为是在狼山达拉盖山口，张海斌先生（包头博物馆）认为是狼山哈隆格乃沟（亦即鸡鹿塞），王治国、魏坚、舒振邦等先生以为是在狼山达巴图沟，张维华、侯仁之、谭其骧、赵占魁、唐晓峰等先生则认为是在狼山石兰计山口。

二是认为高阙在今乌拉山（古阴山）的某山口。严宾、何清谷先生认为在乌拉山西段，李逸友认为在乌拉山西段的大坝沟口。

三是认为有两个高阙，一在乌拉山，是赵国高阙；一在狼山，是秦汉高阙，二者有相互承继关系。沈长云先生以为赵国高阙在大青山、乌拉山一带，汉代高阙则在狼山石兰计山口。鲍桐先生确认赵国高阙在乌拉山昆都仑沟，秦汉高阙在狼山石兰计山口。辛德勇先生进一步充实了鲍桐的论证，他肯定赵国高阙在乌拉山西段某山口，但其具体位置需要进一步考古工作的确认。秦统一后沿用了赵国高阙，后蒙恬出兵占据今河套地区，又在河套北侧的狼山沿线修筑了新的长城，高阙也随之北移至狼山石兰计山口。

李零先生对高阙问题似颇有兴趣，我们此次考察，寻找高阙，好像是一个重要目标。

我们先看的是鸡鹿塞。真是一个漂亮的关城。非常让人震撼。

当年，侯、俞先生曾考察过鸡鹿塞，所做的考察比我们要深入得多。两位先生在文章中说：

鸡鹿塞是汉代有名的关塞，地处阴山北部，是贯通阴山南北的交通要衡。它的名称虽屡见于《汉书》和《后汉书》，但是它的确切所在，久已失考。只有《汉书·地理志》在朔方郡窳浑城下的注文里提供了一个线索说："有道西北出鸡鹿塞。"现在窳浑城的遗址既已确定，根据这一线索向西北一带阴山脚下进行探寻，在相去大约20公里的哈隆格乃峡谷的入口处，果然发现有一系列汉代石筑烽燧，其中最重要的一处，是控制峡谷入口处两侧的石城遗址，可以断定这就是汉代的鸡鹿塞。塞口以内，两山夹峙，中间是一条宽阔平坦的天然通道，并有一泓溪水顺流而下，在出峡谷后没入沙砾层中。

在两位先生研究的基础上，我注意到鸡鹿塞与窳浑古城的关系。鸡鹿塞距离最近的县城窳浑城（也是朔方西部都尉驻地）有20多公里，中间其实是山前冲积扇，最下方是古窳浑泽。那么，鸡鹿塞（以及沿山口的诸多关塞），其实是孤立于山口的。

离开窳浑城，向西北行，沿途还可以看到半农耕的状态。朝前走，应当是山前洪积扇的最前端，也是最低点，形成一些积水的沼泽。水一旦干涸，盐碱就会露出表面。自最低处朝前走，地势明显地高起来，盐碱也出露到地表上来。在山前的冲积扇前，形成了细沙构成的沙丘。在细沙丘与戈壁之间，是由较粗的沙子构成的、固定的沙丘。到了鸡鹿塞

图 19　鸡鹿塞的航拍图（任超先生摄）

前面，山谷洪积扇上展布着戈壁滩。在途中，我非常注意观察从窳浑城到鸡鹿塞这一段路所经的地形地貌的变化。我以为山口要塞与山前城堡之间，这一段路的环境及其变化，及其对于当年连贯防御体系的建设，有着十分重要的意义。（图19）

　　在汉代，谷底与塞城的相对高度，显然比现在要高得多（考虑到谷口的洪积）。那么，站在塞城上，向下看，戈壁，荒漠，窳浑泽，远处是窳浑城及其周围的炊烟。这幅图景，使我相信，关塞，并非用于据守，而更多的是具有象征的意义，在战时，也主要发挥警示的作用。在谷内的诸多烽燧，也证明这些烽燧和关塞，主要是用于警示的。那些守烽燧的士卒，在编制上皆当属于这个塞。

塞城的规制显示出其军事性。从航拍照片上，可以清楚地看到这座塞城的格局。

所谓达巴图古城（也就是魏坚先生确认的高阙塞），就是侯、俞两位先生所说的大坝沟古城。它在鸡鹿塞的东面约17公里处。从地图上，可以看到，它在入口20公里左右的地方，就与从鸡鹿塞入口的哈隆格乃山谷会合了。这一点，当年侯、俞两位先生都注意到了。此点非常重要。正因为此，当年侯先生判断大坝沟古城的重要性低于鸡鹿塞，把大坝沟看成哈隆格乃山谷的支沟，而大坝沟古城则是鸡鹿塞属下的烽燧。如果将此一古城确定为汉代的高阙塞，就必须回答，它与鸡鹿塞的关系。

达巴图古城夹在东侧的达巴图沟和西侧的查干沟的台地的断崖上。地表现存的古城由南北两个相连的小城组成。北城略成方形，边长约40米，城墙系用较大鹅卵石垒砌而成。南城为长方形，东西长64米，南北宽48米，城墙较窄，出土了汉代的铁釜、铁甲片和箭头等遗物。南北两城的建筑风格明显不同，可见并非同时代一次修筑。在整个城址北墙及西墙外的缓坡上，有一段近300米长的石墙环绕，此石墙与城西的一个小山包相连，山包顶部有一方形石砌建筑，应为坍塌的烽火台遗址。整个城址位于两个山沟的交汇之处，控制着北方草原通向河套的交通咽喉，易守难攻，为绝佳的军事要塞。

现在看到的塞城，显然是经过精心修复的。修得太好了。（图20）

图 20　达巴图古城（任超先生摄）

　　在古城和烽火台的西面，一个山沟的两侧各有一座暗红色山峰高高耸立，形似双阙。魏坚先生等认为，高阙塞可能据此而得名，进而推测古城北侧的方形小城为赵武灵王所筑之高阙，而南城应是汉代沿用时扩筑的城。

　　关于石兰计山口，论者已有很多的讨论。从形势上看，我也比较倾向于认为这里可能是秦汉时代的高阙塞。在山口，树立着一个乌拉特中旗河长制办公室制作的狼山口子示意图（图 21）：

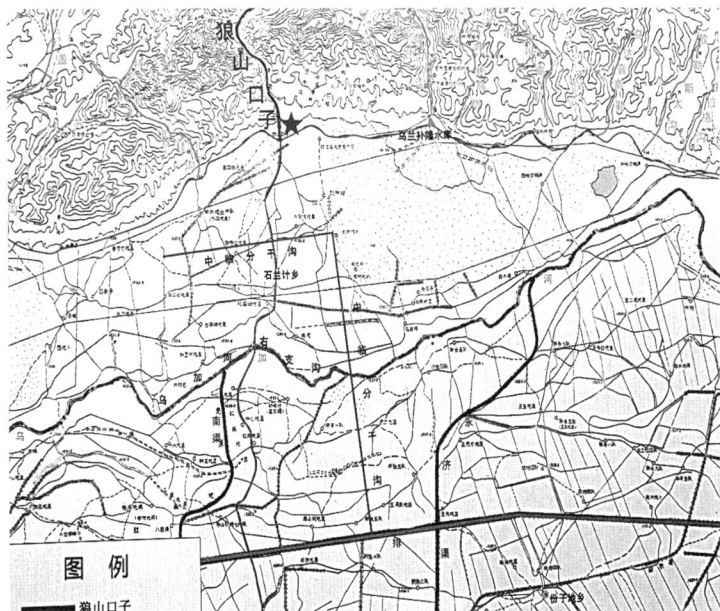

图 21　狼山口子附近地理形势示意图

　　图中的乌加河右支沟，基本上就是秦汉时的黄河北河故道。显然，狼山口子就在狼山最贴近黄河（北河）的地方。它作为一个标志性的关城，正因为其处于山、河交汇处而显得最为重要。山谷比较宽阔，是一条通途。

四、几点思考与感想

　　最早在北方地区跑，是在 1987 年的秋天，跟随贾敬颜等先生跑了宁城、赤峰、巴林左右旗地区。那时候我刚刚二十出头，什么也不懂，也没有认真学习，现在几乎全部忘记了。从2004年到2012年，我断断续续地在山西、宁夏、甘肃、青海、陕西地区跑了些地方，但没有真正地开展研究。那些奔波的目标，其实都是在给自己做的南方研究寻找其北方背景——我一直在想，没有北方，哪里会有南方呢？所以，做南方地区的研究，心里一定要有北方。但我所谓的北方，其实主要是黄河流域，对于黄河流域的北方，也就是草原地带，其实还没有从"北方"中认真地区分开来。

所以，这次考察，虽然并没有走出黄河流域，但我开始真正地去想，黄河之北的北方。我的立足点，不再是南方地区的稻作农业与北方地区的旱作农业的区分，而是北方地区的农耕经济与更北方的草原地区的游畜牧经济的区分。而这次考察所经的地区，正是农耕与游畜牧经济的过渡带。现在，我有了两个北方：黄河流域所在的北方，以及黄河以北的北方。后者指向了所谓的内亚，但我更愿意使用草原荒漠地带或者草原地带之类的说法。（在此之前，当我把目光转移到东南沿海的滨海地域时，实际上我已经有个两个南方，稻作的南方，和以渔盐为主要生计方式的滨海的南方）。所以，这几年自己最重要的"进步"之一，是观察与思考，在空间的层次上，区分出南方（稻作农业）、北方（旱作农业）以及南方之南（渔盐航海）、北方之北（草原游畜牧）。这次的考察，让我进一步明晰了这种分别，对于我个人来说，可能是一个重要的事情。

那么，在上述的记录之后，我试图在想些什么问题呢？

核心的问题，是谁（什么人）住在那里？在这个农牧业交错地带，在历史时期居住的是些什么人呢？人们习惯用汉、胡的观念去做这种区分，当然是有问题的。那位护乌桓校尉，怎么能确定其在血缘上的归属？诚然，他举了孝廉，做了汉朝的官，家里与墓葬也用了汉朝的制度，可是，根据这些，如何可以确定他在血缘上就是汉人？文化上的归属也是如此。关键在于，他在自己的家里，要是在说匈奴或者乌桓话呢？我们不知道，但也不排除这种可能性。以生计方式划分人群，似乎也很难。农耕的人们不仅以放牧作为其重要的生计方式，甚至以后者为主。而来自草原的人群，显然也会很快地学会农耕。那么，最好的办法，其实是笼统地称呼他们为农牧交错地带的居住人群。我想，弄清楚他们都是些什么人，从哪里来的，怎样看待自己，以及互相之间怎样看待，真是一个大问题，是开展这一地区研究的出发点。以往的研究把重心放在考察秦汉王朝将内地人户迁移到这一地区，揭示了问题的一个方面。确实，居住在临戎、三封、窳浑以及成乐等城中的，以及屯垦区的很多人，确实来自内地。但是，护乌桓校尉墓壁画《宁城图》所绘宁城城门外的那些人，以及前来纳贡的各种人，主要是当地的不同人群。

很奇怪，在这次考察中，我们看了不少的图像，有壁画上的，以及画像石、砖上的，却没有见到胡汉交争图。邢义田先生在总结会上展示了关于画像砖、石中山与山胡的形象的杰出研究，我没有能力分别，但印象中他用的是山东博物馆藏的胡汉交争图。可以肯定的是，邢先生没有提到此次考察中见有胡汉交争的画像。我们甚至没有见到典型的胡人形象——无论是乌桓，还是匈奴。

所以，我倾向于认为，在漫长的历史长河中，生存、活动于这一地区的诸种人群，其实主要是和平共处的——虽然不乏矛盾与冲突，但主要是"社会内部的矛盾与冲突"，而不是外部冲突——"战争"乃是国家语言，是权力集团间的争夺，而主要不是民众自己的争夺。

居住在这一地区的是些什么人以及他们彼此间的关系问题，关系到我们如何解读相关的史料。这三个瓦当（图22），出于麻池古城及其附近。张文平老师认为，第一个瓦当上的铭文，当读作"单于大降"，作"单于完全归降"解。从文字的角度说，"单于"下的字是否可以释作"大"字，可能非常难以肯定。张老师的意思，是不能读作"单于天降"，因为只有汉天子才能天降。实际上，我们不能确定使用这种瓦当的什么人，即使是"汉人"，他们也是可能认为单于乃天降的。至于"四夷尽服"，这里的四夷，也未必是出于汉人立场的，对四方夷胡

图22 汉代瓦当铭文

的称谓——"胡"也可以有其四夷的，在胡人的四夷观念里，"汉"乃属于其四夷的部分。我认为，在汉代当地人群看来，单于和汉天子一样，都可能是天降的；而他们的四周，不管其族源如何，都可能是"四夷"。四夷尽服，也不过是说天下太平的意思。

总的说来，这一行，向老师们学到了很多东西，也促使我思考一些问题。当然，这些都只是起步，能走多远、走到哪里，都还不知道。

2018 年 12 月 11 日星期三，于北大静园二院 204

（本文据 2018 年 10 月下旬参加北京大学人文社会科学研究院组织的内蒙古史地考察的日志整理成文，原刊于北大文研院编：《内蒙古文物史地考察报告》，北京：北京大学人文社会科学研究院，2019 年）

蔚茹水（葫芦河）探源

一、三条葫芦河

《太平寰宇记》卷三二泾州保定县下记有"胡卢河"（中华书局点校本，第692页），谓：

> 本名蔚茹水，源出原州西南颓沙山下，入泾。

按：宋保定县乃唐安定县所改，在今泾川县北，其境内不当有蔚茹水。此条记载实应移入原州临泾县（治在今镇原县城关镇）下。这条记载，当出自唐中期志书。盖原系于唐泾州临泾县下，后来，临泾县置行原州，泾州实已不领临泾县，而志书编者仍将此条留在"泾州"目中，遂将其系于泾州首县保定县下。此蔚茹水，当即流经今宁夏彭阳县、甘肃镇原县境内的茹水河、茹河。而同书卷三三原州临泾县（宋原州，即唐末行原州，治在临泾县）下又记有"原州川水"，说它"自蕃界，来入（原）州界，五十五里，入宁州彭阳县界。"（第703页，这里的句读与点校本不同）《太平寰宇记》

在原州"四至八到"里说原州东至宁州彭阳县五十五里,西至当州开边堡三十里,"濠外蕃界"(第 702 页)。上引"原州川水"所记之水从原州入宁州彭阳县界的"五十五里",就当是指这五十五里,其水西来之蕃界,也就是今镇原开边镇以西、以北地区。那么,这条"原州川水",也就只能是今茹水。《太平寰宇记》既然在原州临泾县下记载了原州川水(今茹河),就只能把"胡卢河"(也是今茹河)放到泾州保定县下了。这是一条胡芦川,亦即蔚如水。

《太平寰宇记》卷三三原州萧关县下也记有一条"蔚茹水",说它"一名胡卢河,源出原州西南颓沙山中"(第 706 页)。此条记载,与《元和郡县图志》卷三原州萧关县"蔚茹水"条(中华书局点校本,第 60 页)所记相同(《元和志》并谓水在萧关县城西)。唐宋原州萧关县,在今固原市北,自古无异辞。这条葫芦河,当即流经今固原市、海原、同心、中宁等县市,在中卫市东汇入黄河的清水河。这是第二条葫芦河(葫芦川、葫芦水,蔚茹水)。

而在今天的地图上,渭河上游北面最大的一条支流,也叫葫芦河。它发源于西吉、海原二县交界处,向南流经西吉、静宁、庄浪、秦安诸县,在天水三阳川汇入渭河。2010年前后,我曾几次经过这条河谷。当地人解释说,这条河河床狭窄曲折,形似"葫芦",所以称为葫芦河。我当时就很纳闷:到底是其河床像个葫芦瓢呢,还是整条河像葫芦藤?这个解释,不能让人信服。这是第三条葫芦河。

这三条葫芦河(水、川),分别流入泾水、黄河与渭河,一条向东流,一条向北流,一条向南流,却全部发源于固原市境内的六盘山。三者之间，是否有关联？这是我在考察时带着的问题之一。

二、茹水河（茹河）

2019年6月21日，北京大学人文社会科学研究院西北史地考察团一行，在邓小南、李零、李孝聪先生的带领下，从庆阳市（西峰区）出发，翻过董志塬，到达北石窟。北石窟即位于茹河与蒲河汇合处。考察团在考察北石窟之后，经过蒲河桥，西南行，进入茹河河谷。先考察了彭阳古城（位于茹河北岸），然后基本沿着茹水河谷，走县道002，到镇原县城。沿途观察茹河河谷，相当宽阔，在彭阳村、下碾张家—堡子沟—上碾张家、刘水家、北川村、阳坪、桑家坪、祁家坪、罗河湾，以及镇原县城关镇一带（自下游而上），都形成宽谷，河谷两侧的塬，也并不高，特别是北侧的塬，较为低平，都开垦了很好的梯田。正是麦黄时节，谷底塬上，都是将要收割的麦田，非常漂亮。在彭阳古城（彭阳村），看见了大片的麦田。两千年前，这些地方，应当是种粟的吧。（当天下午，由镇原县城东南行，越过镇原南塬，进入泾水河谷，到泾川县）。但是，茹水河谷的耕作区，明显地比不上其南的泾水河谷那么宽，两侧特别是南侧的塬，似乎比较高，塬上的垦作，似乎也远比不上东面的环水流域。

2019年6月23日，考察团从固原市出发，南行，在开城乡折东行，翻过六盘山东支的一段山岭，先考察东海子水库（即马场水库）。东海子水库应当处于茹水上源北面的一条小支流的源头。它的东南方有一个村子，叫海口村。因为交通不便，考察团没有从水库向东南行，直接到海口村，而是折返开城乡，再转入省道70。所以，我们没能观察到朝那渊与茹水之间的关系。在水库与海口村之间，有两个小聚落，大岔与西岔湾，那么，从水库下来到海口村的这道沟，称之为大岔沟。大岔沟东南流，在海口村东南，与自西南流来的乃家河（茹水正源）相汇。乃家河的南源称为芦子沟，北源称为火龙沟，西源（正源）称为小岔沟。三条沟的上源就是分水岭。由于乃家河较长，所以，现以乃家河为茹水正源。然大岔沟与小岔沟的称谓，使我们怀疑大岔沟更可能被古人视为茹水的正源。换言之，朝那渊可能被古人视为茹水的正源。

23日上午的考察路线，是从马场水库（东海子水库）折回开城乡，南行，在青石嘴收费站转东行，进入省道70，经乃家河水库、乃家河村，到古城镇，考察古城遗址。然后从古城镇，到彭阳县城关镇（晚上回来时，才看城阳古城）。这一段路，都是沿着茹水的。然后，下午绕了一圈（看彭阳县境内的古长城）之后，又到了城阳乡的城阳古城，从城阳古城回到彭阳县城。彭阳县城关到城阳古城这一段，也是沿着茹水的。

所以，这一次考察，总计考察了两段茹水：一段是从茹水源头（乃家河），经古城镇、彭阳县城关镇、城阳乡，这一段基本上在彭阳县内，是上游；另一段是从茹河与蒲河汇合处，溯水而上，到镇原县城，这一段可称为下游。从彭阳县城阳乡向东南流，直到镇原县城关镇，这一段（姑且称为中游）没有实地去看。从地图上看，这一段中间河谷最宽的地方在开边镇一带。

茹河与蒲河交汇处的古彭阳（汉彭阳县？）、镇原（临泾县，晚唐五代至宋代的原州、临泾县）、朝那（古城镇）三处，分别控制着茹水的下、中、上游。单纯从地理形势上讲，古彭阳（彭阳村）、朝那（古城）控制这条通道的东端与西端，是非常重要的。而镇原（临泾）则是茹水流域的中心。换言之，在统一王朝的格局下，东西向交通是重要的，彭阳古城和朝那古城就是这一地区最重要的两个点；如果东西交通断绝或不重要，从地域控制的角度，则镇原最为重要。至于开边、城阳、彭阳县城关镇这三处，则是次一级的中心。

秦及西汉时期，王朝国家的力量向北伸张，在茹水上游设置了朝那县，在其下游与蒲河交汇处设置了彭阳县（汉彭阳城，谭图画在蒲水之上，其地或正当在今北石窟附近或稍北，在董志塬上。然汉代蒲河流域似并不重要，彭阳应当还是在茹水这边，以控制茹水东端的入口）。东汉中期以后，王朝国家对于茹水流域的直接控制似乎渐次衰退，秦西汉至东汉前期已向北推进到茹水流域的农耕区域，可能向东南退到了洪河流域。茹水流域及其周围地区，实际上长期处于当地胡汉豪族大姓的控制之下。至北魏重新控制这一区域之后，相关的政区建置，就反映了东汉以来一系列变化的结果：茹水流域及其北面的蒲河流域都没有设县，而其南面的洪河流域则保留了汉代以来的临泾县与安武县，对泾水上游地区的控制则得到明显加强。显然，到北魏时期，这一地区东西向的交通，乃以泾水河谷为主，以前走茹水河谷的那条通道，可能基本上被放弃了。北石窟在这一时期的开凿，因而显示出其特别重要的意义。显然，由于朝廷没有在茹水流域设置县及以上政区，对这一地区的控制，遂更重视对大族的拉拢利用以及宗教手段的使用。

隋时安定郡领鹑觚、阴盘、朝那、良原、临泾、华亭六县。大业初置湫谷县，后改为临泾县，在今镇原县。县盖因水而得名，"湫谷"当即茹水。茹水流域在经历了东汉以来的动荡之后，重新置县，且处于中游地带，而非如汉时，彭阳与朝那二县分处于茹河东、西两端，说明湫谷县（临泾县）之设置，乃是为了控制这一地域（丰义城，不会是在汉代彭阳县故址，它本属彭原县，唐武德初由彭原分出，单独置县）。这条河在隋唐时被称为"湫谷"，正说明当时人认为著名的"湫渊"即在此水上源。而"湫谷县"被改称为"临泾县"，又说明在当时人的观念里，或以这条湫谷水作为泾水的正源。

唐代泾州治安定县，在今泾川县北。阴盘县后改为潘原县。二县在泾水上。茹水东端有丰义县，为丰义城所升置。广德、兴元年间，吐蕃从西面压过来。广德元年（763年），泾州治安定县陷于吐蕃；至兴元初（784年），良原县陷入吐蕃。自此之后，泾州地区，包括茹水流域在内，吐蕃势力渐大。至晚唐五代，此一地区吐蕃之影响当甚重。吐蕃之进入，迫使原居于此一地区的诸种羌胡或者向汉靠近，或者融入吐蕃。《太平寰宇记》卷三三"原州"总叙下述中唐以后原州（移治今镇原县的原州）地区的变化较详（第701—702

页），说：

> 自禄山乱后，西戎犯边，洮、兰、秦、陇，尽为虏
> 境。贞元七年，泾原节度使刘昌置（原州）于平凉县，
> 至元和三年移于泾州临泾县，置行原州，遂命镇将郝玼
> 为刺史。始玼以临泾地宜蓄息，西蕃每为寇，即屯其
> 地。尝白其帅，请城以控之，前帅不从。其后段佑为节
> 度使，玼复白佑。佑多其策，乃表请城之。故诏玼镇其
> 地，自是西戎无敢犯泾者。玼出自行间，前无强敌。在
> 边三十年，生得蕃人，辄刳剔而归其尸，蕃人畏之如
> 神，下令得玼者，赏以等身金。蕃人小儿啼号者，但连
> 呼郝玼以怖之。大中三年，本道节度使康季荣收复关
> 陇，却归旧原州。唐末，黄巢作乱，复陷城壁，再移原
> 州于临泾县置。

这里值得注意的是，茹水流域地宜蓄息，故吐蕃常于此
作为屯地。虽然记载说郝玼在此地颇有威势，然其地之基本
居民，显然是以吐蕃为主。盖中唐以后，泾水及其以北、以
南诸支流流域，当已全面吐蕃化。《太平寰宇记》于临泾县下
记有"和戎原"，谓在县南二十五里（第 703 页）。这个和戎
原，正当是考察团 9 月 21 日自镇原县城关镇东南行，越过
洪河后，又上的那个大原。原以"和戎"为称，正说明原上
所居多为"戎"。所以，可以大致肯定，当晚唐五代到北宋
初，茹水（原州川、蔚茹水）、洪河（阳晋水）以及泾水上
游两岸的塬上，大抵均分布着吐蕃等各种蕃胡，只有河谷地

带，才是官府编排有乡里、能够较好控制的汉民。

《太平寰宇记》卷三三原州临泾县下记有阳晋水与原州川水。阳晋水，在县南一十五里，"自罗使堡蕃界来，入本州，八十里，入泾州保定县界"，就是今之洪河。罗使堡当在洪河上游，已属于蕃界，"罗使"当是吐蕃语（应就是"逻些"的另一种汉字写法）。怀疑"阳晋"也可能是吐蕃语，或其他蕃语。总之，阳晋水（洪水）流域在中唐至宋初，应当是以吐蕃等各种蕃人占据为主。而原州川水（即今茹河，已见上文），则显然是以"原州"而得名，盖元和三年（808 年）于临泾置行原州之后，这条河才被称为"原州川水"。郝玭等所率领的唐朝军兵，以原州川水河谷（今茹河）为中心，其周围即是各种蕃胡人群活动之区。而唐后期置行原州于临泾，以及茹河得称"原州川水"，正说明中唐以后，泾水通道受到吐蕃的阻隔，茹水通道复形重要。

至此，我们遂得明白今茹河得名蔚如水（葫芦水、葫芦川）的根源。《元和郡县图志》卷三泾州临泾县下说："县有彭阳川，去彭阳县一百步。县界兼有汉安武、安定、彭阳、抚夷四县之地。"（第 57 页）唐时茹河流域并无彭阳县，此处所说"彭阳县"，当指汉时旧县。所以，这条河，在汉代应当叫"彭阳川"，盖因县邑而得名。在隋及唐前中期本当叫作"湫谷"或"湫谷水"，也可能被视为泾水的正源，所以湫谷县得改称为"临泾县"。至唐后期，置行原州于临泾，这条河遂被称为"原州川水"；而唐前中期的原州有一条著名的河川，就是蔚茹水，也叫葫芦河。原州既然由今固原移到了今镇原，原在固原境内的"原州川水"之名（蔚茹水，葫芦河）也就随之移到了今镇原县境内。

三、清水河（葫芦河）

上引《太平寰宇记》原州萧关县下与泾州保定县下所记"蔚如水"之名，均可与"葫芦河（川）"之名互换，说明"蔚茹"与"葫芦"很可能本来就是同一发音的不同汉字书写（如果能请当地人说说这两个词，可能会更好些，虽然也并不是可靠的证据），但也可能是因发音略有不同所致。

原州（固原）的葫芦川（蔚茹水）在唐代颇为著名。《新唐书》卷三七《地理志》武州萧关县下说："贞观六年以突厥降户置缘州，治平高之他楼城。高宗置他楼县，隶原州，神龙元年省，更置萧关县。白草军在蔚茹水之西，至德后没吐蕃。"（中华书局点校本，第969页）这条蔚茹水，即今之清水河。在至德以前，它就名为"蔚茹水"。在今茹河被称为蔚茹水之后，原来的蔚茹水仍然叫蔚茹水。上引《元和郡县图志》卷三原州萧关县"蔚茹水"条所记即是证明。又，《新唐书》卷一七四《牛僧孺传》记僧孺之言，说："赞普牧马蔚茹川，若东袭陇坂，以骑缀回中，不三日抵咸阳桥，则京师戒严，虽得百维州何益！"（第5231页）这里的蔚茹川，在"陇坂"之西，"回中"（当指秦回中宫，在今宁夏隆德县）之西北，显然是指今清水河之蔚茹川。《宋史》卷二五七《李继隆传》说李继隆建议由古原州蔚茹河路，运送粮草往灵州，路途较为便利。太宗批准了他的计划，命令李继隆率师以进，壁古原州，这就是宋镇戎军（中华书局点校本，第

8998 页）。宋镇戎军所在的"蔚茹河"，当然就是今清水河。《武经总要》前集卷十八《泾原仪渭镇戎德顺军路》"德顺军"条引经略使韩琦之言，说："笼竿城为山外四砦之首，北接镇戎军，捍一路，戎马走集；北缘胡卢川河，经古萧关至鸣沙县。乞建为军。"（《中国兵书集成》本，第 915—916 页）其"萧关路"条称："自（镇戎）军北刘璠堡，级葫芦河川，过古城、八苇子湾，出萧关，至鸣沙县界，入灵武，约五百余里，地形平敞。"其"刘璠堡"条："缘葫芦河川路，北控贼界，从苇子湾至故萧关。"（第 915 页）

　　2019 年 6 月 24 日下午，考察团所考察的平夏古城（位于固原市原州区黄铎堡村）就位于清水河左岸最重要的支流冬至河东岸，东距清水河亦不足十公里。事实上，清水河谷是一条宽广的川道，上引《武经总要》说萧关路"地形平敞"，确然是实际的描述。《宋史》卷八七《地理志》"怀德军"（即平夏城）说平夏城"东至结沟堡一十五里，西至石门堡一十八里"（第 2160 页）。石门堡即须弥山侧的石门关，结沟堡即在今清水河东岸的甘沟村。石门堡、平夏城与结沟堡三座城堡，自西向东构成一条防线，扼住清水河及其支流冬至河流经的川道。

　　考察团接着考察了王浩堡（在固原西北杨郎乡），也就是与平夏城齐名的"灵平砦"。灵平砦在平夏城南十二里，二者相距甚近。灵平砦东至古高平堡一十五里，西至九羊寨三十二里（《宋史》卷八七《地理志》，第 2160 页），也是由三个堡砦构成一道防线。

　　正因为清水河谷是一条较为宽阔的川道（远比茹水河谷

为宽），所以，自秦汉以来，它就是从固原北渡黄河的最重要的通道，一直非常著名。固原以北的战国秦长城，蜿蜒在低缓起伏的山岭间，也说明清水河谷及其两侧，实际上是自古以来的大通道，而并非北南不同人群的天然阻隔。

可是，这条河，在文献记载中，最初的名字，也并不是蔚茹水或葫芦河，而是乌水。汉代有乌氏县，王莽时改称乌亭。《汉书·地理志》安定郡乌氏县原注称："乌水出（县）西，北入河。都卢山在西。"（中华书局本，第1615页）汉乌氏县，向来被定在崆峒山之东，乌水在其西，北入于河（黄河），当然只能是今清水河。《续汉书·郡国志》安定郡乌枝县下刘昭注补说："本传有龙池山。《地道记》曰乌水出。"（第3519页）刘昭补注所引《地道记》，当即王隐《晋书地道志》，则乌水出龙池山之说，晋时即有。《水经注》卷二《河水》二经文记河水东北流，过安定北界麦田山，注称麦田山在安定西北六百四十里。据注文，河水东北流，过麦田城后，东北，"迳于黑城北"，又东北，"高平川山注之，即苦水也。水出高平大陇山苦水谷，建武八年，世祖征隗嚣，吴汉从高平第一城苦水谷入，即是谷也。东北流，迳高平县故城东，汉武帝元鼎三年置，安定郡治也"（江苏古籍出版社，点校本，第187页）。此处河水所经过的黑城，一般认为即在今中卫市南，黄河南岸，很可能就在沙坡头以东至清水河入黄河处；那么，黑城之得名，显然与"乌水"有关。换言之，"乌水"之"乌"，盖取其"黑"意，乌水应当就是"黑水"。而"黑水"又名"苦水"。苦水之"苦"，很可能是当地人群所说"黑"的发音（有类于"喀喇"之类）。总之，这条河最初的名字，应当是"乌水"，亦即黑水，用早期当地人的发音，则近于"苦水"。"乌水"（黑水）、"苦水"，均当言其清澈冷冽。今名"清水河"，乃是其古名的延续。至于"高平川水"（以及唐代的"原州川水"），则是以城邑、政区名称其水，是从外部给予的称谓。

自北朝隋唐以来，固原地区多有突厥等诸种人群移住。此点，近年来的研究，已较充分地揭示了中古时代固原地区多种人群混居、多元文化共存的状态。《旧唐书·地理志》原州萧关县载："贞观六年，置缘州，领突厥降户，寄治于平高县界他楼城。高宗时，于萧关置他楼县。神龙元年，废他楼县，置萧关县。大中五年，置武州。"（中华书局，点校本，第 1407 页）贞观六年（632 年）初置之缘州领突厥降户，当为羁縻州。至高宗时改为他楼县，属于正县。贞观间与缘州同时设置、共受原州都督府统领的亭、达、要三州，也可能是羁縻州，三州后来并入了原州所属各县，其所领突厥降户也当被编入各县。总之，唐前期，原州境内当有较多的突厥户移入。可以想见，大批突厥语系的人群进入清水河谷之后，对于这条本称为"乌水"的河，自然用突厥语发音，这就是被写成中文的"卢水"（"卢水"之意，即黑水）。

"蔚茹"与"葫芦"很可能就是突厥语所发"黑"音的汉字书写，与"芦水"的"芦"是相同的。《新唐书·地理志》记银州真乡县"西北有茹卢水"。（第 974 页）"茹卢"应当是联绵词，即"卢"（《太平寰宇记》卷三八银州真乡县下作"茹芦水"，其"茹"字，当为"茹"字之误；但反过来，

《新唐书》所记的"茹",也可能是"茹"之误,"茹芦"可能更近于突厥语或北族语系中"黑"的发音)。所以,"蔚茹水"或"葫芦水"都可能是指黑水,或者在"卢"加了一个界定词或发音词,"蔚"或"葫"。又因为中唐以后,实际上有大量的党项、吐蕃进入清水河及茹水河流域,所以,或者可以进一步揣测,"蔚茹"本出于突厥语,而"葫芦"则是党项或吐蕃语对同一个词发音的汉字书写。

四、葫芦河

2019 年 6 月 22 日,文研院考察团自平凉西行,穿越六盘山,隆德下高速之后,北上,经过秦回中宫遗址,到兴隆镇,吃午餐。之后,考察好水川与羊牧隆城。我们所考察的这条河谷,汇入葫芦河的地方,叫王家沟。河谷的中间有一个乡,叫杨河乡。再向东,就是属于隆德县的好水乡。这道河谷基本上是东西走向,两侧山岭不太高,坡较缓。这条河,就是葫芦河东面的支流好水河。河很小,实际上只能算作一条小沟,虽是夏天,也只有很少的水,一步就跨过去了。

羊牧隆城位于葫芦河与烂泥河之间。《武经总要》前集卷十八《泾原仪渭镇戎德顺军路》"隆德砦"条说:"天禧中筑砦,属渭州,地名邪没笼川,藩语讹谓之羊牧隆城。"(《中国兵书集成》影印本,第 917 页)按照《武经总要》的记载,隆德、静边、德胜诸砦周围地区的居住人群早已以诸种"蕃"(主要又是党项、吐蕃)为主。邪没笼、羊牧隆其实都是蕃语发音的不同汉字书写。这条河称为"邪没笼川"，城其实是以河川为名，"羊牧隆城"其实也就是"邪没笼"。

这条河，在汉文文献记载中，最初的名字，是叫瓦亭，盖以关亭名称水。《续汉书·郡国志》安定郡乌枝县原注："有瓦亭，出薄落谷。"刘昭补注谓瓦亭乃牛邯军处（第 3519页）。《后汉书》卷十三《隗嚣传》说光武帝建武八年（32年），汉军征隗嚣，"牛邯军瓦亭"。李贤注称："安定乌支县有瓦亭故关，有瓦亭川水，在今原州南。"（第 528 页）则"瓦亭川水"乃因"瓦亭关"而得名，其本名（亦即当地人的称谓）则应当是"薄落谷"（至少是上源）。"薄落"的本义若何，难以详知，但它应当是当地人称谓此水发音的汉字书写，所以，并不具有汉字字面的意义。

瓦亭水是一条大水，基本上是南流，经过陇山西麓，会合六盘山南麓、陇山西麓的诸多支流，所以，又以"陇水"著称。《水经注·渭水》记渭水出岑峡后，入新阳川，东流，"与新阳崖水合，即陇水也"。其下谓陇水东北出陇山，西流，迳瓦亭南。这一条河的源头，《水经注》没有说明，但应当就是《续汉书·郡国志》注中所说的薄落谷。薄落谷水西流，在瓦亭附近，与从其西侧流来的一条小河（此水东南流，故当在薄落谷水之西）相会，之后，称为"瓦亭川"。瓦亭水又西南流，相继汇合清宾溪、黑水。"（黑）水出黑城北，西南迳黑城西，西南流，莫吾南川水注之，水东北出陇垂，西南流历黑城，南注黑水。黑水西南出悬镜峡，又西南入瓦亭水"（第 1480—1481 页）。这样，古瓦亭关水的上源，就只能是发源于今原州区张易镇东北的马莲川。马莲川发源后，西南流，经过张易镇与马莲乡，在今将台镇附近与自北而来的乌龙河相汇。那么，今乌龙河（被视为葫芦河的正源），就应当是《水经注》渭水篇"瓦亭水"条所记的黑水。实际上，"乌龙"本身，也很可能就是从"邪没笼""羊牧隆"等称谓中演变而来的，应当就是"黑水"的意思。古时河川"互受通称"，瓦亭水与黑水汇合后，既可称为瓦亭水，也可称为"黑水"，所以，二水合流之后，自可通称为"邪没笼川"，世变音讹，遂成为"葫芦川"；而合流之前的瓦亭水，也可以称为"邪没笼川"，音变字改，渐成为"马莲川"。所以，马莲川、乌龙河、葫芦河，其最初的源头，都应当是"黑水"，用蕃语表达的音写成汉字，就是"邪没笼"（羊牧隆）川。

关于"好水"，也值得注意。据上引《宋史·地理志》，灵平砦初称"好水砦"，它位于向北流的"黑水"（蔚茹水、葫芦河）的一条支流"好水河"岸边，而被称为"好水砦"。"好水"有可能是宋人对"黑水"的改称。这不仅因为"好""黑"发音相近，可能更因为"好水"好，"黑水"不好，且是蕃人的称谓。同样，南流入渭的葫芦河（黑水）也可能被宋人改称为"好水"。所以，"好水川"有可能就是"黑水川"，也就是邪没笼川。"好水川之役"，或者就发生在葫芦河上，而不是其东面的支流今好水河上。当然，这只是一种揣测。

五、"黑水"及其意义

6月22日的考察，离开羊牧隆城以后，沿着葫芦河谷北上，经过将台镇、硝河乡，在西吉县城关镇东转东行，走固西高速，在偏城乡下路，看了偏城，然后回固原。固西高速（国道309）稍北，基本上可以看作葫芦河与清水河的分水岭。两条河好几条支流的源头，相距其实很近。清水河北流入黄河，葫芦河西南流入渭水，在历史上，当地人群都把它们称为"黑水"（苦水、蔚茹水，邪没笼川、葫芦河等）。流经彭阳、镇原二县境内的茹河却本不称为"黑水"，其所以被称为蔚茹水、葫芦川，却是由于"地名搬家"的缘故。

"黑水"之称，颇值得注意。"黑水"之本义，应当是指清澈冷冽的溪流，意在强调其水之清，所以，"黑水"就是"清水"，其水是否很深而使水成黑色，可能倒不是重点。《禹贡》黑水之所指或所在，自古以来，众说纷歧，却少有人追问何以称为"黑水"（并非完全没有）。搜检《汉书·地理志》以来诸地理志，可以见到很多的"黑水"。《水经注》更记载了许多不同语言源头的黑水。这些黑水，大抵都分布在游牧与农耕区域的交错地带，而语源属于游畜牧人群的黑水，更集中分布在牧农交错地带靠近游畜牧区的一侧。而这些地名的变动，实际上又反映了牧农业人群的变动。

在这次考察过程中，我一直在思考与此相关的问题。在东海子考察时，我在观察东海子与夏季牧场的关系。在从兴安岭到青藏高原东缘横断山脉及其稍南、稍东的燕山、太行山、句注山、横山、六盘山等地区，散布着一系列中高山草地。在历史时期的很多时间里，它们被游畜牧人群作为夏季牧场或转场牧地使用，中原王朝也往往将之作为群牧地。在这样的牧场或草地或其附近，往往有山被称为"黑山"，有水被称为"黑水"（使用不同的语言称谓），也往往有湖泊（渊、池、海子）。山、水、湖又往往被赋予了某些神圣意义，而受到祭祀或信仰。关于这种地带的"山"与"湖"，已经有一些研究，而关于"水"，特别是不同语源的"黑水"（似乎汉人更多地使用"清江""白水"之类的表达，指称同样是清澈的河流），却还没有见到有深度的研究（可能是我的孤陋所致）。

需要说明的是，在牧农交错地带，并非所有的河流都是清澈、可以称作"黑水"的。实际上，有不少的"黄水"（黄河、西拉木伦是随手捡到的例证）或"泥水"。这次考察的前两天，是在庆阳、环县境内跑。流经环县、庆阳的河流，马领河（马莲河）就是历史上著名的"泥水"。《汉书·地理志》北地郡"郁郅"县下原注："泥水出北蛮夷中。有牧师菀官。"（第 1616 页）居于"黑水"地区的"蛮夷"与居于"黄水"的"蛮夷"有无不同、有怎样的不同，实在是一个非常有趣味的话题。

（承考察团成员、北京大学历史系博士生于志霖提出宝贵意见，谨致谢忱）

2019 年 8 月 21 日，第一稿，多摩永山

2019 年 10 月 1 日，第二稿，八王子东中野

2019 年 10 月 5 日星期六，第三稿，于多摩永山

（原刊于《文汇学人》2019 年 10 月 18 日第五、六版，2019 年
11 月 1 日第六、七版）

环江一日

　　2019 年 6 月 20 日，北京大学文研院陇东宁南史地考察队从庆城出发，走 G211 西北行，先后考察了：（1）马岭镇（属庆城县，在环江东岸，国道 211 穿镇而过；镇东有一条小沟，基本上是北南方向，在镇南汇入环江，应当就是栾河。换言之，马岭镇位于栾河与环江汇合处。栾河的东面有几条沟，安沟、曹沟、柳条沟等。镇子的核心部分是马岭村，还有一个中寨。马岭古城仅存一段城墙，从断层看，应当是明代筑的）；（2）曲子古城遗址（位于环县曲子镇。曲子镇在环江［镇西］与国道 211［镇东］之间，比马岭镇大很多。双城村位于镇的南部，与镇区联成一体。曲子东沟从东向西穿过镇区，却在双城村的北面。古城遗址在这条沟的南面、环江的东面。这条沟对于古城应当是有意义的。在环江的西岸，还有一条颜家河汇入。看来，这个古城，应当是在东沟—颜家河与环江河谷交汇的十字道上）；（3）刘旗古城（在曲子镇西北，环江西岸，属刘旗村，实际上更靠近张旗自然村，位于一块塬上。其北面就是合道川，东面是环江。县道 008 沿合道川西行，通往合道镇）；（4）战国秦长城遗址（在城西川北，乡道 012 北）；（5）环县博物馆（环县城位于环江东，城西川从西面汇入环江，城西川与环江构成的盆地，可能是环江上中游地区最大的河谷盆地。县城南面、环江东岸有个村子，叫白草塬村）；（6）环县塔（宋塔）；（7）乌仑寨遗址（在环江东岸，寨西即紧邻环江，其西垣与南垣都靠近环江。寨西环江对岸有一条小河汇入，有个村子，叫肖关村。这个肖关村和环城镇南面的白草塬，很值得注意。这条小河，付马的记录里说叫寇家河。我怀疑就是马坊川，待查。若是，这条马坊川可非常重要，从这条道，应当可以西通固原，西北到达黄河渡口，待查）；（8）肃远寨遗址（在环江西、玄城沟北，其东面也有一条小沟汇入环江。寨址实际上位于环江河谷的中间，在一块小台地上，并不邻山）；（9）洪德寨遗址（在洪德乡洪德街村东，公路西即有城垣，寨址位于环江与其东面支流耿湾川［东川］之间，环江在这里拐了个弯，所以，寨城的南垣和西垣都靠近环江，其东垣则靠近耿湾川。今洪德镇实际上是在环江西，在原洪德寨西。在洪德乡，环江主流被称为西川，耿湾川被称为东川）；（10）木波镇遗址（在今木钵镇，位于环江东面，其北即为安山川。安山川是一条长谷）。

木钵镇在环县城关镇南，是在回来的路上看的。如果在洪德镇沿着西川继续北上，在老庙河湾北有罗山川自西北汇入；再向西北，山城乡有山城堡。再向西北行，越过环县、吴忠间的山地，即到达甜水镇、惠安堡，向西北，就到达黄河渡口。

这一天考察，是在环江流域进行的。这条河的下游，庆城镇以下河段，今称为马莲河。实际上，环江中上游，也可以称为马莲河。我没有民族语言（吐蕃语、党项语或蒙古语）的能力，但我怀疑马莲的意思，就是"河"（蒙古语的"木伦"，也许是近的吧）。我在宁夏石嘴山市经过一个叫马莲滩的地方；在环县洪德镇的南面，也有一个地名，叫马连滩。我猜马莲滩、马连滩的意思，应当就是河滩。如果马莲就是"河"的意思，而环江（及其下游）得称为"马莲河"，就是河的同义重复。

今马莲河（环江），在《汉书·地理志》中被称为泥水。《汉书·地理志》北地郡"郁郅"县原注："泥水出北蛮夷中。有牧师菀官。莽曰功著。""泥阳"县原注："莽曰泥阴。"注引应劭曰："泥水出郁郅北蛮夷中。"（卷二八下，第1616—1617页）《续汉书·郡国志》谓"泥阳有五柞亭"。刘昭注补引《地道记》曰："泥水出郁郅北蛮中。"（志第二三，郡国五，第3520页）泥水出郁郅县北蛮夷中，则泥水之称，当非出自蛮夷，而应是居于下游之非蛮夷给予的命名。《禹贡》谓："厥土惟涂泥。"泥与涂并称，则泥水自是指其浑浊。而泥水之西源，则被称为马领水。《汉书·地理志》北地郡"马领"县下颜师古注称："川形似马领，故以为名。领，颈也。"（第1616页）显系望文生义，不足为据。无论马领县治在今之何处，其地皆在泥水西源，郁郅县北，按照《汉书·地理志》原注的说法，是在"蛮夷中"或"蛮中"。所以，"马领"之名，很可能出自蛮夷，是蛮夷对这条河的命名。据上文的揣测，它的意思就是"河"。如果马领出自蛮语，那么，汉代北地郡所领的郁郅、方渠、义渠、弋居、昫衍，都可能出自蛮语，是蛮人地名的汉写。

汉末至北朝间，泾水流域的政治地理面貌及其人群分布情况发生很大变化。直到西魏、北周之世，复稳定地控制此一区域。《隋书·地理志》弘化郡所领县中弘化、弘德、归德三县均为嘉名。郡治弘化县，当在今庆城西北弘州故城。《隋书·地理志》谓合水置于开皇十六年（卷二九，第812页）。《旧唐书·地理志》"安化"县云："隋弘化县，治弘州故城。武德六年，移治今所，与合水县俱在州治。其年，改合水为合川县。贞观元年，省合川县并入。神龙元年，改为安化县。"（卷三八，第1408页）《元和郡县图志》卷三庆州"顺化县"下云（第67页）：

> 本汉郁郅县。后汉迄晋，戎虏所侵，不立州县。后魏及周，以为镇防。隋开皇十六年，于今州城西南一里置合水县，在马领、白马二水口，因以为名，属庆州。大业二年，以庆州为弘化郡，合水属焉。至武德六年改合水为合川县，取隋合川镇为名。贞观元年改为弘化县，天宝元年改为安化县，至德元年改为顺化县。

则隋弘化县与合水县同处一地，均在马领、白马二水会合处。《元和郡县图志》解释隋合水县之得名，谓其"在马领、白马二水口，因以为名"。然唐合水县本是置于武德六年（时原合水县改称合川县）的蟠交县。《元和郡县图志》卷三庆州"合水县"下称（第68页）：

> 西至州五十里。本汉略畔道之地，在今县西南

三十八里故城是也。自后汉至晋。此地皆无郡县。至后魏为襄乐县之地。武德六年，分合水县置蟠交县，以城临大、小乐蟠二水交口，因以为名。天宝元年，改为合水县。

是蟠交县城本当大、小乐蟠二水相会之处，天宝初因其为二水之会，改为合水县。那么，隋合水县（唐合川县）之得名，很可能并非源于马领、白马二水。更为重要的是，隋弘化县治乃在马岭、白马二水之间（今庆城），而合水县在其西南一里，则当在马岭水之西。故合水县之得名，当即其所临之水，即马领水。若据上述解释，马领意为河，则"合水"当即"河水"，亦即"马领水"。

隋弘化郡与唐庆州均领有马岭（领）县。《隋书·地理志》弘化郡"马岭"县原注："大业初置。"（第812页）《旧唐书·地理志》："马岭，隋县，治天家堡。贞观八年，移理新城。以县西有马岭坂。"（第1408页）《元和郡县图志》卷三庆州"马领县"："东南至州六十七里。本汉旧县，属北地郡，汉末为虏所侵，至后魏为朔州之地。隋大业元年，分合水县于此置马岭县，复汉县之旧名也。十三年陷贼，县废。义宁二年，于今县理北四十里百家堡置马领县，属弘化郡，以县西一里有马领坂，因名。"（第68页）此段叙述，自相矛盾：既云大业元年所置之马岭县乃复汉时旧名，且在百家堡（当即《旧唐书·地理志》所说之天家堡）之南四十里，又说百家堡西一里有马领坂，故义宁二年重置之县得名马领县，实不能自圆其说。无论是隋大业元年所置之马岭县，还是义宁二年复置之马领县，显然均沿袭汉时旧名，与百家堡之西是否有马领坂无关。而马岭县由合水县分置，其本义，也就是"河水县"。

这里还涉及方渠县。《旧唐书·地理志》："方渠，景龙元年，分马岭置。"（第1408页）《元和郡县图志》卷三庆州方渠县："东南至州一百八十里。古庆匦州仓在马领川内。因渠为名。景龙元年置，取汉县为名。县西北马领山诸谷水，东南流经县所置方渠堡，因名之"。（第69页）此叙方渠县之得名，也同样自相矛盾，不能自圆其说。"古庆匦州仓在马领川内"一句，颇不能解，故今校点本疑有脱误，以为本当作"方渠仓在马领川内"。若然，则其地在汉代方渠县废罢后，仍置有仓，方渠之称，一直相沿续。所谓"因渠为名"，则并无实据。方渠得名，当以"取汉县为名"为是。

《太平寰宇记》卷三三关于庆州及其所属安化县的叙述，大抵沿用唐时的说法，却也增加了一些内容，从而导致了一些新的矛盾。宋安化县沿自唐安化县（顺化县），为庆州治所。《太平寰宇记》引《周地图记》云："郁郅城，今名尉李城，在白马、〔马〕岭两川交口。"即今县是也。又引《水经注》云："尉李城，亦名不窋城。"（第708页）今本《水经注》"泾水篇"已佚，故此处所引《水经注》，不能确定其上下文。其"白马水"条称：白马水"出北塞夷中"。又引《水经注》曰："洛水南经尉李城东北，合马岭水，号白马水，合于渭。"（第708页）洛水没有可能合马岭水，尉李城若为洛水所经，就不可能在白马、马岭二水相汇处。所记颇不能通。其乐蟠县下有马岭山条，谓"俗名箭括岭。与

青山相连亘，在县西一里。有马岭坂，左右带川，相传汉之
牧地也。又有水出县西北，《水经注》云：与青山水合"（第
710 页）。这里所说的"县"，当是指废马岭县。其西一里有
马岭坂，显然是义宁二年在百家堡重置的马岭县。然若是百
家堡，则无以"左右带川"。"与青山水合"云云，更无以通
解。《太平寰宇记》卷三三庆州乐蟠县下"废马岭县"条引韦
述《十道记》，谓马岭县"与同川、怀安、方渠等四县并废"
（第 710 页）。然《元和郡县图志》四县并存，韦述《十道记
（录）》不可能谓四县并废，《太平寰宇记》所述误。凡此，
都说明到宋初，马岭、方渠等县久已废弃，时人已不详其所
在及其历史沿革。

　　而《太平寰宇记》卷三七"通远军"则提供了全然不同
的新信息（第 788 页）：

　　　　本西蕃边界灵州方渠镇，晋天福四年建为威州，仍
　　割宁州木波、马岭二镇隶之。至周广顺二年，避御名改
　　为环州。显德四年，以地理不广，人户至简，降为通远
　　军，管通远一县，并木波、石昌、马岭等三镇，征科人
　　户。

　　《新五代史》卷六十《职方考》所记大致相同（第 740
页）：

　　　　威州，晋天福四年置。割灵州之方渠、宁州之木
　　波、马岭三镇为属，而治方渠。周广顺二年，改曰环

州。显德四年，废为通远军。

《旧五代史·郡县》"威州"注称："晋天福四年五月，敕：'灵州方渠镇宜升为威州，隶灵武。'仍割宁州木波、马岭二镇隶之。周广顺二年三月，改为环州。显德四年九月，降为通远军。"（第2015—2016页）则知晚唐五代时，方渠已度属灵州，木波、马岭二镇则度属宁州，却不再归属同处于马莲河流域的庆州（庆州并未废除）。方渠之归属灵州，显然是由于其地已入蕃，而此一地区的蕃部主要由灵州方面控制。《太平寰宇记》卷三七述通远军之四至八到，谓（第788页）：

> 东至东原棱蕃部界三里，西至甜水堡蕃部界五里，南至木波镇界四十里，北至灵武路乌仑塞三十里。元无汉户，四面并是蕃部。东南至蕃部独家族一十五里，西南至蕃部挟利族一十五里，西北至蕃部傍家族一十五里，东北至蕃部鼻家族一十五里。

除河谷地带外，方渠四周均属蕃部。《寰宇记》虽然说通远军风俗"蕃汉相杂"，但看来蕃部的影响甚至超过了汉。更为重要的是，通远县下记有咸河，谓："从土桥、归德州、同家谷三处发源来，咸苦不堪。""甜河，在城西，从蕃部鼻家族北界来，供军城人户。"（第789页）咸河有三源，当即今环江。土桥应是其正源，当即今之西川；归德州，当为归德川之误，当是今东川（《武经总要》前集卷十八记环州城

砦，谓"洪德砦，西北路即旧入灵武大路，号青岗峡。东至
盐州路归德川"（湖南科学技术出版社，2017年，第1080页。
则归德川在洪德砦之东，通盐州路，当即今之东川）；同家
谷，则当是今罗山川。甜河，在军城西，既非环江，则当是
今之城西川。咸河、甜河之称，以及土桥、归德川、同家谷
等，皆当是蕃部所命名的，而用汉字音写或意译过来的。甜
河流域有甜水堡蕃部。同家也当是蕃部名。这样，东原棱、
木波、乌仑、独家、挾利、傍家、鼻家等，都是蕃部之名，
是蕃族给予的地名。

　　宋代在这一地区所修诸砦，砦（寨）名多为朝廷命名之
嘉名（也有例外，如乌仑），而其山川名，则多为蕃部所命
名。如乌仑砦，"控乌仑川一带贼马来路，咸平中重修。东
接蕃界，西即永和砦。南至州二十五里，北至肃远砦十三
里"（《武经总要》前集卷十八，第1080—1081页）。乌仑川，
当即今之马坊川（环江西面支流，可西通固原）。肃远砦，
"北控大落乾川，即駞驼平地入西界旧路。咸平中，增筑新
城，赐今名。南至州三十七里，北至洪德寨十三里""平远
寨，东控大岘川入灵武路，天禧中筑。东至州七十里，西至
定边寨二十里，南熟户二十里""永和寨，西控大岘川北至蕃
界，天德中始筑。东至洪德寨，西至熟户，南至金汤族，北
至蕃界""大拔寨，入庆州中路。西北至州七十五里，东至熟
户郭家族十五里，西至石昌镇五十里，南至马岭四十五里，
北至木波镇三十里"（第1081—1082页）。肃远、平远、洪
德、定边、永和等砦名，显然是宋方的命名，而大落乾川、
大岘川、大拔等山川名以及金汤、郭家等族称，则可能来自

蕃部。

我注意到，这种地名的分层及其不同来源，在这一地区相当普遍。《太平寰宇记》卷三六延州延水县下记有"骨胡川"，谓："自绥州绥德县界四十里合黄河。古老云：'胡名骨胡川，汉名乾川。'今无水。"（第755页）骨胡川，大概就是干沟的意思。临真县下记有库利川，谓"在县北二十五里。按曷鸡川，耆老云：'土地沃壤，五谷丰饶，胡称贮旧谷为库利'"（第756页）。其临真县下称："本汉高奴县地，后魏太武置临真县，属偏城郡。周武天和元年，稽胡叛，攻破城，遂移于流川。隋大业十二年，贼张诮攻破，又移就曷鸡城权住。义宁元年，稽胡首领归国。武德三年郡废，县隶延州，从曷鸡城移就流川旧处，即今理所。"（第756页）又记有黑城，谓"在县东二十五里，库利、东流川交口，赫连勃勃置。大象二年于此置郡，其城缘山坡，崎岖不正，遂名黑城"（第756页）。流川当即今云岩河。黑城，当即在今临镇西之黑舍村。《寰宇记》关于黑城与库利川之得名的解释大约都不对。盖库利川当即黑水，黑城则因黑水（库利川）而得名。曷鸡川本名流川，曷鸡川当是胡人的命名，其意当是丰谷川。这样，库利川当即今云岩河之正源，即发源于南泥湾的麻洞川；而东流川则为云岩河上源南支（唐宋临真县城当在东流川上游，今固县一带。谭图将库利川画成今云岩河，而将临真县定在云岩镇与临镇之间的峡谷地带，不确）。《太平寰宇记》于延州甘泉县下又记有阿伏斤水，谓"川在县南二十九里。源出大盘山东南姚险谷，流入洛水。阿伏斤者，夷人名也"（第758页）。这条河，明确是以夷人名命名的。其延川县下云:"唐武德二年,以废城南有哥基川,遂置基州。哥基者,胡语云濯筋川是也。五年,改为北基州。贞观八年废,属延州,为延川县。"(第758页)同书卷夫施县"濯筋川水"条下说濯筋川之得名,"耆老云:昔日尸毗王割身救鸽,身肉并尽,于此水濯其筋骨,因此为名"(第754页)。大抵并不可信。濯筋川更可能是另一支胡人的命名,或者,"哥基"就是"濯筋"的另一种汉写。而延川县下又记有青眉山,谓"在县西北六十里。耆老云后魏有吐蕃青眉家族居此"。又"叶延水,在县北,自绥州绥德县有蕃界来"(第758页)。青眉家族若系吐蕃,不当在北魏时即居于此,而当是唐中后期方居于此。青眉山因青眉家族而得名,叶延水也可能是蕃部所命名。

最后,我想讨论一下环州之得名。上引《太平寰宇记》谓周广顺二年,以避郭威之讳,改威州为环州。威州系嘉名,表威震远夷之意,易于理解;何以命为环州?当然,环字亦为嘉称,或并无太多内涵。然《太平寰宇记》卷三六灵州"废鸣沙县"条下云(第765页):

> 本汉富平县地,属安定郡。后周保定二年于此置会州,建德六年废郡,立鸣沙镇。隋文帝置环州,以大河环曲为名,仍立鸣沙县属焉。此地人马行沙有声,异于余沙,故曰"鸣沙"。大业三年罢环州,以县属灵武郡。唐贞观六年复置环州,九年州又废,县属灵州。神龙中为默啜所寇,因而荒废,遂移县于废丰安城,即今县理。其旧县基,咸亨三年归复,因以其地置安乐州,仍

移吐谷浑部落自凉州徙于鄯州，既而不安其居，又徙于灵州之境，置安乐州以处之。是后复陷蕃中，吐蕃常置兵以守之。大中三年七月，灵武节度使朱叔明奏收复安乐州，八月敕安乐州为威州，仍领鸣沙县。今州与县俱废。

这段叙述包含非常丰富的信息，可惜我还不能完全梳理清楚。显然，在大中三年之前，安乐州（在安乐川，今山水河流域）即已为吐蕃所占据，其地多有吐蕃分布，而在之前，则有吐谷浑曾居住其地。换言之，在唐后期，安乐川（今山水河）流域即为吐谷浑、吐蕃集聚之区。大中三年，唐复有其地之后，改安乐州为威州，属灵武节度使。今山水河（古安乐川）与今环江只有一岭之隔，蕃部越过青岗岭，即进入环江上中游地区。显然，后晋天福四年将灵州方渠镇"升为威州，隶灵武"，乃是对唐安乐州—威州的继承，其所管之蕃部，与安乐川（今山水河）流域的蕃部同属一种。上引《太平寰宇记》说通远军"西北至蕃部傍家族一十五里"，而据同书卷三六所记灵州城下管蕃部，有傍家外生族；保安镇所管蕃部，亦为傍家外生（我怀疑上文所见的"百家堡"，或即傍家堡）。正因为此故，当后周改威州之名时，即由威州、安乐州向上追溯至唐前期所置之环州，故名其州为环州。这不仅是对环州之名的继承，更是因为环江流域所居之蕃部与安乐州（威州）所管之蕃部有着密切关联的缘故。

接到文研院关于陇东宁南考察的通知后，我做了一些功课，大致梳理了这一地区的基本历史脉络，也给自己提出了几个问题，环州、环江（马莲河）的得名及其与居住人群和国家控制间的关系就是其中之一。6月20日的考察非常紧凑，我也特别被李孝聪老师所带动，去看那些城砦，思考当年宋朝在这一地区的攻防布局与战争态势。同时，我也在以自己的方式，观察地形，思考人群的变动，着意于地名的沉积及其所蕴涵的历史文化信息。通过考察，结合前期的功课与后期的梳理，我初步形成了一些看法：（1）马领（岭）、郁郅、方渠、义渠、弋居等地名，可能出自先秦至秦汉时期即在这一地区居住的蛮夷（"义渠"？），是蛮语发音的汉字书写，其中"马领"的本义，很可能就是"河"。"泥水"则是率先进入这一流域下游的汉人对这条河的命名。（2）东汉至魏晋北朝，在环江流域，特别是其中上游地区居住并活动的胡人，流动频繁，似并未在地名上留下印迹；隋及唐初重建对这一地区的控制，对于汉代此一地区土著人群留下的地名，已不甚理解其本原与含义。（3）中唐以后，吐谷浑、吐蕃等蕃部渐由青岗峡（岭）之北的安乐川，进入环江上中游地区，乌仑、木波、傍家（百家）等地名大抵皆当是蕃部的命名，而环州之名，则可上溯到唐时设于鸣沙镇的环州。环江流域的这些地名（包括环州），反映了吐蕃等蕃部人群从安乐川流域进入环江流域的过程。

这些认识当然还很初步，但对于我来说，却可能有着重要的意义。我一直在摸索把历史地理的研究与人类学的探索结合起来。通过地名及其层累，看人群的移动与融合，可能是一条值得尝试的路线。这种想法，在2018年和2019年参加内蒙古史地考察与陇东宁南史地考察之前，还比较朦胧，可供尝试的区域，也都在南方地区，而且时代偏于古代早期。这两次考察，使我对这一路线慢慢清晰了一些。虽然这不是什么较大的创新，但对于我来说，却可能是重要的一步。

2021 年 5 月 10 日，于武昌珞珈山东山头

（本文是在 2019 年 6 月 20 日考察日志的基础上，结合相关史料写作的札记，应文研院要求，整理成文，因不太成熟，迄未发表。时过境迁，现也无力再作补充完善，故略作校改，收入本书）

卷四　远望

谁的"中国"、谁的"边疆"以及谁"认同"什么

一、五部、六夷、四十三万户

西晋末年，南匈奴的一支，在其首领刘渊的率领下，在今山西境内临汾、吕梁地区建立起一个政权，这就是匈奴汉国。刘渊死后，刘聪继位，颇事制度建设，"大定百官"，"置辅汉，都护，中军，上军，辅军，镇、卫京，前、后、左、右、上、下军，辅国，冠军，龙骧，武牙大将军，营各配兵二千，皆以诸子为之。置左右司隶，各领户二十余万，万户置一内史，凡内史四十三。单于左右辅，各主六夷十万落，万落置一都尉"（《晋书》卷一〇二《刘聪载记》，北京：中华书局，1974 年，第 2665 页）。据此，其时之汉国，当可别为三种人群，分别以三种方式控制之：

一是原有的匈奴五部，分由诸将军统领。当时设置的将军名号（无论大小高低）共有十七种，若以将军各领一营、营各配兵两千计，共有三万四千人。丞相刘粲、大司马刘曜、太尉刘乂等所领部众，亦当有三四万之众。此六七万之

众（抑或稍多，但大抵不会超过十万），当即以昔年的匈奴五部为主体。这是匈奴汉国的"国族"。据此可知，其时汉国"国族"之匈奴五部之人皆被编入诸营，诸营已取代原有的五部，成为其编排部人的主要组织。

二是随附汉国的六夷，是汉国"国族"匈奴的同盟者，置单于左右辅，下辖十个都尉，分领十万落。主管六夷的长官称为"单于左右辅"，暗示六夷乃是匈奴单于的同盟军。六夷，即包括羯、鲜卑、氐、羌、巴蛮、乌丸六种夷胡。六夷被分为十部，各置都尉领之，其原有部落结构当也受到调整，亦为另一种形式的"离散部落"。

三是被征服、俘掠而来的汉户，由左右司隶统领，分置四十三个内史，各领一万户。汉国的左右司隶部以平阳为中心，面东而分：平阳之北为左司隶部，平阳之南为右司隶部。故往投并州之石越、转赴冀州之二十万户当为左司隶部所领。左右司隶部所领四十三万户，主要是汉国此前所掠之汉户。左右司隶部所属被掠而来之汉户既有相当部分被分配牧马，又被按"万户"编组，显然已脱离原有之乡里组织，而很可能被用匈奴、六夷的部落制方式编组。

匈奴汉国以平阳为中心，向河北、河西、河南地区扩张，除掳掠汉与杂夷户口之外，对于新征服地区，大抵沿用汉晋以来的郡县制。其时，北方各地纷纷在大姓豪族率领下，建立坞壁，所以大部分地区实际上处于大大小小的坞壁主的控制之下。《晋书·地理志》说汉国于单于左右辅、左右司隶之外，"又置殷、卫、东梁、西河阳、北兖五州，以怀安新附"（《晋书》卷一四《地理志》上，第 429 页）。五州之置，均未见于《晋书》刘元海、刘聪载记，盖亦仅假借名号，以怀安新附之坞堡豪酋，汉国并未能实际控制其地。

因此，匈奴汉国的国家结构，就由四个部分组成：其最为核心的是作为其"国族"的匈奴五部，按军事化编组，分置各营，以将军领之，总计不足十万人（户亦不足十万）；然后是单于左右辅所统十都尉所领之六夷，共有十万落（落大致相当于家、户），也按军事化编制；再然后是俘掠而来、集中安置在平阳地区的汉户，按"万户"编排，很可能也是较为整齐的军事化编制；最后是征服降附的汉民，多因其旧制而治之，即承认其固有坞壁主的实际控制权，假以将军、守宰等名号。然则，在匈奴汉国的政权格局中，以匈奴五部为主体的"国族"居于最核心的位置，六夷是其同盟者，左右司隶所统汉户是第三个层次，而河北、河南、关陇、山东等广大的征服区则是其边缘。

二、"杂"是谁，谁的"杂"

西安碑林博物馆藏有一通前秦建元三年（367 年）碑，《邓太尉祠碑》，马长寿先生曾做过细致的研究。碑文说：

> 大秦苻氏建元三年岁在丁卯，冯翊护军、建威将军、奉车都尉、城安县侯、华／山郑能［进］（邈），字宏道，圣世镇南参军、水衡都尉、石安令、治书侍御史、南军督、／都水使者，被除［为］（右）护军，甘露四年十二月廿五日到官。以北接玄朔，给兵三百／人，

军［府］（而）吏属一百五十人，统和［戎］、宁戎、廊城、洛川、定阳五部，领屠各、上郡、肤施，／黑羌、白羌、高凉、西羌、卢水、白虏、支胡、粟特、苦水杂户七千，夷类十二种，兼统／夏阳治。在职六载，进无异才，履性忠孝，事上恪勤，夙夜匪解。以太尉邓公祠，／张冯翊所造，岁久颓朽。因旧修饰，故记之。以其年六月左降为尚书库部郎、／护军司马、奉车都尉、关内侯。始平解虔，字臣文，圣世水衡令、蒲子北掘令、安／边将军司马、都水参军，被除为司马。

以下为属吏题名。碑文的核心内容，是说一个叫郑能进的人，被任命为冯翊护军，带领军府吏一百五十人、兵三百人，统领和戎、宁戎、廊城、洛川、定阳五部，领屠各、上郡、肤施、黑羌、白羌、高凉、西羌、卢水、白虏、支胡、粟特、苦水杂户七千，夷类十二种。碑文涉及的内容，有很多问题值得讨论，我们特别注意的，是这里的"杂户"。

马先生解释"杂户"，说它是与"正户"相对应的，说"杂户"是指营户、伎作户、医寺户、杂胡户等各种各样的户类，其地位比正户（普通编户）要低，是低端人群的户类。论者多认同马先生的看法。可是，我们却注意到，在碑文列举的十二种夷里，没有"氐"。而这一地区是有氐人居住，并列入版籍的。那么，一个显而易见的结论是：在前秦政权下，氐户是不被列入"杂户"；其原因也很清楚：氐人是前秦的"国族"。

魏晋南北朝时期，杂户、杂胡、杂夷、杂人、流杂频见于诸种史籍记载中。大多数论者，都将"杂"解释为各种各样的、杂乱的，意为各种各样的户、胡、夷、人。可是，经过仔细研究，我认为这个"杂"当作"别的"解。如《晋书》卷九四《隐逸传》"杨轲"记杨轲授《易》，"虽受业门徒，非入室弟子，莫得亲言。欲所论授，须旁无杂人，授入室弟子，令递相宣授"。其所谓"杂人"，即相对于"入室弟子"而言，是指入室弟子之外的其他人。那么，所谓"杂胡""杂夷""杂户"就是指别的胡、别的夷、别的户。这个问题比较复杂，这里只举两个例子加以说明：

（1）《晋书·石勒载记》记前赵刘聪死后，刘粲袭位，复为大将靳准（屠各人）所杀。石勒率军进至襄陵北原，"羌羯降者四万余落"；"勒攻准于平阳小城，平阳大尹周置等率杂户六千降于勒。巴帅及诸羌羯降者十余万落，徙之司州诸县"（《晋书》卷一○四《石勒载记》，第 2728 页）。平阳为汉国的都城，平阳大尹周置既为首都行政长官，其所率之"杂户"不当是地位较低的杂工户、医寺户之类。在此之前，刘粲暴虐，使靳准诛杀太子刘乂亲厚大臣，"收氐羌酋长十余人，穷问之，皆悬首高格，烧铁灼目，乃自诬与乂同造逆谋"；废诛刘乂之后，"坑士众万五千余人，平阳街巷为之空。氐羌叛者十余万落，以靳准行车骑大将军以讨之"（《晋书》卷一○二《刘聪载记》，第 2675 页）。显然，在刘粲、靳准夺权过程中，居住在平阳周围的氐羌受到沉重打击。平阳大尹周置率以降附石勒的六千杂户，显然是氐羌。其所以称为"杂"，盖相对于汉国的"国族"匈奴以及石勒所属的羯族而言。

（2）《魏书·明帝纪》载孝昌二年（526年）闰十一月诏书："顷旧京沦覆，中原丧乱，宗室子女，属籍在七庙之内，为杂户、滥门所拘辱者，悉听离绝。"（《魏书》卷九《肃宗纪》，北京：中华书局，1974年，第245页）所谓"旧京沦覆"，当指此前一年（孝昌元年）七月鲜于阿胡、库狄丰乐攻陷平城之事；"杂户、滥门"显然是指倾覆旧京的鲜于阿胡之类。《魏书·肃宗纪》谓鲜于阿胡为朔州城人，乃出自丁零，在拓跋鲜卑看来，自属于"杂户"；库狄氏则系出鲜卑，见于《魏书·官氏志》，故诏书称为"滥门"。

弄明白了杂胡、杂夷、杂人、杂户主要是指别的胡、夷、人、户之后，我胡、我夷、我人、我户也就可以推测得知。显然，在匈奴政权下，匈奴五部乃是"我胡"，六夷是杂胡；在前秦政权下，氐人是"我胡"，鲜卑、羌、屠各（匈奴）、月氏、卢水诸种胡都是"杂胡"，由他们编成的户也就是"杂户"；在拓跋魏，同属于鲜卑的库狄丰乐是"滥门"，虽然"滥"，但属于"我胡"之门，而出身丁零的鲜于阿胡则是"杂户"。与"杂"相对的，是"我"。而"我胡"与"杂胡"，都是"胡"。汉人，无论其是否入籍，或是处于坞壁主的控制之下，都不被称为"杂"。

这样，在十六国北朝诸胡族政权下的人群，就构成了一种多重层次的、不断变化的结构：胡与汉是两大人群分划，胡可分为"我胡"（控制政权的胡）与"杂胡"两大类，我胡与杂胡之间，又随着不同胡族政权的更替而转变（比如在前秦政权下的"国族"氐人，到羌人建立的后秦政权下，就变成了"杂胡"，而羌人则成了后秦的"国族"）。汉人也大致被分成两种类型：被俘掠至胡族政权的核心地带、受到直接控制的汉户（如平凉户、平齐户之类），以及被胡族政权征服、但委托当地大姓豪族（坞壁主）间接控制的汉户。这两种汉户的身份也在不断转换中。

那么，在这个过程中，是谁占据主导地位？换言之，是谁在分划我胡、杂胡、直接控制的汉户与间接控制的汉户？最可能的答案，是"我胡"。是"我胡"将"国族"之外的诸种夷胡确定为"杂胡"，而根据自身的权力大小与征服方式，将所能控制的"汉人"别为直接控制与间接控制两大类。在这个意义上，所谓"认同"仅限于"我胡"（国族）的自我认同，是掌握权力的集团构建其权力核心集团的一种途径或工具；而实现这种划分的根据与途径，乃是包括武力在内的诸种权力。对于杂胡、被俘掠集中安置的汉户以及被征服、受间接控制的汉户来说，都没有"认同"问题。

这一认识，当诸胡族政权被汉人政权取代之后，"我胡"变成了"我汉"，"杂胡"变成了"杂汉"，直接与间接控制的汉户变成了直接与间接控制的"夷胡"，但问题的实质没有变化。

三、大鱼蛟龙、东海姑、妈祖与四海龙王

《南史·阴子春传》记载了这样一个故事（《南史》卷六四《阴子春传》，北京：中华书局，1975年，第1555页）：

> 子春仕历位朐山戍主、东莞太守。时青州石鹿山临

海，先有神庙，刺史王神念以百姓祈祷糜费，毁神影，坏屋舍。当坐栋上有一大蛇长丈余，役夫打扑不禽，得入海水。尔夜，子春梦见人通名诣子春云："有人见苦，破坏宅舍。既无所托，钦君厚德，欲憩此境。"子春心密记之。经二日而知之，甚惊，以为前所梦神。因办牲醑请召，安置一处。数日，复梦一朱衣人相闻，辞谢云："得君厚惠，当以一州相报。"子春心喜，供事弥勤。经月余，魏欲袭朐山，间谍前知，子春设伏摧破之，诏授南青州刺史，镇朐山。

石鹿山神庙，又称谢禄祠，本为海祠，位于郁洲岛上，其所祀的海神为东海明王。在南北朝后期，石鹿山神庙中已塑有"神影"。"神影"应当是人形，很可能就是阴子春梦中所见的"朱衣人"形象。神影受到毁坏之后，海神现形为一条大蛇，攀在庙宇栋梁上；役夫扑打追踪未及，让它游入了大海；之后，变成了蛟龙。这里的海神（东海明王）应当有三种形象：庙宇中形塑的"神影"（应当是"朱衣人"），陆地上的大蛇，以及游入海中的蛟龙。

石鹿山神庙中的海神的本相是一个大鱼蛟龙，到了陆地变成了大蛇，它还可以变化为朱衣人，性别不详。会稽海边的海神却是一位女性。《太平寰宇记》越州会稽县"禹庙"引《舆地记》云："禹庙内别有圣姑堂，云禹平水土，天赐玉女也。"其山阴县"涂山"引《会稽记》谓："东海圣姑从海中乘船，张石帆至。"（《太平寰宇记》卷九六，越州会稽县"禹庙"条，第 1930 页；越州山阴县"涂山"条，第 1925 页）

276

《水经注·渐江水》谓禹庙在会稽山下，"庙有圣姑像"，并引《礼乐纬》云："禹治水毕，天赐神女圣姑，即其像也。"（杨守敬、熊会贞：《水经注疏》卷四〇《渐江水》，南京：江苏古籍出版社，1989 年，第 3308—3309 页）在这个传说中，东海圣姑被认为是上天为表彰禹平治水土之功，赏赐给禹的侍女。春秋战国时期，越君自称为大禹之后，故奉祠大禹，立有禹庙（《史记》卷四一《越王勾践世家》，北京：中华书局，1959 年，第 1739 页；《史记》卷一三〇《太史公自序》，第 3309 页）。大禹庙附祀的东海圣姑，应当是臣附于越国本土人所奉祀的神祇。传说谓东海圣姑从海中乘船而至，又被附祀于禹庙中，说明奉祀东海圣姑的人群当来自海上，是滨海的水上人群。

　　大鱼蛟龙样子的海神，以及女性海神都是滨海人群信仰的海神。后来最著名的海神，当然是天后妈祖，还有南海观音。但他们却并不是朝廷奉祀的海神。朝廷奉祀的四海神，在二千余年间历有变化，封号亦各不相同，但大致说来，以唐天宝年间敕封的四海王最为系统，即南海广利王、东海广德王、西海广润王、北海广泽王。四海王各有海神庙，南海庙在广州，东海庙在莱州，西海庙在河中府，北海庙在济源。《太公金匮》曾叙述这四种神的来历（《太平御览》卷八八二《神鬼部》二，"神"下，北京：中华书局，1960 年，影印本，第 3918 页）：

　　　　武王都洛邑，未成，阴寒雨雪十余日，深丈余。甲子旦，有五丈夫乘车马从两骑止王门外，欲谒武王……

太公谓武王曰："……五车两骑，四海之神与河伯、雨师耳。南海之神曰祝融，东海之神曰勾芒，北海之神曰玄冥，西海之神曰蓐收。请使谒者各以其名召之。"武王乃于殿上，谒者于殿下，门内引祝融进……皆曰："天伐殷立周，谨来受命。愿敕风伯、雨师，各使奉其职。"

原来，朝廷奉祀的四海神是为朝廷服务的。这里所说的四海神，后来被道教所改造，并接受了佛教中的龙王形象，成为四海龙王。按道教经典《太上洞渊神咒经·龙王品》所述，有两个龙王系统，即五方五帝五色龙王、四方四海龙王与中央大水龙王。而在佛教的中土伪经《佛说灌顶神咒经》中，所说的五方龙王分别是东方青龙神王、南方赤龙神王、西方白龙神王、北方黑龙神王以及中央黄龙神王。这种演变过程也非常复杂，且不予详说。总而言之，朝廷奉祀四海神或四海龙王，各立有海神庙，岁时祭祀。

当然，滨海人群关于海神是一条大鱼蛟龙的想象，与后来的四海龙王之间，存在某种关联，但毕竟不是一回事。作为滨海人群信仰主流的女性海神，东海姑、天后妈祖、南海观音，美丽、慈祥、救苦救难，集所有美德于一身，对于世人饱含着慈悲与关爱，完全是美与善的化身；而朝廷岁时遣使祭祀的四海龙王在民众心目中却是另一副模样。这里无须引述，只要想一想《西游记》里的四海龙王就可以了。

问题就发生在这里：对于滨海地域的人群来说，他们自己信奉的东海姑、天后是美与善的化身，普施恩泽，是他们的保护神；朝廷奉祀的四海龙王却是如此不堪：无能、势利、虚张声势，而且很丑，似乎没有做过什么好事情，还积攒了大量的珍宝财富。如所周知，王朝国家的海神祭祀，是基于"四方四海"的"天下"观念而展开的，是王朝国家的政治空间观念在信仰领域里的反映。如果说四海神代表着国家，而东海姑、天后则代表着滨海人群，那么，海疆人群对于"国家"的想象与认识就成为一个需要认真讨论的话题了。

四、以国家为主体的"中国认同"与"边疆"界定

我从厦门来。好几年前，北京大学的李孝聪教授到厦门讲学，见到厦大人类学系的宋平教授。他们两位是在荷兰认识的老朋友，所以，李老师很客气地说：好多年不见了，厦门还是比较偏远，不太有机会来。这本是一句礼节性的话语，可是，作为人类学者的宋老师却非常尖锐，立即追问：厦门为什么比较偏远？对于大小磴岛的渔民来说，它是中心呢！对于郑氏台湾来说，它也是中心啊！如果从伦敦或纽约看，北京和厦门的位置差不多吧？两位老师的立场差异非常鲜明地表现出来。后来，我陪着另一位人类学家苏堂栋看天后宫演戏，演的是高甲戏《游龙戏凤》，我终于可以开玩笑地说：皇帝来到了闽南，闽南也可以算是中心了。可是，在《游龙戏凤》里，正德皇帝被演成了一个小流氓，又彻底消

解了王朝国家的威权。

范老师把《枢纽》寄给我，我很快读了。对我来说，很好读，因为中间的很多问题，其实我被不少年轻人问过，但我没有答案，也没有去多想。我的路子和施展完全不同，不仅是学术风格上，也是理路上的。多年来，我一直把"中国"切割开来，一个区域一个区域，一直到一个个村庄，最后到一个个人。我相信历史上的"中国"只是或主要是一种政治存在，是一个政治体；然后它是一个被想象或被虚拟的文化存在，作为"文化存在"的中国在空间范围与内涵上，与作为"政治存在"的中国并不完全吻合；它正在被发展成为也被越来越被认为是一个经济存在，但作为整体的"中国经济网络"至少在历史上很难得到论证；作为统一的社会体的中国，可能至少不是一个历史现象。施展的著作，作为一种历史哲学性质的思考，他的出发点是，中国乃是一个完全的存在——它既是一个政治存在，也是一种经济存在，也是一个文化存在，也是一种社会存在。他的前提，是在世界历史与文明发展的进展中，有一个"整体"的被称作"中国"的存在。而我认为，这种完全的存在，实际上仍需要在历史过程中予以证明。

所以，我读了这本书，一直在想，施展所讨论的中国，是谁的中国呢？我想，它首先是施展个人的中国，其次是与他差不多背景的知识群体的"中国"。我以为施展及其相同群体的立场，基本上是全球化背景下的"国家主义"。其实，我很想知道，这本书，在施展心目中，以及在出版方的设计里，这本书是给谁写的呢？我一直在乡下跑，和中国的普通人群混在一起。所以，我的一个建议，是施展换一个位置想想：一个最普通的人，中国老百姓，他会怎样想象并看待"中国"以及中国作为"大国"的"崛起"？如施展所说，作为"世界枢纽"而兴起中的大国，对于中国这块土地上生活着的普通百姓具有怎样的意义呢？

在上面的故事里，我展示了不同的空间角度、不同的立场如何看待核心与边缘的问题。

从边疆区域与边疆人群看中国，首要的问题乃是谁的边疆，看谁的中国，以及谁站在边疆看中国。这就是所谓主体性的问题。在匈奴汉国，边疆乃是降附和被征服的汉人地区，河北、河南、关陇以及山东，那些曾经是中国的核心区的地方，变成了"边疆"；而原来在汉晋"边疆"的匈奴，成了其汉国的"国族"，占据着最为核心的地区。诸胡族政权的胡族，以其"国族"为中心，构建了一个作为"国族"的胡、杂胡、直接控制的汉户与间接控制的汉户四个层级的统治结构，并以其国族汇聚之区为核心区，依次递减到"边疆"。诸胡族政权都采取各种办法，证明并强调其作为"中国之主"的合法性，说明他们就是"中国"；而处于其政权边疆的汉人却无法接受他们是"中国"——如果他们是"中国"，那么，"汉"又该是什么？所以，身处胡族政权之"边疆"的汉，不会去"认同"胡族政权的中国性。更重要的是，后者根本就不需要他们"认同"。同样，汉唐以至宋元明清时期，滨海地域的那些人，信仰并祭祀东海姑、妈祖等他们自己的海神，而很少到朝廷斥资建在滨海地区的海神庙，还把朝廷尊奉的四海龙王想象得如此不堪。可是，没有关系，四海龙王并不因民间的嘲讽而降低其合法性与在朝廷奉祀神谱中的地位，相反，东海姑和妈祖却要得到朝廷的敕封才更显得尊贵显荣。

在这个话题里，"中国"是朝廷的，是国家的；"边疆"也是朝廷的、国家的；"认同"的主体也是朝廷，是国家，是掌握国家的政权。在十六国北朝时代，是胡族政权"界定"何者为"我胡"，何者为杂胡，何者为汉户，以及何者为更远的汉户。不存在反过来的"认同"——杂胡不会自认为是"杂胡"，被俘掠的汉户及被间接控制的汉户也无须"认同"自己的身份（事实上，他们都不愿"认同"这种身份，可是没有别的办法）。

所以，至少在帝国时代，所谓"国家认同"，是"国家"为主体的"认同"，是一个国家政权要"认同"自己是"中国政权"，进而把其政权控制下的诸种人群与区域分划为不同的类别，从核心到边疆。这种"认同"的实质是政权合法性问题，是对其合法性的建构，是自上而下的。在这个意义上，"中国"是朝廷的中国，是政权的中国；"边疆"是政权对于在其控制体系中处于相对边缘、控制相对弱、离心力相对较大的区域的"界定"，是朝廷的边疆，政权的边疆；"中国认同"乃是朝廷、政权对其作为"中国之主"的认同。在这个过程里，虽然不是完全没有"逆向的"认同趋向，但毕竟相对微弱，不是历史进程的主流。

因此，从边疆看中国，最重要的认识就是边疆乃是"中国化进程"的结果，而中国化进程的主导力量乃是国家政权。国家权力的诸种因素以及"中国文化"诸种因素在边疆区域的存在、扩张和发展是没有疑问的，"边疆"的不同人群、不同的人也会毫不犹豫地"利用""中国"国家的权力和权力话语，以强化其在"边疆"区域的权势，但他们只有在面对"国家"并在需要时，才会"认同"自己在"国家"中的"边疆"地位；而当他们的活动主要在"边疆"区域开展时，他们着力营构的，乃是自身在"边疆"区域的核心位置。

2018 年 1 月 29 日星期一，于厦门海沧

（原刊《探索与争鸣》2018 年第 6 期。刊出时有删改）

危机中的身份与平等

　　湖北江陵凤凰山十号汉墓所出 A 类竹简（郑里廪籍），是汉景帝初年官府向郑里 25 户发放贷种、食的记录。根据《汉书》的记载，如果遭遇灾害，贫民没有粮种可供播种，官府会于春三月向贫民发放必需的粮种和少量救济粮。在这份文书里，接受官府赈济种、食的郑里编户有 25 户，69 人，同墓所出 4 号木牍所记郑里共有 72 算。那么，这次接受赈济的，几乎是郑里的全部人户。换言之，当年江陵地区的灾害比较严重，郑里几乎家家户户都没有足够的种子，更不会有足够的食物。

　　这份文书，将户主称为"户人"。每户户人之下写明"能田"几人、口若干、田几亩、贷种若干石斗。在田亩与贷种数之间，画有一个"十"字，表示接受贷种的人的画押；一个"卩"字，应当是主持种食发放的乡吏画的表示具结的符号。这份文书所列的第一个户人"圣"，只有一口人，八亩地。在发放贷种时，将他算在了"越人"的户头之下，所以在他的贷种记录之下，只画了一个"卩"，而没有"十"，他所接受的八斗贷种，应是由越人代画"十"字的。除了"圣"，其余接受种食的 24 个户人都画了押，说明他们应当是亲临现场的。在 25 位户人中，有两个"公士"（"田"和"市人"）。公士是最低一级的民爵。还有四个户人的名字里有"奴"字（"小奴""奴""楚奴""赖奴"），他们本来的身份可能就是奴，释免而成为庶民的。"能田"，可能与居延汉简所见的"使男""使女"相同，是指七岁以上可以干农活的人，而非指十五岁以上的"大男""大女"。

我们注意这份文书中的户人名字的书写。以今人的眼光，会很快发现，他们登录的，除了"朱市人"一位外，都应当是名字，圣、择、击牛、野、不章、越人、小奴、市人等，都应当只是名，没有姓。"朱市人"的"朱"，看上去很像是姓，但因为有另一位叫"市人"的，"朱市人"更可能是为了与"市人"区分开来，特别加了个"朱"字。这个"朱"，是用来修饰"市人"的，当是形容词。那么，这些登记在籍帐上的人名，可能都没有姓（湖北省文物考古研究所编：《江陵凤凰山西汉简牍》，北京：中华书局，2012 年，第 106—113 页）。

这是在汉初。按照西周以来"贵者有氏有名，庶人有名无氏"的惯例，这些普通的编户均尚未使用姓氏冠于其名之上，虽然当时庶人也有使用姓氏的例子，而且正在普遍化的过程中。郑里的人，几乎全部得到登记，并接受官府发放的种食。简文记录了各户下"能田"的人数、全家的口数、耕种的田亩数，既可能是官府本已掌握的，也可能是各户自己申报的。无论如何，在严重的春荒里，郑里百姓来到乡吏面前，接受官府贷给的种子、粮食，申报或确定自己户下能田的人数、口数、耕种的田亩数，然后画押，领取了种、食。

天下没有免费的午餐。接受官府贷给的种食，不仅到秋天收获以后要连息付还，更意味着受贷种人成为国家的编户齐民，要履行作为编户齐民的义务和责任。在同墓所出四号木牍上，就记载了郑里户人所要缴纳的算赋钱（人头税）（湖北省文物考古研究所编：《江陵凤凰山西汉简牍》，第100页）：

> 郑里二月七十二算，算卅五，钱二千五百廿，正偃付西乡偃、佐缠、吏奉。卩。
>
> 郑里二月七十二算，算八，钱五百七十六，正偃付西乡佐，佐缠傅送。卩。
>
> 郑里二月七十二算，算十，钱七百廿，正偃付西乡佐赐，口钱。卩。

二月中郑里征了3次算钱，每算合计53钱。与郑里同属西乡的市阳里在二、三、四、五、六月5个月里征收了14次，每算合计227钱。所以，整理者估计全年要达到400多钱。按照睡虎地秦简的规定，成年男性劳动力每天的工钱按八钱计算，那么，一个成年男子，每年大约有两个月的劳动，是用来交纳算钱的。

在这件文书中，接受官府发放种、食的圣、择等人的身份，是编户齐民，就是列入国家户籍、身份平等、需要纳赋服役的民户。编户是他们的身份，齐民是说他们的地位平等（齐）——这里的平等，是说他们在国家面前，在政治与法律层面上，特别是在承担国家的义务方面是平等的，并不是说他们的财产、经济地位也是平等的。我们注意到，拥有编户的身份，是他们得以领取官府发放的种、食的前提，而且，当灾害发生时，在国家的救济面前，他们是平等的。同时，他们也有义务承担国家要求的赋役负担，而且，在承担赋役问题上，至少按制度的规定，他们也是平等的。反过来说，由于他们在正常年份向国家尽了责任与义务，那么，当灾害发生、他们面临生存危机时，国家也就有义务给予帮助，按照斯科特（James C. Scott）的说法，这是国家作为"保护人"应担负起的责任。在这里，国家与编户齐民的关系，乃是一种保护人与被保护人的关系，彼此负有责任。国家既然要求人民承担责任与义务，那么，当灾难发生，人民也就有权力希望或要求国家承担起帮助救护的责任。在这个意义上，国家在履行职责，编户在行使自己的权力。而这一切的前提，在于这些人是国家的编户齐民，拥有合法的身份。

武则天证圣元年（695年），时任凤阁舍人（即中书舍人）李峤上了一个表，说当时天下有很多的流亡人口，"今天下之人，流散非一"，"或违背军镇，或因缘逐粮，苟免岁时，偷避徭役"。这些人脱离了原来的户籍地，不在国家掌握的户口籍簿上，到处流浪，"或出入关防，或往来山泽"，不仅逃避赋役，甚至团聚在一起，造谣生事，"诱动愚俗"，形成潜在的动乱源（"堪为祸患"）。李峤说，对这些浮浪人口，朝廷曾多次下令搜检，并颁布了诸多法令，要求州县严加管控，"设禁令以防之，垂恩德以抚之，施权衡以御之，为制限以一之"，甚至实行邻里互保与悬赏纠告，可是效果并不好，成效甚微。朝廷也曾经设想对于返乡逃户给予赈济、扶助政策，免除其所欠赋役，甚至向亡人提供返乡食粮，使他能够从外地回归本乡。可是相当部分逃人离开家乡已逾经年，已丧失其本来家业（"离失本业"），而在寄居地已有生业，乐不思乡，并不愿回乡（"心乐所在，情不愿还"）。对于这种情况，李峤建议：应当就地安置，将他们的户籍落在现居地，"听于所在隶名，即编为户"，即按照居住地原则，编籍管理。李峤还特别谈到，有的官员"不达于变通"，强调属于军府的户口，不可以移动；关中地区的籍贯，也不能改动。李峤说，这种做法，实际上是在驱迫或鼓励人们逃亡，因为关陇府兵军户的负担沉重，越加限制，人们越要逃亡（《唐会要》卷八五《逃户》，北京：中华书局，1955 年，第 1560—1561 页）。

　　李峤所说，是一个"盛世危言"，或者说是一种舆论中的危机，其真实与否姑且不论，这个危机至少在当时的朝野舆情中是存在的，而且是严重的。李峤提出的解决办法，不是进一步强化搜检逃户、勒使归乡之策，而是对久客逃人就地安置，编籍管理，不再强制其还乡。李峤触及关陇府兵军户逃亡的一个动因，即制度上负担的不平等。即使是在太平岁月，人们也会从负担较重的地区，逃亡到负担较轻、又易于谋生的地区。他其实并未能提出根本性的解决之道，但他暗示，真正的原因，就在于军府所属的府兵户需要服属兵役，负担较重，而关陇又是军府最为集中的地区，所以，虽然是京畿所在，人们仍然"越关继踵，背府相寻"。我们知道，府兵是一种特殊的身份。他们曾享有特权。曾几何时，特权变成了负担，而兵役负担又驱使其逃亡。

身份是从外部强加给个体或群体、阶层的一种相对固定的标识与状态，个体或群体在这种状态中的位置或被贴上某种标签，并非出于他或他们的意志（或意愿），他或他们也不能通过自己的努力而否弃这种位置或标签，除非打破给予或确定其身份的政治经济与社会文化体系。但身份体系并不是全然不可以变动的。危机，实际上会导致身份及其体系的变动——或者强化身份体系，或者迫使其做出调整，而具体到个体或某个群体、阶层，危机则给其身份的改变提供了某种契机——虽然未必会向好的方向发展，更多的人在危机中，身份更向下流动。在我所讲的汉初的故事里，春荒，强化了郑里编户的身份秩序，户人们作为"齐民"，平等地接受了官府的赈济，而官府也平等地施予了这种赈济，并借此强化了对全部编户齐民的控制。在李峤的建议中，他实际上泯灭了逃户与主户的分别，也尽可能淡化军府府兵户与普通编户之间的差别，对于逃户采取一视同仁的政策，就地安置，按居地编籍管理。虽然设想未必尽善，其实施效果如何更不能确知，但他指出了一个解决问题的方向：居住地原则。

我似乎完全离题了，因为我仍没有谈到危机中的乡村及其与城市的差别。在我看来，本就不当有这种差别。危机，无论怎样性质的危机，在城市与乡村状态下当然会有不同的表现形态，危害也各不相同，但从根本上说，对于不同的个体、群体，都存在着威胁、危险和损害，虽然并不是一致的威胁、危险和损害。至少在理论上，危机对于每个人来说，都是危机。因此，危机不应当成为强化不平等的契机，也不应成为建基于身份差别之上的人群隔离的借口。反之，危机，无论怎样性质的危机，都应当成为争取并实现社会平等的机会，并应当在危机中努力打破诸种建基于身份制之上的、程度不同的、各种形式的人群或社会隔离。

虽然有诸多问题需要进一步探究，也有更多的具体措施需要加以摸索、实践，但居住地管理与居住地应对，都是在危机及其应对过程中尽可能贯彻并实行平等原则的一个方向。从历史上讲，王朝国家在建立之初往往都着眼于户口控制，从身份的角度来控制个体与家庭。所以，在王朝建立之初，民众的身份户籍与他的居住地往往是一致的、是统一的。但是随着各种各样的原因的出现，居住地与户籍所在地逐渐分离。国家的管理也逐渐由身份控制过渡到居住地控制。实际上，居住地管理往往是在应对各种危机的过程中逐步实现的，显而易见的理由是，居住地管理原则，更便于日常行政与事务管理的运作。在这个意义上，居住地控制或地域控制的原则，应当是一种大势所趋，需要立足于居住地，认可户籍来源不同的人的身份，逐步实现身份与居住地的整合和统一。

（原刊《中国农业大学学报》[社会科学版] 2020 年第 5 期）

世间本无"好皇帝"

一、"土豪劣绅"与"好富人"

2018 年秋季学期，我有机会在北京大学人文社会科学研究院从事访问研究。根据文研院的规则，每位邀访学者要在院内做一次报告。我报告的题目是"关于古代乡里制度的界定、研究理路与初步认识"，主要是介绍我近年来有关乡里制度的一些研究与思考。在谈到王朝国家的乡里控制制度与"乡村自治"的关系时，针对所谓传统中国在乡村统治领域里的"双轨政治"或"官民共治"的观点，我强调所谓"乡村自治传统"与王朝国家乡里控制制度之间的矛盾、对立和冲突，认为"乡村自治"在本质上乃是乡村的各种力量以不同方式实现对乡村社会的控制。无论是在汉唐时期，还是在宋元明清时期，真正在乡村社会中操持"乡村自治"的，大抵都是以各种形式出现的豪强势力（无论其力量主要表现为财力、武力，还是"文化权力"，或者兼而有之）。站在王朝国家的立场上，这些乡村豪强只要有可能，就会不择手段地广占良田，荫附户口，极大地削弱了王朝国家对于乡村户

291

口、土地资源的控制；同时，他们对于王朝国家也并非"绝对忠诚"，甚至"心意亦异，若遇间隙，先为乱阶"，乃是王朝国家统治秩序的潜在威胁。站在普通民众的立场上，这些乡村豪强往往恃强凌弱，仗势侵夺，武断乡曲，鱼肉百姓，自己"富有连畛亘陌"，而普通民户则"贫无立锥之地"，乃是导致乡村贫穷、社会不公与变乱的直接根源。这就是我所谓的"土豪劣绅论"。

我介绍了自己的认识与思考之后，老师们展开了热烈的讨论，王炳华、邢义田、邓小南、刘静贞、陈映芳、贺照田、黄纯艳、刘成国、罗丰、渠敬东、薛龙春、周颖、郭永秉以及 Isabelle Thireau，Frédéric Brahami 等先生都给予极为宝贵的评论与建议。围绕我所谓的"土豪劣绅论"，老师们的批评与建议主要集中在两个方面：一是应当充分注意或肯定"乡村自治"在传统中国乡村控制与治理中的作用与意义，特别是要注意历代王朝无论采用怎样的乡里制度与乡村控制政策，都不得不充分地考虑"乡村自治"的传统，并尽可能地依靠或利用乡村社会的诸种力量，特别是不同形式的乡村豪强；二是应充分注意并肯定"乡绅"或"地方精英"在乡村社会的构建、运行、秩序之维系与文化建设等方面的作用，特别是"乡绅"程度不同地受到儒家文化的影响，有善良仁义的一面，并且在"礼教下传"的过程中，发挥了重要作用。我认真对待与思考这些批评与建议，将之概括为"大善人论"（或"好富人说"）：对于王朝国家来说，"乡绅"乃是其控制、治理乡村所可依靠的基本力量，是"良臣"；对于乡村民众而言，大部分"乡绅"是"好人"，品德无亏，为人公正，善良仁慈，甚至乐善好施，急人所难，救济穷苦，维护乡村的"正义"与"秩序"。

我全面地接受上述批评与建议，并努力纠正、弥补自己研究与思考的偏差与缺失。在此基础上，我进一步去思考："善人"或"好乡绅"是如何可能的？具体地说，在本质上应当是"土豪劣绅"（如果我们相信"性恶论"）的"乡绅"或"地主精英"，是如何"炼"成为"善人"（指真正的"善人"，不是"伪善人"）的？他们为什么要做"善人"（对于"伪善人"来说，他们为什么要"伪"为"善人"）？或者反过来，在本质上应当是"大善人"（如果我们相信"性善论"）的"乡绅"或"地方精英"，又是如何"沦"为"土豪劣绅"，成为王朝国家与民众心目中的"坏人"的呢？他们何以不"好好做人"，却一步步地做成了"坏人"呢？

"性善"抑或"性恶"，"好人"还是坏人，"土豪劣绅"或者"大善人"，在京城令人叹为奇迹的蓝天下，成了一个让我郁闷的问题。雅致深邃、空气中流动着知识与思想的静园二院，让人不敢虚度一分钟的光阴。在那些略有倦意的午后，我躲在二院地下的咖啡室里，脑筋滞涩地重读《农民的道义经济学》《弱者的武器》以及《逃避统治的艺术》。我慢慢地想明白：对于那些有钱有势的"地方精英"来说，"善人"是不得不做的，哪怕是"装出来"，做一个"伪善人"。

在《弱者的武器》（郑广怀等译，南京：译林出版社，2007 年）里，斯科特讲述了马来西亚吉打州一个村庄（塞达卡村）的故事。拉扎克是村里的贫困户，在村民眼中，他不仅贫穷，而且懒惰、狡猾、欺骗，"他使自己陷入困境，那是他自作自受"。可是，当他家的屋顶快到坍塌的时候，村长张罗人，集资出力，帮助他修复了房子；当他的女儿夭折、无力安葬时，村民们来到他家，看一眼死去的孩子，留下一点钱，少则五角，多则两元，用以表达对普遍的人生礼仪的尊重，也给拉扎克及其家人保留最低程度的礼遇；当拉扎克以养家糊口为由，向邻居们讨要稻谷钱财时，人们虽然不情愿，但还是会或多或少地给他一些。村民们特别是富裕的村民们对他有诸多的指责："他有田却不去耕种"，"他总是想不劳而获"，"他拿了工钱却不出来打谷"，"现在这些穷人变得聪明了，现在欺骗也越来越多了"。尽管如此地不喜欢甚至是厌恶他，把他看作为"一无是处"的人，可在他真正困难到几乎无法生存的地步时，人们还是会施以援手，因为村民们相信，拉扎克及其家人有权力维持最低限度的生存，人们也有义务帮助他，使他能够维持最低限度的生存。不仅如此，"如果我们因为他们偷窃而不给他们救济，他们也许会一直偷窃下去"。慈善救济乃是对穷人进行控制并进而维护社会秩序的必要手段之一。

虽然时常获得一些救济，拉扎克却依然牢骚满腹。他抱怨说："以前很容易找到工作，现在村里无工可做，种植园也不再要人了。"富人们变得越来越傲慢和吝啬，"他们甚至不会拿出五分钱给穷人"，"你甚至连稻穗也拾不到了"，"他们不帮助别人解决困难。在村里，他们甚至连一杯咖啡也不给你"。村里的诸多穷人持有相同的看法，他们相信："以前"村子里的"好人"多，可以更容易地得到更多的救济与帮助；现在，为富不仁的人越来越多了。"富人很傲慢。我们和他们打招呼，他们却不搭理。他们不和我们说话，甚至不看我们一眼"，"现在已经无人再看看穷人的脸庞"。

哈吉·"布鲁姆"就是一个为富不仁的富人。他的本名叫哈吉·阿尤布，布鲁姆是绰号，意思是"让对手输得精光"。他去世时，拥有600多里郎的稻田，是吉打州最大的稻田所有者。布鲁姆不断扩大地产的办法，是向农民放高利贷——由于《古兰经》明确禁止放高利贷，所以他放高利贷，本身就会招到最强烈的谴责。他的财富主要来源于他人无法赎回抵押的土地，他施展诡计，使即便幸运地能凑足现金赎回土地的借贷者在赎回期限之前也无法找到他，从而几乎将所有的抵押贷款变成了土地买卖。这样的巧取豪夺不仅受到社会舆论的指责，即便在富人阶层，他也为人所不齿。吉打州议会甚至曾一度禁止他通过这种手段获取更多的土地。而他的吝啬则更具有传奇色彩：他住在一间破旧的房屋里，抽的是自己卷成的"农民式香烟"；和最穷的人一样，他每年只买一块仅够做一件围裙的布料；如果你从他旁边经过，你很可能把他当作村庄里的乞丐。布鲁姆代表了富有守财奴的典型。当然，他绝不会没有理由地去做善人，施舍财物给穷人。据说，他到自己的儿子家做客，带来一小袋人心果，临走时要求儿子给他装满一袋子鸭蛋作为回报。"他毫不知耻，贪婪无厌。"村民们这样评论他。

毫无疑问，不管是在富人还是在穷人看来，哈吉·布鲁姆都不是"好人"，因为他的行为违背了所有的规则，使他实际上成为被排斥的人，甚至在他死前，村民们就希望用咒语召唤地狱之火来吞噬他。"真主训导富人要帮助穷人，不照做的人对真主没有敬畏，他们只想索取（不想给予）。如果一个穆斯林这么做，惩罚可能最严重"，"当他们下地狱时，他们将在血泊中游泳"。这样，关于富人为富不仁的种种传说，就成为一种宣传攻势。而村民们对为富不仁的富人的批判，正包含了一种对于"好的富人"的理想展望，它们试图构建和维持一种观点，即得体的、合乎规则的或应当的、受欢迎的富人，应当是遵守社会规范的、慷慨的、急人所难的富人，他们不会再放高利贷，不会再算计别人的土地，他们会在宗教救济和筵席上表现得慷慨大方，他们会雇用更多的佃农和劳力。而这一种关于富人的意识形态的"理想模型"以及以此为基础而形成的社会共识和舆论，则告诉并提醒富人们，如果他像哈吉·布鲁姆那样为人行事，就会遭到其所处的社会全体（不仅包括穷人，也包括富人）贬斥，并且"不得善终"，甚至死后还要在地狱中备受煎熬。

这就是富人需要、甚至不得不做好人、善人的理由。

可是，好名声有多重要呢？或者说，坏名声的代价有多大呢？斯科特尖锐地指出："不幸的是，问题的答案很大程度上取决于你是谁，因为坏名声代价的大小直接取决于对坏名声的施加的社会和经济制裁的轻重。"（《弱者的武器》，第28页）显然，由于富人们几乎不用从穷人那里得到什么，所以，关于理想的好富人的意识形态模型及其社会共识与舆论，对于富人几乎没有约束力。除了背后议论、人身攻击等，穷人们完全没有办法给予他们认为是坏人的富人以任何实质性的制裁，即使是言语的攻击，也往往是在背地里的贬损，而很少公开地辱骂。所以，"坏富人"实际上完全可能无视那个"大善人"的理想模型，也不理会村庄里的舆论。如果他还不在意如何死以及死后的命运，他更可以理直气壮地我行我素，继续做他的"坏富人"。

问题的关键还不在这里，而在于：一方面，只有"违背"得到普遍认可的社会法则，或者"善于变通"，才有可能获得土地、收入和权力，并保有其所获得的财富与地位；另一方面，只有遵守社会规则，对人慷慨、体谅他人，才能获得好名声。获得财富，就很可能名声不佳；得到好名声，则意味着放弃眼前的物质利益。名声与财富，虽偶可兼而有之，但甚为少见，且难以做到。为了好名声，而丧失了财富，就变成为"好穷人"；有了财富，成就了坏名声，当然是"坏富人"。那么，成为"好富人"的唯一或最佳途径，就是不择手段地获取财富、地位与权力，而同时不遗余力地"制造"好名声。

二、"昏君"与"圣王"

学期结束，回到珞珈山，张星久教授邀约聊天，携来他的新著，《"圣王"的想象与实践：古代中国的君权合法性研究》（上海人民出版社，2018年），并兴奋地讲述起他的研究与发现。

在我的认识观念里，中国历史上的皇帝大抵是不可以视为"人"的，更遑论"好人"，因为他是"皇帝"（"皇帝当然不是人"，"你怎么可以把皇帝等同于人呢"，是我常说的话）。所以，我本来对这个话题不太有兴趣。真的是三十多年的老师兄，他一开口，就把我吸引住了。他说：古代中国历代王朝的皇帝，就好比是在一场以"统治合法性"为主题的大型戏剧中的演员，要想使自己的表演得到"观众"的认可、欣赏，就必须符合"观众"心中对"好皇帝"的角色期待。一个皇帝，在特定的历史舞台上，根据"剧本"设定的"好皇帝"的要素和形象，一板一眼地演出，并随时接收"观众"对于演出的反馈，随时做出调整，以迎合"观众"的期待，那就是一个"好皇帝"；如果演砸了——或者没有根据"剧本"设想的那样去演，或者努力遵守了"剧本"的设定，可演得不好，或者是"观众"对于"好皇帝"的期望变了，而"演员"却还是根据剧本的那样去演——那就成了"坏皇帝"。"剧本"设定的皇帝角色，"帝生（皇帝的一生）如戏，全靠演技"，"'吃瓜群众'在历史进程中的伟大意义"，这些命题，很快"俘虏"了我，引导我去思考相关的问题。

298 首先是"剧本"。在戏剧表演中，剧本是按照观众的欣赏需求或审美预期创作出来的。星久教授说：合法性表演的"剧本"主要是由"政治舞台"背后的社会集体力量和文化传统匿名创作的，它反映的是一定社会和文化传统中普遍的合法性信念模式（第 64 页）。通过对即位诏书、臣僚奏议等官方文书以及通俗小说、戏剧、民谣等民间文献的细致分析，他概括出理想的"好皇帝"模型：天命所归（主要表现为灵瑞符应、取位以正），丰功伟绩，民心所向（主要表现为文功武略、江山一统、四海澄清、国泰民安、万民称颂），仁心德政（主要表现为宽仁爱民、躬行孝道、知人善任、清心节欲、谦虚纳谏等）。如果一个皇帝的演出彻底违反这些规则，极端"失德无道"，那他自然就是一个"昏君"，或"暴君"，总之是"坏皇帝"。换言之，"坏皇帝"是"好皇帝"的反面，人们先预想了"好皇帝"的模样，不合那个模样的皇帝，就是"坏皇帝"了。《东周列国志》第一回说周宣王听信谣言，轻杀杜伯、左儒，二人魂魄前来索命，对宣王齐声骂曰："无道昏君！你不修德政，妄戮无辜，今日大数已尽，吾等专来报冤。还我命来！"然则，"有道明君"是专修德政、只杀有罪的，其"大数"自当"不尽"。这里的逻辑关联，确实是先有"明君"，后有"昏君"的。

星久教授所说"剧本"规定的"好皇帝"模型，或者君权的合法性信念模式，颇类于斯科特所讨论的马来亚吉打州乡村的"好富人"的意识形态理想模型。所不同的是，"好富人"的理想模型是从现实中的"坏富人"那里折射出来的，而"好皇帝"模型，则主要是从历史上的"有道明君"的诸种"有道""圣德"行为中抽象出来的。在思维逻辑上，前者是先有"坏富人"（哈吉·布鲁姆），后有"好富人"（现实逻辑也很可能如此）；后者则是先有"好皇帝"（明君、圣王），后有"坏皇帝"（昏君、暴君）。星久教授说（《"圣王"的想象与实践》，第66页）：

> 如果我们想要知道一个社会中主导地位的合法性信念系统是什么，比较可操作的办法就是：看看一个社会的统治阶级在合法性问题上表演了什么内容，"讲述"了什么观念，即：看合法性叙事是什么。其中最关键的

是，要看统治者、精英集团是如何表演合法性信念"剧本"、如何讲述合法性故事的。因为他们的表演和讲述，是在回应一个社会中对"好皇帝"的共同想象与期待；或者说，他们所表演和讲述的，正是一个社会共享的合法性信念，是一个社会对"好皇帝"、好的统治者的共同期待。

可是，统治集团的表演和精英集团的讲述，与其说是"在回应"或"反映了"一个社会共享的合法性信念，或者毋宁说是"制造了"一个社会的合法性信念。此且不论。星久教授的这个假设性前提，实际上意味着精英集团可以反映或代表一个社会的合法性信念，并将这种信念"写入"统治者合法性演出的剧本中，进而指导或直接参与"合法性"戏剧的演出。星久教授没有明言，但从他引用的材料中，可以得出的认识是："合法性"剧本的直接撰稿人，乃是以不同方式参与统治阶层中去的"精英集团"。换言之，"合法性"戏剧的剧本，主要是由"精英"写的。

我知道这是星久教授的"哲学家王"（"政治学家王"？）或"帝师"情结在起作用。如果放弃这种情结，或者我们更容易质疑"精英"对于"社会"的代表性——我相信，"精英"与其说是代表"社会"，毋宁说更靠近"统治者"。所以，实际上，我怀疑他们对"好皇帝"的想象与定义是否能够反映或代表社会共有的合法性信念。同样的，"昏君"也主要是从"精英"的立场上讲的，也未必就是"社会共享"的"坏皇帝"——《游龙戏凤》中的正德皇帝，在"精英们"

看来，当然是"昏君"；可是，你在闽南的庙前听戏，却分明知道老百姓对这个昏君并不怎么讨厌，甚至是有点喜欢。《贵妃醉酒》中的唐明皇，也说不上是明君，却因为是个多情种子，可以得到不少的"粉丝"吧。

普通的老百姓谈论帝位的争夺和宫中的生活，大抵不出父不慈子不孝、兄弟相残、皇后吃了两副大饼油条之类，"好皇帝"当然是长得威武、能打仗、有好多漂亮老婆，等等。没有人敢公开地说"今上"是"坏皇帝"——皇帝之所以为皇帝，就是因为他不会让人知道、更不会允许别人说他的"坏"，所以，老百姓其实无从说起皇帝的"不好"，最多也只会说圣明的皇上为奸臣蒙蔽，用的都是贪官污吏，害得老百姓受苦。所以，没有"坏皇帝"，只有贪官污吏横行。被"精英们"奉为"明君圣王"的诸多"好皇帝"养了无数的贪官污吏。或者，从贪官污吏的身上，可以窥知某些皇帝的"好"或"坏"来。

所以，从"剧本"看合法性演出的根源，对于古代中国的君权合法性研究，是一个重大的推进。如果要再进一步，我以为更要看是谁写的和怎样写的剧本。精英们（受统治者的委托，或者与统治者联手）为"合法性演出"而创作的"剧本"，在剧本中"塑造"的"好皇帝"形象，是在"制造"合法性，未必是社会共享的合法性共识。通过"剧本"去看"好皇帝"的理想模型，当然是非常好的路径；如果能够再朝前走一步，沿着斯科特通过"坏富人"去提炼出乡村社会关于"好富人"的意识形态模型的路子，考察"弱者们"对皇帝的不同想象、嘲讽、抱怨、指责（轻轻地）或者詈骂，看看人们怎样"想象"并设计"坏皇帝"，或者可以更全面地了解人们心目中"好皇帝"应当是怎样的。

其次是"演出"。星久教授说（《"圣王"的想象与实践》，第 65 页）：

> 作为主要演员、导演和后台人员的统治者既要迎合被统治者"观众"的对合法性的期待，通过"演出"不断维护、修复着一个社会的"文化剧本"——合法性的象征体系，同时也会根据合法性论证策略的需要，在演出中通过即兴"表演"、即兴的发挥创造，来操控、建构大众的合法性知识与信仰，影响"观众"对统治者的合法性表演的审美旨趣，实现对"剧本"的整场演出的修改与"完善"，从而最终达到"印象管理"，实现合法化目的。

在历史过程中，这样去演出的，应当是最大程度地接近"好皇帝"的理想模型了。正如作者所指出的那样，由于"好皇帝"的理想模型太过"理想"，实际上没有哪个皇帝可以做到的——历史上的大部分皇帝，大抵都只能算得上是平庸的演员，既不是昏君，也不是明君，只是"庸君"罢了。这就使得任何一个统治者都可能面对着一个"永恒的合法性困境"，所以就要想方设法消除或减少"应然的明君"与"实然的庸君"之间的落差与距离，缓解乃至克服这种"合法性困境"。王朝国家的诸种礼乐征伐、恢宏的建筑、繁缛的纹饰等仪式与象征符号，都是用来"制造"合法性假象的——诸种制度、政策、行为的目标，皆在于使演出"逼真"，达到让人们误将演戏视为真实的效果，"使其心目中所有关于'好皇帝'的想象、期待与情感，全部投射、聚集到眼前的君主身上，对君主产生认同感和归属感"。星久教授说（《"圣王"的想象与实践》，第 352 页）：

> 在具体的合法性论证方面，统治者常常采用的策略是扬长避短、以偏概全策略，用一个条件来证明所有的条件，用夸大一方面的条件来遮蔽其他条件的不足，进而操纵人们的合法性评价，如用统一海内、建立大一统国家的武功之盛来证明其有德、有天命和得人心，或者干脆武断地用神秘的"天命"来论证其统治的正当性，等等。

本书第三章，《象征与合法性——帝制中国的合法化途径与策略》所探究的，就是这些以诸种"合法性"的象征性仪式、符号、行为，"演示"、表现、隐喻、代表并最终"代替"合法性事实本身的途径、方法与过程。在这里，作者一针见血地揭示出，中国历史上"君权合法性实践"的本质，就在于以"合法性演出"代替"合法性事实"，使人们误将戏中的"好皇帝"当成现实中的"好皇帝"。所以，不仅"一切都是演戏"，更重要的是，"演戏就是一切"。

"演戏就是一切"，确然可以视为古代中国"君主合法性"政治实践的本质。王朝德运、正朔，皇帝尊号、谥称与庙号，百官品阶，后宫服色，宫殿建制与格局，宗庙陵寝与祭祀，朝会礼仪，乃至拜将出征，春耕秋狝，以及运河长城，科举郡县，都有很强的表演性，"具有合法性表演和象征的意义"。置身于这个象征性森林中的人们（皇帝、官僚及其他演员们），"整个'世界'、整个生活乃至自己的身体都是被谋划、被设计出来的，而他自己却一无所知，习焉不察"。确实如此。戏演多了、演久了，就忘记自己是在演戏，"入戏了"，把演戏当成了生活本身，并在戏中找到了人生的意义。"这种象征系统、象征世界一旦在现实中被各个王朝统治者实施、表演，就意味着某种合法性信念叙事，意味着对权力合法性的自我肯定和论证"（第162页）。星久教授虽然给古代中国的合法性演出设定了"观众"，认为观众主要由大众充当，其接受能力、认可程度及其反馈，也在很大程度上影响着演出，进而参与到演出当中，但观众在这些演出中的意义，无论怎样强调，其实都不怎么重要，因为无论如何，他们都不可能"重写"剧本，也无力搭建舞台，偶尔上台，也只是受吆喝的"群众演员"。

在这里，星久教授触及古代中国君权合法性演出的"自利"性质，虽然他强调这些演出是有观众的、甚至是面向观念乃至"迎合"观众的。沿着他的论述，希望他更多地强调"君权合法性"乃是一场自编、自导、自演的演出，并且主要是演给自己看、自我娱乐、实现自我价值的"轻喜剧"。事实上，中国历史上以君主专制为核心的统治集团乃是一个自利的、不断自我复制的集团，其最重要的目标就是维系其自身，维系其所在集团的自我复制，将权力传至二世、三世以至万世（当然，这是美好的梦想）。关于君权合法性的诸多论述与实践，当然是为此目标而展开的。所以，君权合法性演出，在我看来，首先是演给统治者（以及精英集团）自己看的，要让他们充分地相信自己的神圣性、合法性，这样，或者可以更好地理解演员们何以会"入戏"如此之深。其次，是演给潜在的竞争者看的，是向潜在的竞争者表现出自己的"唯一性"，以打消其竞争的念头。可是，如果这些演出让别人窥破了玄机，也照样学样，另展开一场合法性演出，那原来的演出者就会"搬起石头砸自己的脚"，弄巧成拙，甚至把自己演成"丑角"了。

所以，中国历史上没有"好皇帝"，只有在戏台上演得好的"好皇帝"角色，正如马来亚吉打州乡村的现实中没有真正的"好富人"，只有装出来的"大善人"一样。但既然"演戏就是一切"，演出来的"好皇帝"也就是事实上的"好皇帝"了。

三、世间本无"好皇帝"

塞达卡村共有 74 户人家，散布在一条大约一里的土路两旁，与另一个村庄双溪通港村相接，并没有明确的地理分界。但村里的人对自己的归属很清楚，所有村民通常都被邀请参与村庄的宗教活动和大型筵席。不仅如此。斯科特指出：塞达卡村作为一种道义实体，是被话语所确认的。他举例说（《弱者的武器》，第 103 页）：

　　当征收伊斯兰什一税的收税人"阿弥尔"（amil）解

释他为什么没有告发那些没有交纳全部税款的村民时，他是这样说的："我们都生活在一个村子。"当一位佃农向我解释为什么他不以高价和当地的另一位佃农竞争来扩大他的农场时，他说："我每天都和他打照面。"当这些规则偶尔被打破时，违规的人也恰恰因为这样的言语而蒙羞。

在塞达卡村，收税人阿弥尔（似乎译成"艾米尔"，更好一些）的行为是适合规则的，是具备"合法性"的，虽然几乎可以肯定他违反了伊斯兰律法。同样，那位不愿发动恶性竞争的佃农的做法也是适当的，虽然这样做并不符合市场竞争的法则，亦即所谓的"经济理性"。至少在上述两个事例中，收税人阿弥尔与那位佃农都是"好人"，是在平凡的行为中显示出来的"好人"的本质。在《杀死一只知更鸟》中，父亲阿蒂克斯对女儿斯库特说："当你最终了解他们时，你会发现，大多数人都是好人。"诚然，"大多数人都是好人"，因为大多数人都是平凡的人，没有太大的权力，也没有太多的财富。

贫困与富裕、穷人与富人，即使在村庄层面上，也是相对的。在塞达卡，有22户人家（占村中家庭的30%，其中包括拉扎克家），人均收入在贫困线以下，其食物和日常必需品都非常紧缺。这22户贫困家庭一共只拥有22.5里郎的土地，平均每户仅有一里郎。如果以耕种稻田作为收入唯一来源的话，贫困线的标准是拥有4里郎的土地。所以，这些贫困家庭所拥有的土地数只是满足基本生活所需土地数的四分之一。另一方面，村中较富有的 22 户家庭总共拥有超过 142 里郎的土地，平均每户拥有近 6.5 里郎。"都生活在一个村子"的现状并没有成为富户购买同村贫困户土地的障碍。在土地交易过程中，购买者无一不是富裕户，而卖者都是贫困户。虽然无法指责购买土地的行为，但毫无疑问，这样的土地交易使贫者更穷，富者更富，从而在根本上威胁到穷人的最低限度的生存条件。在这个意义上，富人不断积累财富的过程，实际上打破了乡村"最低限度的生存法则"，从而扮演着"坏富人"的角色。换言之，虽然穷人中也有拉扎克那样几乎令所有人都讨厌的"坏穷人"，但他的所有行为其实并不足以破坏乡村社会的基本规则，也不会导致乡村社会的失序，而哈吉·布鲁姆则很容易做到这一点。

塞达卡村是村民们"表演"其善与恶的形象的舞台，"坏穷人"与"坏富人"，都是在这个舞台上展现出来的，并且其中所折射的"好穷人"与"好富人"的理想模型，也主要是在这个舞台上具有意义。可是，这里的"好"与"坏"，却并不仅是一个村庄的价值观，而指向了"人性"的某些方面，它暗示着：所谓"好人"，不仅仅是遵守其所处社会诸种规范的人，还是能够显示出某些善的人性的那些人；而"坏人"，在本质上则是对"人性的善"的破坏，或者说是"人性的恶"的体现。

即使我们相信"人性本善"的假设，也承认"大多数人都是好人"的判断可以得到统计学意义上的证明，我们仍然不得不承认，"善行"难以"致富"，而"好人"大多不是拥有、掌握权力者，偶或有之，亦多不能自如地使用、运行权力。进而言之，做一个"平凡的好人"虽不容易，但并不是做不到；可是，要做好人，又要致富，那就难了；既要有财富，又要掌握权力，还要做一个好人，可以说完全不可能。套用一句俗话，就是：做好人难，做好富人更难，做富而有权的好人，难于上青天。在这个意义上，"好皇帝"就不可能成为一种真实的存在。

不仅如此。拉扎克即使对富人们不满意，甚至是满怀怨恨，也只不过是在背后骂几句，说说富人的坏话，在做雇工时偷偷懒，平时小偷小摸，占点小便宜罢了。富人们当然不屑于这样做，他们会组织政党，利用法庭，与政府官员串通一气，合法地把别人的土地据为己有，甚至夺了别人的土地，还让人觉得得到了帮助，以致感激涕零。如果再掌握了权力，虽说可以造福天下，但同时也可以"作恶于万民"。权力越大，造福固然越多，作恶的能力与潜在的可能性似乎也会提高。"溥天之下，莫非王土；率土之滨，莫非王臣。"皇帝的权力最大，故其造福天下与作恶万民的能力和可能性也就最大。

儒家当然不会不明白如此浅显的道理，所以，从一开始，儒家就强调对于君权的限制，认为皇帝既受命于天，就必须遵从"天命"，而"天命有德"，"惟德是辅"，如果君主违背了天命，上天就会发出警示，直至收回"天命"，"更命有德"。这就是儒家"有条件的君主合法性"论述。严格说来，儒家是不承认有"天命"的"好皇帝"的，要努力地磨砺自身、不断克服自身缺陷，并认真倾听上天的警示与民众的声音，才有可能成为"好皇帝"。换言之，儒家希望所有的皇帝，都努力地"学做好皇帝"。星久教授指出（《"圣王"的想象与实践》，第 194 页）：

> 在中国古代的政治实践中，儒家士大夫一直努力以"仁""德"等道德理想去"格君心之非"，去约束、"软禁"君权，使之不至于滥用权力、胡作非为；同时，也一直在尝试各种补救办法，致力于用儒家的道德规范去提升现实君主的境界，去"致君尧舜上"，努力使之成为有"德"的、够资格的君主，用宋人的话说，就是希望"点石成金"。

在这里，星久教授触及另一个相当深刻的问题，即从本性或根源上看，在君权合法性的演出中，做或演一个"好皇帝"，是可能的吗？换言之，演员的人性本质，是否可以胜任"好皇帝"的角色设计？或者说，理想模型的"好皇帝"的人性基础是什么？星久教授指出（《"圣王"的想象与实践》，第 182 页）：

> 儒家相信存在着一种作为事物普遍法则的"道"或"天理"，也相信可以通过实践这种"道"而达到一种"王道"的理想社会境界……（这种"道"）是内在地植根于每个人与生俱来的仁、义、礼、智、信一类"天命之性"，见诸"人伦之用"，渗透在以血缘关系为基础的等级尊卑、纲常伦理秩序之中。

皇帝既受命于天，自然秉持"天命之性"，奉行大道，故自会"爱人如己"，以"好人"的天性去做皇帝，那自然就是一个"好皇帝"。在合法性演出中，扮演皇帝的演员，是具有人性的善与美的，所以，至少在原则上，只要较为谦虚地听从儒家的指导，较认真地排练，以"敬业"的态度去"演出"，是能够演出一个"好皇帝"来的。

可是，儒家真的相信皇帝的"天性"是好的吗？如星久教授所指出，儒家虽然从未说过皇帝的天性可能是恶的，却设计了种种的办法，想方设法地限制、制约君权，其背后不可言说的"潜台词"，显然是不那么相信皇帝天性的"善"，或者是不相信皇帝有足够的"定力"抗拒权力的诱惑与环境的污染。与塞达卡村庄里的"善不致富""为富则不能仁"的逻辑相同，一个纯真的、保持着"人性之善"的皇帝是不足以付以权力、也难以获取权力的，更遑论较为稳固地掌握并行使权力了；而一个不择手段攫取权力、牢牢地掌握权力、施展各种阴谋手段行使权力的皇帝，又如何可能是一个"性善之人"呢？

所以，从本原上讲，"好人"是不适宜做皇帝的，无论是"演"，还是真的"当"。即使一个演员在前几场戏里很认真地演，努力按照"剧本"的要求做一个"好皇帝"，演得久了，也会懈怠，慢慢地，就演成了"坏皇帝"。不仅如此。同样的戏演久了，无论是演员，还是观众，都会产生"演出综合征"和"审美疲劳"：舞台越来越华丽、壮观，服饰越来越漂亮，花架子越来越多，而演出却越来越失去灵魂（本来就不太多）；观众看厌了，要么走开，要么喝倒彩，还会有人想着另开一场锣鼓，自己去演一场。最后，人们从根本上开始质疑这场演出的"合法性"，指责它在欺骗、毫无意义。这就是"君权合法性演出"的"合法性危机"。

《"圣王"的想象与实践》的第六章《危机与演变》，考察"君权合法性危机"的具体内涵、发生及其演变趋势，认为合法性危机也存在着一个由潜在到显在、由可能到现实的发展过程。星久教授指出，君权合法性危机，根源于君权合法性的内在结构与实质：由于合法性信念系统实际上是对统治者行为模式和人格模式的一种理想设计与表达，对于良好的统治秩序的一种想象，相对于这种理想标准，任何统治者的表现都会显现出落差，从而都会存在程度不同的潜在的统治合法性危机（《"圣王"的想象与实践》，第354—355页）。换言之，君权的合法性危机实际上是"内在的"、本质性的危机，因而也是经常会发生的或一直具有潜在可能的危机，"合法性演出"就是为了应对这些危机而设计并展开的——"合法性演出"使"君权合法性"虽然始终存在"危机"，却并不倒塌、崩溃。因此，所谓晚清以来的"君权合法性危机"，最初的发生，实际上是"君权合法性演出"的"合法性危机"——"老调子"已经唱完，"演"不下去了。揭示这种"合法性演出的合法性危机"，可能是探究"君权合法性危机"最终导致了"君权合法性崩溃"的重要切入点。

更为重要的是，"君权合法性演出的合法性危机"，最终使"好皇帝"的理想形象彻底崩塌，使人们看清了"好皇帝"的本来面目，更为坚定地认识到：世间本无"好皇帝"，无论过去、现在，还是未来。

2019 年 2 月 11 日，宁波南门外，第一稿

2019 年 4 月 8 日，武汉珞珈山东山头，第二稿

（原文分两部分，分别发表于《澎湃新闻·私家历史》2019 年 4 月 24 日，题为《"土豪劣绅"与"好富人"》，https：//www.thepaper. cn/newsDetail_forward_3275604；《澎湃新闻·私家历史》2019 年 4 月 25 日，题为《古代中国为何会发生君权合法性危机》，https：//www. thepaper.cn/newsDetail_forward_3280111）

全球化的历史及其研究

　　"全球化"（Globalization）概念最初由经济史学者率先使用，指称货物与资本的跨境流动，以及在此种流动基础上逐步发展形成的区域性、国际性经济体与经济组织及其活动；之后被不同领域的学者以及社会所采用，其内涵与意义逐渐扩展，形成以经济全球化为核心，包括政治冲突与互动、文化交流与冲突等多方面内涵的综合性概念，其核心则是世界各地经济与文化间的联系日益加强。实际上，"全球化"概念比较空泛而不明确，所以引发了很多争论，却又很难开展真正的学术讨论。历史学者关注"全球化的历史"，亦即全球化的开端、发展阶段及其动因与意义，其首要的问题就是全球化何时发端、又是如何发端的。

　　这几乎是一个无解的问题。由于不同学者对于全球化及其发端的界定不同，人们既可以将全球化的发端上溯到人类早期的迁移，也可以质疑当今世界的全球化水平。无论持怎样的观点，历史学者相信，全球化的核心问题包括互联、交流以及互动三个方面，其中，不同人群间的接触与相互联系是全球化的前提，物品流通、人群迁移、文化交流是全球化的主要内涵，而主要表现为经济竞争、政治冲突、文化碰撞与融合的"互动"则是全球化展开的重要方式。韩森的著作《纪元一千年：全球化的开端》(Valerie Hansen, *The Year 1000: When Explorers Connected the Worldand Globalization Began.* New York: Scribner, 2020)虽然在结构上分为八章，但对全球化开端的分析，也主要是从互联、交流、互动三个方面展开的。

一、互联

不同人群之间的"接触"乃是其相互联系、交流与互动的发端，没有"接触"，亦即无从相互了解、认识，更无从建立起相对稳定的联系机制与交流（包括贸易与文化交流）渠道，亦无从发生纠纷、冲突，更无所谓"互动"。那么，两种完全不同的人群，又是如何开始"接触"的呢？

在第二章《向西，年轻的维京人》里，韩森主要根据北欧人的英雄史诗（萨迦，saga）和考古发现，努力复原并描述公元 1000 年前后维京人经过格陵兰岛到达文兰（Island Vinlan，或 Vineland），并在那里遭遇当地土著居民的过程。在第二次索瓦尔德（Thorvald）探险中，维京人与北美土著人群的相遇实际上是两者的第一次接触，而这第一次接触，是以暴力方式进行的：索瓦尔德及其手下人杀死了驾着乌篷船前来观察陌生来客的八个当地人，逃走的一个带回援军，用箭射穿了索瓦尔德的胸腔。在第三次由索芬·卡尔塞夫尼（Thorfinn Karlsefni）率领的探险中，双方的接触具有了更为丰富的内涵：维京人看见当地人驾着九艘乌篷船，挥舞着木杆，发出呜呜的声音，不禁心惊胆战。卡尔塞夫尼让手下举起白色的盾牌，表明自己并无恶意。于是，北美土著人走近他们。"他们身材短小，面目凶恶，头顶乱发。大眼睛，宽脸"，这是维京人近距离观察到的北美土著人形象。维京人在那里安营扎寨，住了下来。春天来临的时候，大批的土著人来到维京人的居住地，带着"深色毛皮"；北欧人则用红色的毛织品与之交换。"接触"似乎很快向"交易"发展，只是由于一头公牛的猛奔狂嚣，才打断了这一进程（第28-29页）。在接触的过程中，双方都表现出怀疑、恐惧、戒备、紧张，又都充满着好奇，表现出强烈的接触愿望，尝试着做出努力，表达自己的好意或无恶意。在紧张的试探过程中，任何突发的事件，都可能导致暴力发生。

随后的事态向冲突方向演化。先是北欧人杀死了一些前来偷盗武器的土著斯克里林人（Skraelings），然后是斯克里林人大规模的报复性攻击。他们成群结队，前仆后继，每个人都大声地喊叫着，挥舞着木杆，并投掷石块，甚至推出了投石机。卡尔塞夫尼决定放弃营地，而随军行动的雷夫的妹妹弗雷迪斯（Freydis）表示反对，她严厉地斥责他们："你们为什么要躲避这些可怜的对手，你们应当像宰羊一样杀死他们，为什么要逃离？给我武器，我打给你看看。"虽然已有身孕，行动不便，她仍然拿起一位战死同伴的剑，回头加入了战阵（第38—39页）。当整个群体面临生存威胁时，维京人团队的每一个人都加入了战斗。同样的，展开攻击的每一个斯克里林人也都倾尽全力。

因此，最全面的或最完全的"接触"实际上是冲突。冲

突使双方或多方的全体成员成为参与者，为自己的生存而
战。如果说"试探"与初步的"交易"只是由群体中的少数
人（特别是头人）参与的话，那么，冲突，特别是群体间的
冲突则是整体性的，是由群体全体成员参加的。所以，群体
间的冲突，乃是群体间全面接触的重要方式。

　　当然，严重的冲突也会导致接触的中止。北欧人决定撤
退，离开踏上不久的北美大地。当然，北欧人放弃北美的根
本原因，是他们遭遇了贸易不平衡："文兰可能向北欧人提
供了有用的商品，如木材、稀有的毛皮制品，以及箭头之类
的稀有物品，但欧洲大陆提供了更有价值的贸易物品：制成
品，特别是剑、匕首和其他金属制品，此外还有必要的面粉
和盐。对这些物品的持续需求，促使北欧殖民者决定放弃他
们在美洲的定居点"（第 47 页）。质言之，经营北美无利可
图，或获利较少。韩森总结说：维京人的航行并没有开启在
美洲的贸易。其最为重大的意义，在于"他们的探险连接起
了大西洋两岸已经存在的贸易网络，从而开启了全球化"（第
52 页）。这种接触使两个原本不相联系的世界联结起来，"在
世界历史上，第一次有物品或信息可以在世界各地传播"（第
2 页）。

　　维京人为什么要向西航行到北美去？维京人向外探险、
抢掠、扩张的动因，已有诸多的讨论，大部分学者将其归因
于北欧人的社会结构，特别是其财产分配继承制度以及武装
集团的组织方式。但维京人善于向外探险、殖民，并不必然
意味着他们一定会来到北美；来到北美，也并不必然会接触
到当地的土著人群，并与之贸易、发生冲突。虽然韩森没有

明言，但她强烈地暗示，所有这一切，很可能只是出于偶然。雷夫的第一次探险显然并没有明确的目的地——他的确是在"探险"，去寻找并不确定的目标。因此，北欧人航行到达北美，在根本上说，是一个偶然事件。以此为起点，随后所发生的北欧人与北美土著人群的接触、交易与冲突，则是一连串的偶然事件。

　　本书第三章的题目非常吸引人，甚至让人觉得有些夸张——《公元 1000 年的泛美高速公路》。受到资料条件的限制，韩森实际上并不能描绘出一幅整体性的、公元 1000 年前后的美洲交通路线图，而只能撷取一些零星的材料，将不同的地点串联起来，形成一个大致的交通指向图。换言之，韩森描绘的公元 1000 年前后美洲交通图，只有几条主干线路，每条主干线路也只是标出起点、终点与极少的途经点，交通线路的具体情形并不详悉，只有一个大概的指向。这样的描绘，在方法上，就带有很大的"或然性"色彩——我们今天所知道的那些重要的地点，得以留存并被发现，本身即带有很大的偶然性，而这些地点间的联系及其所构成的网络，也只是诸多可能性的一种或多种可能性的组合。更为重要的是，奇琴伊察（Chichén Itzá）勇士神庙壁面上所描绘的金发、浅肤色的人牲，即使确然来自北欧，也很可能具有很大的偶然性。勇士神庙的一幅壁画描绘了一个战斗场景：一个金发人站在两艘木船旁，一艘船船头破裂，另一艘船首装饰着盾，正在倾斜下沉。韩森推测说：这些北欧人的船应当是被风吹离了航线，飘到了尤卡坦，被当地人俘虏（第 58 页）。也就是说，金发、浅肤色，可能来自北欧的人牲形象，出现在奇琴伊察勇士神庙的壁面上，乃是一系列偶然事件造成的。

"偶然"是难以重复的，也是不可逆的（迄今没有发现在 1000 年前后北美土著人漂移到欧洲的例证），但它确实提供了"接触"，而这种"接触"一旦发展为稳定的联系，即可将本来分离的、各自独立的两个交通贸易网络联系在一起。韩森论证说：远在西班牙人到来之前，美洲原住民就已经构建了一个复杂的交通网络；哥伦布没有建立一个新的泛美道路系统，他只是通过增加一条新的跨大西洋航线，从而轻而易举地将美洲和欧洲的那些航线连接起来。"接触"的意义至此才得以突显出来（第 79 页）。

偶然的"接触"显然具有巨大的风险和不确定性。韩森说："人们遇到不熟悉的人时，会评估风险：这些陌生人会杀害我们吗？他们会抓住自己吗？他们必须判断自己的相对地位：如果发生打斗，谁会赢？谁拥有更好的技术？"基于这些评估，人们做出不同的反应：有的反应非常草率鲁莽，比如维京人不发一言，即杀死熟睡中的土著人。有的反应则出自本能，如激励同伴奋起抗击土著人的维京女性弗雷迪斯（Freydis）孤身面对土著勇士时，扯开衬衣，露出乳房，然后用剑"啪"的一声打在乳房上。按照萨迦的说法，那些土著勇士见到这种情景，都逃散了。而"一些勇敢的人克服了自己的恐惧心理，向他们从未见过的人伸出了援助之手。他们建立了贸易关系"（第 5—6 页）。交流由此才得以发生。

二、交流

两种完全不同的人群相遇、接触之后，怎样开展交流？韩森引用另一部萨迦，讲述了一位北欧女性与一位北美女性最初的相遇和交流：

古德丽德（Gudrid，卡尔塞夫尼的妻子）和她的儿子坐在维京人居住点的栅栏里面的时候，"门口落下一个人的影子，一个矮个子的女人走了进来……她脸色苍白，眼睛大得出奇，从来没有人见过这么大的眼睛"。

她问古德丽德："你叫什么名字？"

古德丽德答道："我叫古德丽德。你叫什么名字？"

女人回答："我叫古德丽德。"（第 38 页）

土著的北美女性向古德丽德的发问，"你叫什么名字"是用什么语言表达的，古德丽德又是如何理解其问题的呢，我们不知道。它更可能是在特定氛围下，混合着表情、手势而得以表达并被理解的。而北美女人对古德丽德提问的回答，"我叫古德丽德"，则显然出自模仿或重复。

模仿或重复，意味着对对方的认可，表达了一种承认对方与自己属于同类或具有相近的情感。这是交流的原初方式之一。

物品交换是交流的另一种原初方式。在萨迦所描述的卡尔赛夫尼的探险中，北欧人用一种织染成红色的羊毛毡向北美土著人交换"深色毛皮"，后者把换得的羊毛长条围在头上；后来，北欧人把红毛毡剪得越来越短，有些还没有"一指长",但是当地人仍然用完整的毛皮来换取这些越来越短的红毛毡。北美土著人也想要剑和长矛,但卡尔塞夫尼禁止交易任何武器(第 28—29 页)。维京人要毛皮应当是基于将其运回欧洲之后的潜在价值,并非其本身所急需;北美土著人换取的红毛毡,看来更非其生活必需品,很可能是具有装饰作用的"奢侈品"。而对于双方而言,真正具有生存或生计价值的武器,却并不在交换之列。由此,我们注意到,早期的交换可能主要限于与生存或生计没有直接关联的、具有标志或象征意义而又非常珍稀的物品,或者可以将之概称为"珍贵物品"。

320 韩森没有讨论公元 1000 年前后欧洲奴隶的用途。但显然,能够购买并使用奴隶的,都是权力与财富的掌握者。奴隶,对于中世纪的欧洲市场来说,和海狸皮、黑狐皮和宝剑一样,都是昂贵的"货物"。撒哈拉以南非洲输入欧亚大陆的物品,主要是黄金、象牙和奴隶。"在 1492 年以前进入欧洲和亚洲的黄金,大约有三分之二来自西非。800—1800 年间从非洲进入伊斯兰世界的奴隶数量,与通过大西洋船运(到美洲的)奴隶总数大致相等。"(第 114 页)用作货币的贝壳、"火布"(一种不怕火烧的石棉制品)等也都是珍贵物品。盐虽然是必需的生计物资,但对于不产盐的尼日尔河流域来说,它也是珍贵物品。后来得到普及的糖,在很长时间里,是非常珍贵的奢侈品。同样,从东南亚、南亚、西亚输入中国的各种香料、象牙、珍珠、宝石、犀牛角,以及中国输出的陶瓷、丝绸,对于其购买者与使用者而言,都是珍贵物品。

总之，在公元 1000 年前后的世界贸易网络中流动着的商品，主要是黄金、奴隶、象牙、玻璃珠子、香料、宝石、珍珠等"珍贵物品"。

与生计直接相关的普通物品，是伴随着珍贵物品进入全球化进程的。韩森引述巴克里（al-Bakri）关于奥达戈斯特（Awdaghust，在今毛里塔尼亚）的描述，指出在撒哈拉以南非洲和伊斯兰世界之间流动的货物，也包括农作物：当地人种植小麦、高粱和胡瓜，以及"椰枣和葡萄"，他们"从遥远的伊斯兰地区"引进这些作物。椰枣原产于靠近波斯湾的伊拉克南部。巴克里的叙述说明椰枣已经从波斯湾传播到西非地区，但椰枣很可能并非作为贸易物品通过贸易方式，被"有意地"从波斯湾"卖"到西非，更可能是伴随着阿拉伯商人的食用而被"无意地"带到西非来的。据《唐大和上东征传》所记，8 世纪中叶，东渡未成、漂泊到海南岛的鉴真一行，在崖州见到了波罗捺树和毕钵果，并受招待，"将优昙钵树叶以充生菜"（真人元开著，汪向荣校注：《唐大和上东征传》，北京：中华书局，2000 年，第 69—70 页）。波罗捺本是地名（国名），又作波罗奈斯、婆罗疕斯、婆罗捺写，梵语作 Vāraṇasi，在今印度北部 Benares（Benaras）。波罗捺树，盖因产于波罗捺而得名。毕钵树（pippala，assattha），即著名的菩提树，原产于中印度与孟加拉国，是一种常绿乔木，其果实称毕钵罗，即菩提子。优昙钵，又作乌昙、优昙婆罗、乌昙跋罗、邬昙钵罗，梵语作 Udumbara，即无花果。这些物种，也不会是作为贸易物品从印度"卖"到中国海南岛来的。

同时，珍贵物品的贸易，也引发了不同地区产业结构的调整。韩森描述说，到9世纪，爪哇岛的商人从中国进口铁器和丝绸制品，向中国出口香料和染料。他们用爪哇产的大米，与邻近岛屿交换丁香、檀香和肉豆蔻，再把它们运往中国。爪哇人从印度引进了红花和黑胡椒，广泛种植，成为中国主要的黑胡椒和红花供应商（第185页）。贸易也改变了经济运营的方式和社会组织形态："商人们需要有人来组织收割、加工和运输（香料等贸易物品）到海岸，并在那里装船运走。终于，不同的人聚集起来，共同采割香木和乳香。通常，一拨人在高地森林里收获某种产品，另一拨人用小船把它顺流运到一个港口，而第三拨人把货物装上远洋商船。"所以，"中国需求的增长，直接影响了收获香料的当地居民，以及那些向港口运输货物的人。在此之前，（与中国贸易的）商人们并不在东南亚采办货物，东南亚的土著人群多靠狩猎和采集为生。如今，他们被裹进一个复杂的准工业化农业系统，不得不投入全部时间与劳动，为他们从未见过的中国买家生产商品"（第187—188页）。经济领域的这些变化，显然引发了当地社会的重组，并必然对其权力结构与政治架构带来深刻的影响。

　　"区域贸易网络"是韩森讨论全球贸易体系及其形成的最重要的思想方法。她认为，早在1000年前后，不仅欧亚大陆、印度洋与东亚，而且在阿拉伯世界与撒哈拉以南非洲之间、东南亚与南太平洋地区都已经形成了区域性的贸易网络。所以，正如哥伦布并没有建立美洲贸易体系一样，当葡萄牙人沿着非洲西海岸航行的时候，也并不需要建立新的贸易体系，因为这样的贸易体系早就存在：它有完善的港口、中间商、市场信息渠道、后勤条件（为骆驼商队服务的城镇和村庄）以及产品。"15世纪中叶，葡萄牙人利用了一个早已存在的黄金和奴隶贸易网络。他们没有开始全球化，全球化已经全面展开了。"（第139页）同样，欧洲人也并没有"发现"从阿拉伯海，经过印度洋、孟加拉湾，到中国南海、东海和太平洋的航道，在欧洲人到来之前1000多年，"当地的水手就已经有规律地穿梭在后来由达·伽马（da Gama）和麦哲伦（Magellan）'发现'的航线上。欧洲航海家也没有引入远距离贸易，它在他们到达时就已经很成熟了。欧洲人想做并最终也确实做到的，就是排挤掉中间商，并逃避向统治者缴纳关税。在非洲，欧洲人直接获得了黄金和奴隶；而在香料群岛，他们发现，不需要中间人，便能直接购买香料"（第172页）。虽然哥伦布并不知道北起美国西南部、密西西比河谷，南到巴拿马和安第斯山脉的北美土著人的贸易路线，但之后到达的西班牙人"充分利用这些早已存在的交通路线，在墨西哥和秘鲁建立起新的帝国"（第228页）。换言之，欧洲人只是利用了本已存在的区域性贸易网络，并将不同的区域贸易网络串联起来。正是从这里出发，韩森几乎是彻底消解了哥伦布"发现"美洲在全球化进程中的划时代意义。她斩钉截铁地说：全球化在哥伦布之前五百年就开始了。

三、互动

在第四章《欧洲奴隶》中，韩森根据古罗斯编年史《往年纪事》讲述了弗拉基米尔（Vladimir）大公选择东正教的故事。弗拉基米尔的母亲是一个奴隶，而他最终打败同父异母的兄弟伊阿波洛克（Iaropolk），成为基辅罗斯的统治者。为了建立自己统治的合法性，他需要一种能够赢得所有臣民忠诚的宗教。986年，弗拉基米尔接待了来自四个邻国的使节：信犹太教的哈扎尔人（Khazars）、属于穆斯林的保加利亚人（Bulgars）、信奉罗马天主教的日耳曼统治者奥图人（Ottonian），以及君士坦丁堡的拜占庭基督徒。犹太教被首先放弃了，因为除了哈扎尔，欧亚大陆上没有其他犹太教国家，皈依犹太教没有任何益处，甚至还会有害。"如果上帝爱你们和你们的信仰，你们就不会被流放到异国他乡。你们希望我们也接受这样的命运吗？"弗拉基米尔回答说。他非常清楚犹太人及其宗教的状况。信奉伊斯兰教的保加利亚人也没有足够的力量来为弗拉基米尔提供任何真正的好处。信奉罗马天主教的日耳曼奥图帝国，虽然控制着欧洲的大片领土，但毕竟并不与基辅罗斯相邻，教皇离得也很远。弗拉基米尔最后选择了拜占庭基督教。《往年纪事》将弗拉基米尔皈依拜占庭基督教的决定，描述为一系列事件的结果，其中最重要的是他的军队在切尔森（Cherson）击败了拜占庭皇位继承人巴尔达斯·福卡斯（Bardas Phokas）的军队，以及他娶了拜占庭皇帝巴西尔二世（BasilII）的妹妹安娜（Anna）（第95—100页）。弗拉基米尔及其臣民皈依拜占庭基督教，在很大程度上奠定了欧亚大陆宗教信仰的基本格局：东欧转向拜占庭，而不是耶路撒冷、罗马或麦加；欧洲在基督教的旗帜下联结成一个"文化大区"，与西、中亚及非洲穆斯林的"伊斯兰文化大区"分别开来；同时，欧洲被划分为东正教和罗马基督教两个部分，在很大程度上也是由于弗拉基米尔决定改信拜占庭基督教（第111页）。

这就是"互动"。韩森列举了1000年前后九个为其国家和臣民选择宗教信仰的统治者，指出："几乎每一个统治者都选择与一个或几个邻居结盟；与其共享新信仰的人群，成为其军事盟友和主要贸易伙伴。虽然他们继续与其他信仰的统治者保持联系，但他们与同宗教信徒们的关系更密切。在他们关于世界的构想中，也经常把世界划分为宗教大区（religiousblocs）。人们不再只拥有来自一个地方的单一身份，他们开始将自己生存的区域当作宗教大区的一部分，并且通过这种方式将自己与更为广大的人群认同为一体。"在韩森看来，"这是全球化的关键一步"（第101页）。

"宗教大区"（religiousblocs）是韩森叙述、分析全球化进程的又一个重要概念。在第五章《世界上最富有的人》中，韩森描述了伊斯兰教在非洲的扩展进程。"随着非洲的统治者、商人和普通民众的皈依，伊斯兰教沿着东非海岸向南传播，并传到西非的塞内加尔和尼日尔河流域。伊斯兰化不仅是穆斯林移民定居非洲的结果，更是由于本土的非洲人（通常是商人）选择将自己与更大范围的伊斯兰世界联系起来，这样的决定显示出当地居民走向全球化的动力。"（第113页）因此，选择皈依某种宗教，既是诸种政治经济与文化互动的结果，也是建立政治军事联盟、开展贸易与文化交流的前提。信仰与宗教乃是不同人群建立联系、开展交流、相互结合（亦即开展"互动"）的重要桥梁。

政治结盟、军事征服是宗教扩张最重要的方式。毫无疑问，冲突、战争是一种深度的互动，它迫使双方（或多方）尽可能动员并使用其资源与力量，在各个领域展开竞争，并在这一过程中互相学习，取长补短，以赢得胜利。胜利者不仅在政治上控制并压迫失败者，在经济上掠夺其财富、资源与人民，并普遍地强迫后者改变自己的信仰与文化，从而实现宗教的扩张。在第六章《中亚分裂为两个世界》中，韩森简要叙述了中亚伊斯兰化的过程。在这一过程中，军事征服是最主要的手段。韩森引述比鲁尼（al-Biruni）《印度志》（OnIndia），描述了马哈茂德（Mahmud）1025—1026年在索姆纳特（Somnath）对湿婆神殿的掠夺。当然，这也是"全球化"进程的一部分，甚至是必要部分。在这个意义上，全球化进程，从来就充满着杀戮、死亡，是踢翻圣坛、踏着白骨前行的。

贸易是"互动"的另一种重要方式。以"珍贵物品"（或直接称为"奢侈品"）贸易为主的区域间贸易，与当地人群的经济生活之间的关系，非常微妙且多样。在非洲东南部津巴布韦的林波波河（Limpopo River）流域，当地居民们以养牛和种地为生，较少的富人使用铜、金饰品和铁制农具，穷人往往只能使用石头和骨制工具。在900年前后，流域经济仍相当原始而落后。而林波波河入海口的基布因港（Chibuene），则是印度洋贸易体系的重要据点：在那里，人们用奴隶、黄金、象牙和兽皮交换各种进口商品，包括从开罗运来的小玻璃珠子。当地人把这些珠子当作货币使用，或者熔化后制成更大的珠子。"起初，这种进出口贸易可能只影响到少数人。随着时间推移，贸易扩大，当地工人开始向远方的消费者提供黄金，并感受到全球化的影响"。这种影响的直接结果，就是大津巴布韦的建设。韩森描述说："大津巴布韦的现代遗址，包含建于 1000—1300 年的、由切割的花岗岩构造的各种各样的建筑。其中一栋椭圆形建筑，直径达 292 英尺（89 米），墙壁厚达 17 英尺（5 米），高 32 英尺（近 10 米）。它是 1500 年前撒哈拉以南非洲地区最大的石头建筑，它证明了黄金贸易带来的财富。"大津巴布韦成为一个拥有 1 万人口的繁华城市，这是当地经济发展水平所不能支撑的，主要仰赖于贸易的发展。遗址上还发现了数万颗珠子，"这表明非洲对进口的需求——而不仅仅是外部对黄金和奴隶的需求——推动了这种贸易"（第 116—117 页）。欧亚大陆需要黄金和奴隶，东南非洲内陆需要珠子，这是印度洋贸易的动因之一。这种贸易造就了大津巴布韦，影响了欧亚经济与政治（奴隶进入宫廷或军队，以及奋起反抗，对于政治均有不同程度的影响），是区域间的"互动"。

也许，最不能接受、却确实存在的"互动"方式是作为奴隶参与"互动"。韩森指出：伊斯兰世界的奴隶主要来自非洲、东欧和中亚，"被带离故土、在中东奴隶市场上出卖的男人、妇女和儿童，最直接地受到全球化奴隶贸易的影响，而留在家乡的人也受到其同胞离去的影响。许多与穆斯林奴隶贩子打过交道的人都皈依了伊斯兰教，从而推进了伊斯兰教在西非和东非的传播"（第 120 页）。她讲述了那个著名的故事：一位向阿拉伯商人出卖奴隶的赞吉（Zanj）国王，被商人卖作了奴隶。"船在阿曼靠岸后，他被卖到离巴格达最近的港口巴士拉。他的主人允许他学习伊斯兰教义。他又被卖到巴格达。在那里，他学会说阿拉伯语，念完了《古兰经》，然后逃跑，加入一群前往麦加的中亚朝觐者中间。他从麦加去了开罗，沿着尼罗河向南，回到了自己的王国……重新成为国王。"（第116页）在这个故事里，东非小国的国王以奴隶的身份开始了全球化之旅，并通过皈依伊斯兰教，成为穆斯林世界的一员（也许，他的王国后来也走上了伊斯兰化之路）。同样，奴隶贸易促进了穿越撒哈拉沙漠的西吉尔马萨（Sijilmasa）道的开通，"说阿拉伯语的商人和阿訇们越来越频繁地穿过撒哈拉沙漠进入其南的非洲。结果，许多地方统治者皈依了伊斯兰教"（第122页）。奴隶被迫进入全球化进程，奴隶贸易以及奴隶皈依伊斯兰教（或其他宗教）都是全球化的一部分或结果之一。

　　1000年前后，"旧世界"（欧亚非）已形成三个或四个宗教大区：欧洲基本上是基督教信仰区（又分为罗马基督教和拜占庭东正教两个信仰区域），西中亚以及非洲大部基本是伊斯兰教信仰区，而东亚与南亚及东南亚则是佛教印度教信仰区。在同一信仰集团的内部，使用共同的文字（在基督教信仰区使用拉丁文，伊斯兰信仰区使用阿拉伯语和波斯语，佛教与印度教信仰区使用汉文、梵语、巴利语），"专家们围绕各种各样的问题相互磋商，学者们到邻近国家留学，书籍在这些国家间流通"（第159页）。可是，跨越宗教大区间的交流却非常困难。伽色尼王朝的君主马哈茂德在回复辽圣宗希望建立外交关系的信函中说："没有任何宗教把我们联结在一起，使我们彼此相连。我们之间的距离和横亘在我们中间的地区，使我们免于受到对方的欺骗，从而得保安全。我无意和你建立密切关系，除非你们皈依伊斯兰教。"（第 162 页）拒绝和阻隔是一种特殊的互动方式，它明确了相互间的距离和界线，并使互动终结。

四、全球化的本质

"与他人交往"是立足于人类本能以及生存、延续后代之基本需求的根本欲望之一，也是人类社会得以形成并发展的根源之一。人类的"交往"欲求，是人类社会之所以"发生"的根源。所以，交往是绝对的、不可或缺的。没有交往，就没有人类社会，亦即无所谓人类历史及其发展。在这个意义上，全球化可以说是人类历史发展的基本方向。在人类文明产生之初，不同地区的不同人群，不仅通过内部交往，不断强化自身的凝聚力和一致性，而且通过与外部的交往，逐步扩展自身的生存空间与影响力。诸多研究早已证明：坚持孤立、拒绝或压制与外界交往的区域性文明，大都发展缓慢，或长期处于停滞状态，甚至走向消亡；积极开放、持之以恒地与外界联系交流并向他人学习的社会，则大都茁壮成长、发展顺利，并引导历史发展的方向；而当代世界迅速且越来越全面、彻底的全球化，则或许正是长期以来人类逐步接触、联系、交流、互动的结果。

因此，对于很多历史学者来说，全球化是（或应当是）一种根本性的历史进程，历史学关于全球化历史研究的任务，就在于揭示这一进程及其在不同地区、不同人群与社会的具体表现，探究其根源与动力，并试图回答：当今世界的全球化，是否为人类历史发展之后果或必然。显然，历史学研究长于全球化历史进程及其区域表现的研究，涉及根源与动因分析往往力不从心，对于讨论并判断全球化是否必然，则更显彷徨。实际上，若立足于当今世界难以抗拒、不可抵挡的全球化浪潮，似很难否定全球化乃历史发展后果或必然的结论；可是，如果正视当今世界普遍存在的孤立主义思潮及其表现、不时激化的地区或文明间冲突，则不会有信心或愿望相信全球化的必然性。

韩森没有正面讨论这一问题。她对此似乎持有一种"或然"的态度。韩森非常强调纪元 1000 年在全球化进程中的意义，将它确定为全球化的开端；可是，作为此一开端的标志性事件，维京人到达美洲，在她的笔下，却似乎出于偶然。而且，"全球化总是让人忧心忡忡：人们一想到这个星球上并非只有自己，就会意识到自己将面临新的危险。第一次体验全球化的人必须制定策略，其策略则是从不同的角度做出的"（第 5 页）。换言之，也许人们并非主动或积极地进入全球化进程，他们对陌生人、陌生地方、陌生的文明都持有程度不同的怀疑、恐惧，并且需要想方设法去应对——也许，还是待在河谷自己的村子里更安全、更好。对于很多人（也许是大部分）来说，进入全球化进程是被动的，甚至是被强迫的。

那么，主动选择、推进全球化及其进程的，就主要是掌握权力、拥有财富的人及其集团，而全球化的动因就是权贵和富豪对权力与财富的追逐。对此，韩森没有明言，可是，她所讲述的为基辅罗斯选择并率领其臣民皈依拜占庭基督教的弗拉基米尔大公、世界上"最富有的人"曼萨·穆萨（Mansa Musa）、控制印度洋与东南亚贸易的"五百商业同盟"，以及香料、珠宝等珍贵物品的中国消费者，基本上都是权贵、富豪，即使维京人雷夫·埃里克森、卡尔塞夫尼，也都是其所在社会中的"权贵"。如果全球化确实存在某种动因的话，那么，权贵与富豪对于权力、财富和享受无止境的渴望与追逐，以及他们围绕权力、财富而展开的掠夺、斗争，应当是全球化的根源，或最重要的动力。在这个意义上，全球化的实质乃是权力与财富的再分配，其最大的受益者只能是权贵和富豪。在全球化进程中，普通大众虽或得稍沾余润，但并不能改变其被掠夺的本质。

当然，这不是韩森的主旨，甚至不是她的倾向。韩森是一位现实而温情的学者。她更愿意告诉我们：如果我们不得不面对全球化（无论是主动，还是被动或被迫），那么，我们最好筹划应对策略，并行动起来。"我们的祖先在公元1000年以各种方式回应了世界的变化。我们必须研究他们是怎么做的，才能更好地应对摆在我们面前的未来"。韩森回避了全球化是否是人类历史发展之后果或必然，只是务实地承认我们不得不面对全球化。既然不能不面对并接受、进入全球化进程，那么，最好的办法，就是努力找到更好的应对策略，以给自己谋求最好的处境与发展状态。这是一种强者的态度。"过去有效的策略，今天也许还能有用。那些努力认识其他国家的学者，为其同胞做好准备与来自其他地方的人打交道，提供了帮助；发明创新产品的发明家和带头进入新兴市场的商人开辟了新途径，为其所在地区的经济繁荣做出了贡献"（第 233 页）。在这里，韩森暗示：全球化的真正实现与运行，要依靠富有世界眼光的学者、具有创新精神的科学家以及敢闯敢干的商人。她还引用图勒人（Thule）的例证，说明"那些最终取得成功的人，并不总是生活在最富有、最高科技国家的人……密切关注自己的环境，并愿意等待合适的时机，也可以获得良好回报"（第 234 页）。无论事实与结果如何，这一提示总是令人欣慰。

2020 年 9 月 13 日，于武昌珞珈山东山头

（原刊于《新京报》2021 年 10 月 22 日，B06 版，刊出时有删改）